Günther Richter

Feste und Bräuche im Wandel der Zeit

Kirmes, Kürbis und Knecht Ruprecht

Luther-Verlag

Bibliographische Information der Deutschen Nationalbibliothek
Die Deutsche Nationalbibliothek verzeichnet diese Publikation
in der Deutschen Nationalbibliographie;
detaillierte bibliographische Daten sind im Internet
über http://dnb.d-nb.de abrufbar.

ISBN: 978-3-7858-0590-9

Umwelthinweis:
Dieses Buch wurde auf chlorfrei gebleichtem Papier gedruckt.

Umschlaggestaltung: Dipl.-Grafikdesignerin Eva Dietsche, Bochum
Satz: Luther-Verlag Bielefeld
Druck und Bindung: Fuldaer Verlagsanstalt GmbH & Co.KG Fulda
Printed in Germany

Inhalt

Vorbemerkung

Seit Jahr und Tag werde ich immer wieder gefragt: »Was bedeutet es eigentlich, wenn in manchen deutschen Gegenden am Neujahrstag Fisch und Linsen gegessen werden?« »Warum benetzen am Ostermorgen einige Menschen ihr Gesicht mit Wasser aus einem fließenden Gewässer?« »Wie kommt das Weihnachtsgebäck »Spekulatius« zu seinem Namen?«

Diese und ähnliche Erkundigungen zeugen davon, dass einerseits die Kenntnis des Brauchtums nicht weniger Menschen begrenzt ist, andererseits zugleich ein großes Interesse besteht, die Wissenslücken zu schließen.

Mich selbst bewegen seit Jahren diese Fragen, weil ich den Bitten in- und ausländischer Studierender und Kollegen nach Erklärung dieser Phänomene angemessen nachkommen wollte. Aus anfangs zwar sachorientierten, doch zwangsläufig eher knappen Antworten erwuchs mit zunehmender Neugier der Wunsch, die Defizite durch ein tieferes Eindringen in die Bräuche abzubauen.

Doch so einfach das Unterfangen zunächst schien: Der Gegenstand erwies sich als gleichermaßen unerschöpflich wie überaus reizvoll. Je mehr ich herausfand, desto größer wurde mein Bedürfnis, möglichst präzise zu den Ursprüngen und Bedingungen vorzustoßen.

Eine überaus kurzweilige Entdeckungsreise begann, die mich zur ständigen weiteren Suche nach der Entstehung und anfänglichen Bedeutung, nach dem Zuschnitt und den Arten unserer Feierlichkeiten anregte. Auf diesen Ausflug möchte ich Sie, meine Leserinnen und Leser, mitnehmen. Den zumeist aus früherer Zeit überlieferten Bräuchen nachzuspüren, ihre Ausbildung und ihren Wandel genauer zu erfassen – dazu wünsche ich Ihnen viel Vergnügen.

1 Brauchen wir Bräuche?

Nicht immer und erst recht nicht auf Anhieb ist uns gegenwärtig, was es mit den Bräuchen eigentlich auf sich hat. Besonders nicht nur ihre gegenwärtige Praxis im Blick zu haben, sondern gleichsam nach den Wurzeln, Traditionen, der Herkunft der Bezeichnungen, der Gewichtung durch unsere Altvordern und nach vergleichbaren Sozialhandlungen in anderen Kulturkreisen Ausschau zu halten, war vornehmlich denen gegenüber dringend geboten, die Aufschluss erbaten. Dass ich fortan Greifbares aus verschiedenen Quellen zusammentrug, um mir bislang Verborgenes besser kennenzulernen, ist einleuchtend: natürlich selbst gepflegtes und anderswo vielfach erlebtes Brauchtum, mir Erzähltes und Darstellungen in den gedruckten und elektronischen Medien, schließlich die Ergebnisse persönlicher Nachforschungen.

Ein besseres Verstehen von Land und Leuten

Denn das tiefere Eindringen in dieses Thema kommt auch dem besseren Verstehen von Land und Leuten sowie der angemessenen Einsicht in die Entwicklung und gesellschaftliche Struktur menschlicher Gemeinschaften zugute. In diesem Bezugsrahmen offenbart sich zudem, dass mit einem solchen geistigen Kapital gerade in Anbetracht der zunehmenden Globalisierung Voraussetzungen auch für die Gestaltung der Beziehungen zwischen verschiedenen Kulturen geschaffen werden.

Dem Bestreben, das breite Spektrum der Bräuche und die dabei verwendeten Symbole relativ umfassend anzugeben, stellen sich Hemmnisse entgegen.

Ein Fass ohne Boden

Zum einen bedarf es genauer volkskundlicher Untersuchungen, um unsere Lebensformen im mitunter verwirrenden Geschichtsverlauf systematisch zu erfassen und neben dem Alltagsleben auch die Feste und Bräuche hinreichend zu beschreiben.

Zum anderen ist das Brauchtum dermaßen reichhaltig ausgeprägt, dass es sowohl wegen seiner historischen und sozial-kulturellen Vielschichtigkeit und landschaftlich-territorialen Gliederung als auch angesichts seiner ständigen Abwandlungen das berühmte Fass ohne Boden ist.

Bräuche sind lebendige Wahrzeichen, weil sie, von Menschen ausgeübt, an deren Ort, Zeit und Trägerschicht, an deren wirtschaftliche, soziale und ideologische Verhältnisse gebunden sind. Als gemeinsame Gewohnheiten sind sie zwar überall ähnlich. Doch gibt es eine kaum überschaubare Fülle von regionalen, örtlichen und sogar familiären Varianten.

Vom Orgelfest bis zum Purzelmarkt

So bildete sich neben den großen weltlichen und religiösen Feiertagen und deren Ritualen immer stärker eine räumlich begrenzte Fest- und Brauchkultur heraus. Weit und breit vergnügt man sich hauptsächlich vom Frühjahr bis zum Herbst auf Groß- und Kleinveranstaltungen wie Backfisch-, Burgunderfrühlings-, Dornröschenkrönungs- oder Geißbockfesten, Grenzland-, Handkäs-, Knopf- oder Orgelfesten, Saubrunnen-, Spargelkönigin-, Stoppelreit- oder Tiergartenfesten. Wie sie auch alle heißen: Volksfeste ringsum, die (feste) gefeiert werden. Und Kirmessen ohne Ende: Bürstenbinder-, Frosch- oder Goldammerkerwen, Holzappel-, Kuckucks- oder Schneckekerwen – von Gesellschaftsabenden, Kartoffelbällen, Purzel-, Vogelscheuchen- oder Wurstmärkten und all den vielen weiteren regional motivierten Belustigungen zu Ehren von Kuhschwanz (z. B. in Eisfeld), Möhre (z. B. in Aarberg/Schweizer Mittelland und Heiligenstadt), Pferd (z. B. in Buttstädt) oder Zwiebel (z. B. in Arbon/Ostschweiz, Bern und Weimar) ganz zu schweigen.

Ausdruck unserer Hoffnungen, Vorstellungen und Herausforderungen

Immerhin bringt die Volkskunde, die im engen Zusammenhang mit der Herausbildung der Wissenschaft von der deutschen Sprache und den deutschsprachigen Literaturen als selbstständige wissenschaftliche Disziplin besonders durch Jacob (1785–1863) und Wilhelm Grimm (1786–1859) im 19. Jahrhundert entstand, einiges Licht in die sozial- und kulturgeschichtlichen Hintergründe der Bräuche. Das Was, Wann, Wo und Wie zu erfahren und den Ablauf heutiger Feierzeremonien immer wieder aufs Neue nachzuempfinden, ist faszinierend. Denn die allgemein üblich gewordenen Verhaltensweisen bieten Einsichten in verflossene Zeiten und unsere geistigen Ausdrucksformen und geben Aufschluss über unsere weltlichen wie religiösen Vorstellungen, Hoffnungen und Herausforderungen.

Wie wir heute zu diesem oder jenem Brauch auch stehen mögen: Ob und wie wir das neue Jahr begrüßen, uns in den Karnevalstrubel stürzen, in der Osterwoche der Stille pflegen, zur Kirmes auf die Pauke hauen oder uns Weihnachten in eine weihevolle Atmosphäre versetzen, darin erkennen wir manche ideen- und sozialgeschichtlichen Ereignisse wieder. Allezeit bestätigt sich, dass das Heute ohne das Gestern nicht verstehbar ist, die Gegenwart nicht ohne Vergangenheit, das Jetzt nicht ohne das Vormalige.

Die feierlichen Vorgänge und Kennzeichen vom kalendarischen Jahresanfang bis zum Jahresausklang bestätigen ebenso diese Erfahrungen wie die kirchlichen Feste und Zeiten, beginnend mit dem ersten Advent und endend mit dem Totensonntag. Deren Abfolge, das Kirchenjahr (> 5.1), ist in der katholischen Kirche etwas reicher gegliedert als in den protestantischen Kirchen. Das betrifft desgleichen die orthodoxe Kirche, mithin die Gesamtheit der christlichen Kirchen in Osteuropa und Vorderasien, die sich im Jahre 1054 von Rom trennten (> 4.6).

Zudem gibt es ein ausgeprägtes Brauchtum der Berufe und Stände, bei Staatsbesuchen, Volks-, Dorf- und Altstadtfesten, in Vereinen, Unternehmungen und sozialen Gruppen.

Und genauso wird die Lebensreise des Einzelnen wie das freudige Ereignis, die Perlenhochzeit oder das Ableben eines nahestehenden Menschen von Bräuchen begleitet. Sie leben ausnahmslos in der Denkweise, im Handeln und in der Sprache des Volkes durch die Jahrhunderte und Jahrtausende fort und prägen in der Gegenwart unsere Erdentage.

Sämtliche Feierlichkeiten aufzugreifen, ist in diesem Buch nicht möglich. Der Reichtum des alljährlichen Nacheinander zwingt zur Auswahl. Dem Einblick in die bestimmenden Eigenschaften der Bräuche (2) sowie in die Jahreszeiten und Monate (3) folgen die Ausführungen über die Bräuche selbst (4–13). Dabei gehe ich innerhalb des kalendarischen Jahreskreises chronologisch vor, beschreibe jedoch nicht allein überregional gültige und nur gebietsmäßig verbreitete Gepflogenheiten. Das wäre wenig originell, weil die derzeitige Brauchausübung diesem und jenem gut bekannt sein dürfte. Dagegen schildere ich gleichermaßen den Ursprung unserer verfestigten Verhaltensleitbilder wie auch die Ereignisse, auf die sie sich beziehen.

Um deren Wesensart besser zu verstehen und einzuordnen, werfe ich außerdem immer einmal einen Blick auf andere Länder und Völker –

nicht zuletzt auf Polen. Denn während meiner längeren Lebens- und Dienstzeit in unserem östlichen Nachbarland habe ich die dort gelebten Bräuche »am eigenen Leibe« erfahren. Sie bilden sich in sehr ausdrucksstarken Mitteln, Formen und »sprechenden« Namen ab, die in Deutschland kaum bekannt sind.

Überdies schärft der Vergleich mit dem Brauchtum anderer Gemeinschaften den Blick, um charakteristische Züge der Feste, Bräuche und Rituale im eigenen Lebensraum aufzufinden und das Interesse an der Erkundung ihrer Tradition zwischen unterschiedlichen Kulturen zu wecken. Gerade dieser Gesichtspunkt dürfte von besonderem Gewicht sein. Auf diese Weise können kulturell-soziale Aktivitäten zwischen dem Vertrauten und dem Fremden gefördert werden, indem man Erfahrungen aus ursprünglichen Kulturkreisen in die Kontakte einbringt oder man sich ihrer überhaupt erst gewahr wird.

Namensherkunft und -bedeutung

Anreize zu einem vertieften Umgang mit den Bräuchen im Jahreslauf bieten weiterhin die Ausführungen zu ihrer Namensgeschichte. Eben weil Benennungen die von ihrer jeweiligen Zeit und Region geprägten Bräuche wiedergeben, füge ich deren Darlegung etymologische, d.h. die Herkunft und Entwicklung der Wörter hinsichtlich ihrer Form und Bedeutung betreffende Anmerkungen hinzu.

Zuweilen werfe ich zusätzlich einen Blick auf historische Begebenheiten, Umstände und Persönlichkeiten.

Für wen ist dieses Buch

Die Abhandlung ist nicht allein für jene gedacht, die sich von Berufs wegen ohnehin dem Brauchtum widmen, etwa Erziehungswissenschaftler, Ethnologen, Historiker, Kultur- und Sprachwissenschaftler, Theologen und Menschen, die in der Kultur- und Sozialarbeit tätig sind oder Deutsch, Ethik, Geschichte, Kunst, Musik oder Religion unterrichten. Vielmehr richtet sie sich an alle, die relativ schnell einen geschichtlichen, den Umgang der Menschen miteinander betreffenden und sprachlichen Zugang zu den Festen und Bräuchen im Jahreslauf finden wollen. So bezwecken die Ausführungen, denen im In- und Ausland eine anregende Lektüre zu bieten, die für das deutsche Brauchtum ihr Herz entdeckt haben und sich über dessen Praktiken, ursprüngliche Bedeutung, Ausbildung und Wandel kundig machen möchten.

Die jeweiligen Kapitel und Abschnitte gliedern sich grundlegend in vier Passagen:

- Begriffsbestimmung des Festes und/oder Brauches sowie deren Herkunft,
- Betrachtung überregionaler Bräuche,
- Angabe einiger landschaftlich begrenzter Bräuche,
- Hinweise auf fremdländische Bräuche.

Stellenweise flechte ich die Haltungen und das Verhalten von einigen unserer Altvorderen gegenüber den Festen und Bräuchen ein.

Den dargestellten Bräuchen bin ich nach bestem Wissen nachgegangen. Soweit es geboten und durchführbar war, habe ich deren äußere Umstände und Ausübung im In- und Ausland vor Ort selbst in Augenschein genommen. Dennoch sind trotz Sorgfalt bei deren Überprüfung inhaltliche Ungenauigkeiten nicht mit letzter Gewissheit auszuschließen. Insofern bin ich für Richtigstellungen und Ergänzungen jederzeit dankbar.

Mein herzlicher Dank gilt meinen hiesigen und auswärtigen Verwandten, Bekannten, Freunden und Kollegen. Ohne ihre Auskünfte, Empfehlungen und die Überlassung einigen Bildmaterials hätte der Streifzug durch die Feste und Bräuche im Wandel der Zeit in der vorliegenden Fassung nicht erscheinen können.

Ferner gebührt ein Dankeschön den öffentlichen und privaten Einrichtungen sowie Personen, die verschiedene Abbildungen bereitwillig zur Verfügung stellten.

Für die uneigennützige und umsichtige bildtechnische und -redaktionelle Hilfeleistung bedanke ich mich ganz besonders bei Frau Leonore Jahn, Erfurt-Tiefthal.

Meiner Ehefrau, Karin Richter, verdanke ich sowohl vielerlei kritische Anmerkungen und Anregungen zu Textinhalt und -komposition als auch ihre Mitwirkung bei der Auswahl, Bearbeitung und Gruppierung der Bilder.

Herrn Hans-Christoph Möhler, Lektorat im Luther-Verlag, danke ich für die Unterstützung bei der Drucklegung.

Erfurt, März 2011   *Günther Richter*

2 Feste und Bräuche – kurzweiliger Zeitvertreib oder grundlegende Lebensmuster?

Was sind eigentlich Feste, was sind Bräuche? Und sind Bräuche gleichbedeutend mit Sitten und Riten?

Das Wort **Fest** in der Bedeutung von Festtag, Feier oder fröhliche Veranstaltung (mhd. *fest* = Festtag, 13. Jh.), ist eine Entlehnung vom lateinischen *festus*. Hierzu gehört das ebenfalls lateinische Adjektiv *festus* (festlich, feierlich, in fröhlicher, gehobener Stimmung, nicht alltäglich), das ursprünglich die Tage bezeichnete, die religiösen Feiern gewidmet waren.

Der Feiertag (*dies festus*) war eine Leistung für den Gott, dem der Festtag zugeeignet war. Die Arbeit ruhte, man veranstaltete Spiele, Wettkämpfe und Umzüge oder brachte Opfer dar.

Festus ist verwandt mit lateinisch *fanum* (heiliger, der Gottheit geweihter Ort), das wir heute in *fanatisch* (verbohrt, mit blindem Eifer, rücksichtslos) wiedererkennen. Bei dem Theologen und Reformator Martin Luther (1483–1546) und seinen Zeitgenossen bedeutete die Wendung »viel Fests machen«: viel Lärm, viel Wesen, viel Aufhebens von etwas machen. In Johann Wolfgang von Goethes (1749–1832) Ballade »Der Schatzgräber« heißt es:

Tages Arbeit! Abends Gäste! Saure Wochen! Frohe Feste!

Und die Redensart studentischer Herkunft »Das ist mir ein Fest« bedeutet nichts anderes als »Das ist eine große Freude für mich«.

Unter einer **Feier** verstehen wir das Begehen eines festlichen Anlasses oder einen Festakt. Schon das althochdeutsche *fira* bedeutete soviel wie Feiertag und Arbeitsruhe (um 800). Wer Feierabend macht, hört auf zu arbeiten oder stellt (am Abend) die Verrichtung ein. Diese Redensart aus der Handwerkersprache ist im Sinne von »abendliche Ruhezeit nach dem Arbeitstag« (16. Jh.) oder »eine Beschäftigung nicht weiter fortsetzen« allgemein geworden.

Nach alledem ist ein Fest eine meistens glanzvolle unterhaltsame Veranstaltung. An Stelle der profanen Tätigkeiten, die eingestellt sind, tritt eine vergnügliche, Verbundenheit schaffende Geselligkeit.

Bräuche (ahd. *bruh* = Gebrauch, Nutzen, Genuss, Ausübung [8. Jh.]; vgl. *Usus*, von lat. *uti* = gebrauchen, benutzen) sind zur festen Gewohnheit gewordene allgemeine Handlungsweisen der Angehörigen einer sozialen Gemeinschaft. Sie werden als verpflichtend erachtet und sind lebendige Kundgabe der ursprünglichen Gleichheit des Empfindens, der moralischen Wertung und der kulturellen Gesinnung eines Volkes, einer Volksgruppe oder eines kleineren Personenkreises. In diesem Sinne sind Bräuche weder willkürlich oder ohne Überlegung und bewusste Lenkung noch zufällig oder gelegentlich ablaufende Aktivitäten verhältnismäßig fester Menschengruppen. Aus früherer Zeit überliefert oder neu entstanden, werden sie für eine bestimmte Zeitdauer als verbindlich angesehen und spiegeln den Zusammengehörigkeitsgeist in einer Region.

Ihr Wandel ist das Resultat der sich verändernden Bedürfnisse, wenn wir nur einmal an den dörflichen Mummenschanz in der Faschingszeit (> 4.6) oder den Kirmesaufzug (> 8.2) denken. Mit gewachsenen Erwartungshaltungen und einem Aufforderungscharakter (»so soll es sein«) verknüpft, sind sie vielfältig gegliedert und teilweise nur für bestimmte Situationen bzw. unter bestimmten Bedingungen typisch.

Sitten sind zwar wie Bräuche Gepflogenheiten, die als unerlässlich erlebt und akzeptiert werden. Jedoch üben sie durch ihre relativ strenge Orientierung an Werten, Zielen und Zwecken menschlichen Tuns eine stärkere Verhaltensregulation aus. Das althochdeutsche *situ* (8. Jh., mhd. *site*) ist die Art und Weise, wie man lebt und handelt, schließt also Anstand und schickliche Allüren ein. Sitten sind ethisch-moralisch bestimmt, an Sinngebungen gebunden, die das zwischenmenschliche Verhalten in einer Gesellschaft ordnen. Durch ihre Bindung an allgemeine Moralgesetze tragen sie zur Verbesserung menschlichen Zusammenlebens bei.

Demgegenüber sind **Riten** religiöse Zeremonien, kultische Bräuche und eine meist durch Tradition genau festgelegte Ordnung religiöskultischer Handlungen (Anfang 17. Jh.). Das Wort »Ritus« ist eine

Übernahme vom lateinischen *ritus* (hergebrachte Weise der Religionsausübung, religiöser Brauch, Zeremonie, Sitte, Gewohnheit, Art). Der Handlungsablauf folgt in der römisch-katholischen Kirche schriftlich fixierten Rechtsnormen mit dem Grundsatz der inneren Widerspruchslosigkeit. Diese exakt vorgeschriebenen Regeln sind die kultischen Texte religiöser Gemeinschaften (Ende 16. Jh.). Das liturgische Vorschriftbuch enthält solche Vorgaben für die Gottesdienste, das Rituale (das »Rituale Romanum« ist die 1614 herausgegebene kirchlich empfohlene Form des Rituales). Etwas weiter gefasst und im übertragenen Sinne sind Riten feierliche oder Festbräuche bzw. der feststehende Ablauf eines feierlichen, sich wiederholenden Ablaufs.

Da nach diesem Verständnis Bräuche, Sitten und Riten nicht gänzlich übereinstimmen, wäre es angeraten, sie in der vorliegenden Darstellung auseinanderzuhalten. Dennoch verwende ich sie sinngleich, weil in ihren allgemeinen Kennzeichen gleichwohl eine weitgehende inhaltliche Entsprechung besteht. Dieses vereinfachte Vorgehen dürfte überdies das Lesen und Erfassen des Textes erleichtern: »Etwas ist Usus«, »Es ist bei uns so üblich«, »Andere Länder, andere Sitten«, mithin: »Es ist bei uns so Brauch« – und in anderen Ländern anders Brauch.

Zum Sprachgebrauch im Buch

Unzählige Bräuche tragen noch deutliche Spuren aus Zeiten, die weiter zurückliegen als die Anfänge des Christentums. Sie haben sich trotz der Industrialisierung seit dem 19. Jahrhundert bis auf den heutigen Tag erhalten und damit bewiesen, dass und wie tief sie im Bewusstsein unserer Altvorderen verankert waren.

Aus vorchristlicher Zeit

Zwar bemühte sich die Kirche, diesen Festen einen christlichen Sinn zu geben, und es war kein Geringerer als der Philosoph, Theologe und Verfasser zahlreicher Schriften Papst Gregor I. (um 540–604), der zum Fortschreiten der Christianisierung forderte, »… dass man die Feste der Heiden allmählich in christliche verwandeln und in manchen Stücken nachahmen muss«. Obwohl dadurch die vorchristlichen Wurzeln lange Zeit unbekannt blieben und viele der heutigen Generation gar nicht mehr so recht wissen, was und warum sie eigentlich feiern: So mancher beruft sich noch auf heidnische Feste als ureigene Tradition.

Heiden sind keine gottungläubigen Menschen, keine Atheisten, die den Glauben an Gott und den geistlichen Ursprung der Welt ablehnen. Sie gehören zwar keiner der großen Weltreligionen an, sind jedoch Anhänger von Naturreligionen. Ihre Verehrung einer Vielzahl von persönlich gedachten Göttern (Vielgötterei, Polytheismus – im Gegensatz zum Monotheismus) zeigt sich in einer breiten Palette von kultischen Handlungen.

Wohl müssen wir das Aussterben etlicher Bräuche genauso feststellen wie ihre Sinnentleerung, etwa beim »Gehen zum Gründonnerstag« (»Bettelsingen«, > 5.3) oder die Sachdemolierungen in der »Freinacht« am 30. April (> 6.1). Doch weder der Traditionsverlust durch Entstellung noch die gelegentliche Erstarrung zur bloßen rituellen Form können darüber hinwegtäuschen, dass die Bräuche und deren germanische, keltische und slawische Überreste nicht nur in den Dörfern, sondern ebenso in den Städten überdauert haben. Von den Eltern und Großeltern oft geheimnisvoll erzählt, üben wir sie heutzutage noch immer gern aus.

> „Ein tiefer Sinn wohnt in den alten Bräuchen,
> Man muß sie ehren...“

Abb.1: Maria Stuart (1542–1587), als Mary I. Königin von Schottland (1542 –1567)

Unter-
brechung
des
Alltags

Viel Altüberliefertes hat heute nicht mehr das früher häufig Dunkle und Ungewisse. Das hat seine Ursache in der besseren Kenntnis und Erkenntnis der Naturkräfte und natürlichen Zusammenhänge. Heute lächeln Kinder mehr und mehr über die übersinnlichen Gestalten, die früher Furcht erregten oder der Fantasie freien Lauf ließen. Doch wenn auch Waldgeister nicht mehr allzu großes Entsetzen auslösen und im Knecht Ruprecht von den meisten Sprösslingen mittlerweile nicht mehr nur der barsche Geselle gesehen wird, sondern der willkommene, das Christkind oder den Nikolaus begleitende Gabenspender (> 12.4) – etwas Unheimliches und Beklemmendes, die zur Vorsicht gemahnen, haben sie immer noch an sich.

Ob alt oder neu, ob wir es wollen oder nicht: Fast immer versetzen uns Bräuche und deren Symbole in eine intensive befriedigende Gemütsbewegung und ein kribbelndes positives Hochgefühl. Ob ihrer feierlich-andächtigen oder ausgelassen-ungestümen Eigentümlichkeit lassen sie uns im täglichen Einerlei für eine Weile Abstand gewinnen vom grauen Alltag.

Im Laufe der Jahrhunderte zu einem farbigen, reizvollen Ganzen verschmolzen, äußern sie verbindlich für eine bestimmte Zeitdauer gesellschaftliches Verhalten. Als Kundgabe von Identität, also von Gemeinschaftsverbundenheit, setzen sie gleichzeitig die Rahmenbedingungen für soziale Gewohnheiten, für die gleiche oder weitgehend ähnliche Art der Pflege bestimmter sozial-kultureller Ereignisse. Indem wir mit und von ihnen, durch und für sie leben, sind sie Teil unserer Existenz. Der Schnelllebigkeit der modernen Welt enthoben, erweisen sie sich noch immer als praktizierter Gemeinsinn.

3 Es war eine Mutter, die hatte vier Kinder

Die Bräuche im Jahreskreis vollziehen sich während der Dauer des Umlaufs der Erde um die Sonne. Dieser Verlauf ist in verschiedene Zeitabschnitte gegliedert, von denen hier die »vier Kinder« interessieren, die in einer der etlichen voneinander leicht abweichenden Fassungen eines badischen Tanzliedes so ausgeführt werden:

> Der Frühling bringt Blumen, der Sommer den Klee,
> der Herbst, der bringt Trauben, der Winter den Schnee.

Denn Bräuche sind stets auch ein Widerschein jahreszeitlich bedingter Festlichkeiten. Sie reflektieren die Beständigkeit und den Wechsel der *Jahreszeiten* und in ihnen geradeso der *Monate*. Erntebräuche kann man nun einmal nicht im Februar (früher: Taumond!) ausüben, in dem die Schneeglöckchen aufspringen und man auf die Märzenbecher wartet. Sie sind schlüssig einer Zeit vorbehalten, in der sich die Dorfjugend u.a. auf den abgeernteten Feldern zu verschiedenen Spielen trifft. Gleicherweise steht es mit dem Osterfest, den Maifeiern und sonst welchen Bräuchen. Diese Bedingtheit ermöglicht es uns, einige Zusammenhänge zwischen historischen Ereignissen sowie deren Triebkräfte und Wirkungen zu erkennen.

3.1 Die Jahreszeiten

Wer kennt sie nicht, den berühmten (freilich reichlich strapazierten) Violinkonzertzyklus »Le quattro stagioni« (»Die vier Jahreszeiten«) von Antonio Vivaldi (1678–1741) oder das vierteilige Oratorium »Die Jahreszeiten« von Joseph Haydn (1732–1809). Mit großer Meisterschaft wird von ihnen das laufende Jahr musikalisch nachgestaltet.

Von Buschwindröschen bis zu Eisblumen

Gerade Vivaldi bannt Vorgänge und Erscheinungen der Natur programmatisch und lautmalerisch in Töne. Man kann in »La Primavera« (Frühling) sanfte Brisen, Vogelgesang, murmelnde Bäche und die Beruhigung nach heftigen Stürmen, Donner und Blitz und in »L'Estate« (Sommer) das Schmachten in der Sommerhitze, die Belebung mit Vogelrufen, das Schwirren der Insekten und bedrohliche Gewitter ebenso spüren wie in »L'Autunno« (Herbstkonzert) den Bauerntanz, rieselnden Wein, die behagliche Trunkenheit und das Wecken der traumschwer schlafenden Bezechten durch den Lärm einer morgendlichen Hetzjagd sowie in »L'Inverno« (Winter) die schneidende Kälte, das wohlige Gefühl häuslicher Geborgenheit, das schlingernde Schlittschuhlaufen der stolpernden und schließlich hinfallenden Menschen und die Turbulenz der entfesselten Winde.

> »An dieser Stelle befand sich die Musikkapelle des Konservatoriums der Frömmigkeit, wo Antonio Vivaldi, dessen Genie damals noch nicht völlig erkannt war, von 1703 bis 1740 als ›Konzertmeister‹ arbeitete und der Venedig und der Welt den unvergleichlichen Reichtum seiner Musik schenkte, deren Krönung die ›Vier Jahreszeiten‹ bilden. Seine Zeit war gekommen.«

Abb. 2: Gedenktafel an Venedigs Konservatorium

Aber auch Haydn bringt uns den Wechsel der klimatischen Gegebenheiten im Jahresverlauf und des damit verbundenen Lebensrhythmus der Menschen sehr eindrucksvoll nahe. Einige Stücke gehören zum Schönsten, das er geschaffen hat, z. B. das Jagd-Scherzo, die Szene des

Abb. 3: Joseph Haydn, Porträt von Ludwig Guttenbrunn, um 1791/1792

Wanderers und die Naturschilderungen (Sonnenaufgang und Winternebel).

Doch was sind eigentlich die Perioden des laufenden Jahres in unserer gemäßigten Klimazone, und wie werden sie in Worte gefasst?

Der **Frühling** ist das erste Jahresquartal, in dem Acker und Garten bestellt werden. Es ist die Jahreszeit des beginnenden Wachstums und der Blüte, des Werdens und Entstehens neuen Lebens. Die Tage werden milder, die Tageslängen nehmen zu und entsprechend die Nachtlängen ab.

Abb. 4: Claude Monet (1840–1926): Der Frühling, 1880–1882

Für den Abschnitt von der (Frühjahrs-)Tagundnachtgleiche (21. März), an der es genau zwölf Stunden hell (Tag) und zwölf Stunden dunkel (Nacht) ist, bis zur Sommersonnenwende (21. Juni) mit 16 Stunden Helligkeit (längster Tag des Jahres) und acht Stunden Dunkelheit (kürzeste Nacht des Jahres) erscheint im 15. Jahrhundert *v(f) rüelinc*. Das Wort ist eine Bildung aus dem Adjektiv *v(f)rüe* und dem Suffix *-ling*, die für »Frühzeit«, »Frühjahr« oder »Anfangszeit« (nach dem Winter) steht.

Für den in der Lutherbibel verwendeten »Frühling« gibt es auch den älteren, heute nur noch dichterisch gebrauchten Ausdruck »Lenz«. Wenngleich wohl die meisten Menschen mit dem Titel des im 13. Jahrhundert entstandenen Volksliedes »Maienfahrt« mit einer Melodie aus dem 17. Jahrhundert nur wenig anzufangen wissen, dürfte vielen zumindest der erste Vers dieses frei nach dem lyrischen Dichter und bedeutenden Minnesänger Neidhard von Reuenthal (um 1190– um 1245) verfassten Textes wohlbekannt sein: »Nun will der Lenz uns grüßen«. »Lenz« kommt vom althochdeutschen *lenzo* (**lengzo* = Frühling; ide **[d]longhos*, mhd. *lenze*), was »lang« bedeutet. Der Frühling ist demnach die »Zeit der länger werdenden Tage« (s.o.).

Bezeichnenderweise heißt der Frühling im Polnischen *wiosna*, das bedeutungsverwandt ist mit »wiśnia« (Kirsche) und auf den »Knospenknall« nicht nur bei den Steinobstgewächsen verweist. Ähnlich steht das spanische *primavera* (‚vor dem Sommer‹, eigentlich erster oder Vorfrühling, s. »Sommer«) zwar für Frühling, jedoch ebenso für die im März/April blühende und deswegen den Frühlingsblühern zugehörende (Garten-)Primel.

Das Wort **Sommer**, das die allgemein wärmste Zeitspanne eines Jahres mit hohem Sonnenstand und der Fruchtreife beinhaltet, hat sich aus dem indoeuropäischen *sem* (Sommer) über das althochdeutsche *sumar* und das mittelhochdeutsche *sumer* entwickelt. Die polnische Benennung ist *lato*, und der spanische *verano* ist der mit Sommer oder Sommerzeit gemeinte Spätfrühling.

Abb. 5: Leopold Karl Walter Graf von Kalckreuth (1855–1928): Sommer, 1890

Der Zeitraum zwischen Sommer und Winter ist die Phase des Welkens. Sie wird **Herbst** (Pflück- oder Erntezeit) genannt, aus indoeuropäisch *(s)ker* (schneiden), germanisch *harbista*, althochdeutsch *herbist* und mittelhochdeutsch *herb(e)st*. Ein herber Wein z. B. ist ein »strenger« oder »rauer« Wein, was mit der alten Bedeutung von »herb« (beißend, scharf, bitter – vom Geschmack) zusammenhängt. Die Zeit des Absterbens reicht von der (Herbst-)Tagundnachtgleiche (23. September) bis zur Wintersonnenwende (21. Dezember).

Abb. 6: Herbst im Pulsnitzer Schlosspark

Der Name im Polnischen ist *jesień*, verbunden mit »jesion« ([Eber-] Esche, Spierling, Vogelbeerbaum), und im Spanischen *otoño* (von lat. *autumnus*; »der Herbst des Lebens« = »otoño de la vida«, vgl. engl. *autumn*).

Der **Winter** als kalte Jahresperiode mit niedrigem Sonnenstand und Vegetationsruhe heißt gotisch *wintrus* (wahrsch. weiß), althochdeutsch *wintar* (feucht) und mittelhochdeutsch *winter* oder *winder*. Wegen der Nächstverwandtschaft der Bezeichnung für die kalte Jahreszeit mit »Wasser« kann der Winter als die nasse Jahreszeit interpretiert werden.

Die polnische Sprache hält hierfür die Bezeichnung *zima* bereit, die mit »zimny« (kalt), »zimowy« (kühl, winterlich), »zimnica« (Kälte), »zimorodek« (Eisvogel) und »zimniak« (gefühlskalter Mensch) korrespondiert. Das spanische Wort für Winter *invierno* ist vom adjektivischen »hibernus/hibernum« in der Bedeutung von »heftig«, »stürmisch«, »winterlich« abgeleitet.

Abb. 7: Theodore Robinson (1852–1896): Winterlandschaft, 1889

3.2 Verworrene Jahresplanung und Zeiteinteilung

Der Begriff »Neujahr« umfasste bis zum 16. Jahrhundert ein »Geschenk zum Jahresanfang« und ist ab dem 17. Jahrhundert der erste Tag eines beginnenden Kalenderjahres.

Kalender ist eine Entlehnung aus den lateinischen *calendae* (der erste Tag des Monats) und *calendarium* (Schuldbuch). Es handelt sich um das altrömische Verzeichnis von Zinsen, die am Ersten des Monats fällig waren. Deshalb hat *calendarium* auch die Bedeutung »Zahltag«.

Dass dieser Tag auf den 1. Januar fällt, war nicht immer so.

Unsere Zeiteinteilung geht auf die Römer zurück.

Bis zur Zeit des römischen Staatsmannes und Feldherrn Julius Cäsar (100–44 v. Chr.), einer der einflussreichsten politischen und militärischen Persönlichkeiten der Antike, rechneten sie nach dem Mondjahr, das zwölf Monate zu je 29,5 Tagen umfasst. Da man im Kalenderwesen nur mit ganzen Tagen operiert, ließ man Monate mit abwechselnd 29 und 30 Tagen aufeinander folgen und erhielt ein Jahr mit 354 Tagen. Zum Ausgleich führte man Schaltjahre mit 355 Tagen ein. Dieses Mondjahr war unabhängig vom Sonnenlauf, der Jahresbeginn bewegte sich durch alle Jahreszeiten. Damit das Mondjahr mit dem Sonnenjahr übereinstimmt, richtete man Schaltmonate ein.

Das Sonnenjahr sieht vom Verlauf der Mondphasen ganz ab. Seit 46 v. Chr. galt der nach Cäsar benannte **julianische Kalender**, der mit einem Jahr von 365,25 rechnet. In ihm wurde den einzelnen Monaten eine bestimmte Anzahl von Tagen zugeordnet und für jeweils vier Jahre ein so genannter Schalttag eingeführt, um den Kalender mit dem rund 365 Tage dauernden Sonnenjahr in Einklang zu bringen. Das heißt, alle vier Jahre war ein zusätzlicher Tag erforderlich. Unser heutiger Kalender beruht im Wesentlichen auf dieser von den Ägyptern und Babyloniern kommenden Zeiteinteilung.

Auf die Römer gehen auch die uns rein rechnerisch sonderbar vorkommenden Monatsbezeichnungen von September (der Siebente) bis Dezember (der Zehnte) zurück, die heute der neunte bzw. zwölfte Monat sind (> 3.4). Da die Römer aber der Überzeugung waren, dass das Jahr am 1. März beginnt, erklärt sich die Zählweise von selbst. Der julianische Kalender hatte bis zum Mittelalter Gültigkeit.

Weil dessen durchschnittliche Dauer jedoch elf Minuten länger war als das Sonnenjahr, galt es, diese Differenz auszugleichen. Sie betrug nach 128 Jahren einen vollen Tag. Bis 1582 hatte sich der Kalender bereits um zehn Tage verschoben. Deshalb verfügte Papst Gregor XIII. (1502– 1585) eine Kalenderreform und eine Neuordnung der Schalttage, die seither innerhalb von 400 Jahren dreimal entfallen.

Die protestantischen Staaten führten 1700 diesen **gregoriani- schen Kalender** ein. Nachdem er sich auch in den katholischen Ländern durchgesetzt hatte, fiel der Jahresbeginn in Europa einheitlich auf den 1. Januar. Die Kirche musste nun ihre Feiertage neu fixieren. Dabei achtete sie peinlich genau darauf, dass die heidnischen Feste ersetzt werden konnten. So wurden – um diese Beziehung hier nur anzudeuten – die zwölf finsteren keltischen Raunächte in die »Zwölf heiligen Nächte« (»Zwölften«, > 11.6, 12.7) umgewandelt, das Julfest in Weihnachten (> 12.2) und die heidnische Geisternacht in die Nacht zum Jahreswechsel (> 13.1).

Abb. 8: Julius Cäsar

Der Name **Raunächte** stammt keineswegs von rauen germanischen Sitten, sondern von »Rauch«, der unseren keltischen Ahnen (> 5.1) zusammen mit Wasser und Feuer mythologische Reinigungskraft bedeutete. Man suchte durch die Säuberung von Haus und Hof zum Jahreswechsel (in den Zwölf Nächten zwischen dem 25. Dezember und dem 6. Januar) mittels (Feuer-)Rauch und Wasser sich vor umhertreibenden Geistern und Seelenscharen zu schützen. Das besonders mit Wacholder vorgenommene Ausräuchern des Anwesens oblag dem

Pfarrer oder dem Bauern. Von daher kommt der Name Rau(h)nächte, urspr. Rauchnächte.

Heilig wird sowohl die nach dem Empfinden religiöser Menschen beherrschende und lenkende Kraft genannt als auch alles das, worin sich diese Kraft in der natürlichen Welt manifestiert. Das sind Orte wie Berge, Gräber oder Quellen, Gegenstände wie Altäre, Gefäße oder Geräte für den kultischen Gebrauch (Fahnen, Kelche, Weihwasser) und vorbildliche Personen wie Benedikt (um 480–547), Franz von Assisi (1181 oder 1182–1226, > 12.8) oder Ursula (4. Jh.).
Nach evangelischem Verständnis ist jeder Glaubende heilig, weil der Heilige Geist ihn geheiligt hat. In der katholischen Kirche gibt es ein vom Papst ausgehendes kirchenrechtliches Verfahren, bei dem nach einer Prüfung eine Person heilig gesprochen und anschließend verehrt werden darf.

3.3 Der erste Monat und seine Bauernregeln

Von Anfang an: die Monatsnamen

Der **Monat** (ahd. *manod*, mhd. *manot, monot, menot* = Monat, Mond) ist die Dauer des Umlaufs des Mondes um die Erde. Am ersten Monat des Jahres sollen die Herkunft und Bedeutung der Monatsnamen etwas genauer demonstriert werden (> 4.3).

Der *Januar* hieß im Althochdeutschen *Hartung*, das vom ebenfalls althochdeutschen Adjektiv *hart* (mhd. *hert[e]*) abgeleitet ist. *Hart* hatte gleich unserem heutigen Verständnis die Bedeutung von »fest, rau, unbiegsam« (8. Jh.). Der *Hartung* oder *hartimanod* ist der »harte« oder »gefrorene« Monat, was sich in gelegentlich heute noch gebrauchten Formen wie »Hartmond«, »Eismonat« oder »Wintermonat« niederschlägt.
Die Frage, was das neue Jahr an schönen und betrüblichen Ereignissen bringen mag, hat schon vor über 2000 Jahren die Menschen beschäftigt.
Das zeitgenössische Wort »Januar« leitet sich vom lateinischen *Januarius* ab. Es ist benannt nach **Janus**, dem altrömischen Urgott mit zwei Gesichtern, der den Übergang vom ungeordneten Chaos zur Ordnung von Zeit und Raum verkörpert. Der Name hat die gleiche Wurzel wie das Wort *ianua*, das (Haus-)Tür, Eingang und

Übergang bedeutet. Als Gott der Türen und Bögen, des Ein- und Ausgangs, im übertragenen Sinne des Anfangs und Endes, wurde Janus mit vorwärts- und rückwärtsblickendem Kopf dargestellt. Seine beiden Antlitze stehen für Weisheit: Das eine war der Vergangenheit zugekehrt, das andere der Zukunft. So stellt die Doppelphysiognomie sinnbildlich Freude und Trauer, Hoffnung und Enttäuschung, Segen und Schmerz dar.

Ursprünglich war Janus der Gott des Heims. Der Januskopf befand sich über den Hauseingängen, um die bösen Geister abzuschrecken und den Bewohnern Geborgenheit und Frohsinn zu bringen. Mit der Zeit entwickelte sich Janus zum Gott des Anfangs, denn bei kaum einem Neubeginn kann man vorhersagen, ob die Unternehmung ausschließlich zufrieden stellend verläuft und welche Konsequenzen sie mit sich bringt.

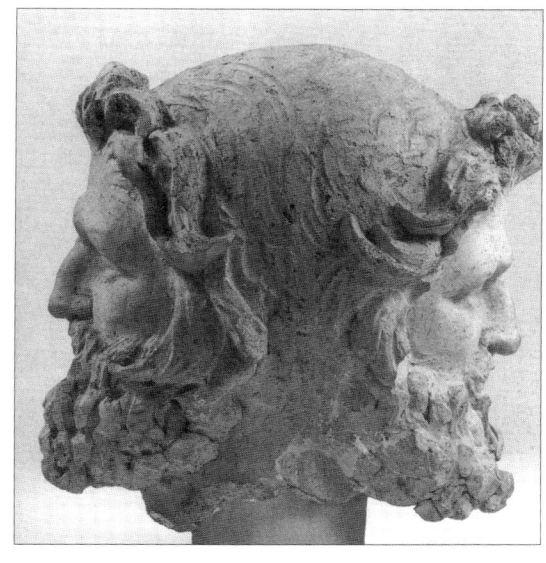

Unsere Welt – die große wie die kleine – ist ein irdischer Lebensbereich der Widersprüche. Es gibt Frieden und Krieg, Überfluss und bitterste Armut, überschäumende Lebensfreude und tiefe Einsamkeit. Wir erleben nahezu täglich Wohlwollen und Neid, Gewogenheit und Niedertracht, Vernünftiges und Einfältiges. Auch unser eigenes Ich bildet oft kein ausgeglichenes Ganzes, sondern steckt mitunter voller Zweifel und Gegensätze. Könnten wir nicht manchmal mit Goethes Faust sagen: »Zwei Seelen wohnen, ach, in meiner Brust«?

Der Januar oder Jänner, wie der erste Monat des Jahres im oberdeutschen Sprachraum (Süddeutschland) auch geheißen wird, stellt den versprachlichten Ausdruck dieses Gestern und Morgen, Plus und Minus, Guten und Bösen dar.

Der Name des südostbrasilianischen Gliedstaates und der zweitgrößten Stadt Brasiliens, Rio de Janeiro, bedeutet alleinig »Januarfluss«.

Die polnische Version des Januar lautet *styczeń* und ist, wie es fast allen polnischen Monatsnamen eigen ist, urslawischer Herkunft. Nur die Bezeichnungen für März und Mai kommen – wie im Deutschen – aus dem Lateinischen. »Styczeń« leitet sich aus dem alten Wort »tyki« ab, das »Stange« oder »Stab« bedeutet. Gemeint ist der Januar als Kontakt- oder Verbindungsmonat, was sich in »styczka« (Kontaktstück) und »styczność« (Berührung, Beziehung, Fühlung, Verbindung) zeigt.

Bauern-regeln und ihr tieferer Sinn

Wer möchte nicht gern darüber im Bilde sein, was er vom neuen Jahr zu erwarten hat. Da die Menschen jedoch nicht vorausblicken können, ist das Kommende, das Neue, »eben weil es neu ist, dasjenige, das am meisten überrascht« (Gotthold Ephraim Lessing, 1729–1781).

Immerhin fügten sich die Bauern und sonstige Berufsgruppen nicht unbedacht in ihr Los, sondern hielten sich gewöhnlich und halten sich manchmal noch heute an althergebrachte Regeln, die ihnen einen Fingerzeig vor allem für die kommende Witterung geben sollen. Nicht jede dieser **Bauernregeln** aus Ururgroßvaters Zeiten besteht aus leeren Worten und ist abergläubischer Wetter-Hokuspokus. Viele von ihnen beruhen auf jahrhundertelanger Beobachtung der Natur und sind nicht unzutreffender als eine langfristige Wettervorhersage. Die Bauern wissen, dass ihre kleinen Sprüche auf eine gute Summe von Erfahrungen zurückzuführen sind. Denn nicht nur der menschliche Körper ist wetterfühlig, sondern auch an vielen Pflanzen, am Verhalten der Tiere und vor allem an Wind, Bewölkung und zahllosen Himmelserscheinungen lässt sich die künftige Wetterentwicklung ablesen.

Diese Anzeichen richtig zu deuten, war für Landarbeiter, Schäfer, Seeleute, Jäger und Windmüller lebenswichtig. Um ihrer Existenz willen haben sie seit jeher die irdische Lufthülle im Auge behalten, sich um erdatmosphärische Bewegungen und Wolkenzug Gedanken gemacht und ihre Einsichten von Generation zu Generation weitergegeben. So entstanden im Laufe der Zeit die gereimten und ungereimten Wetterregeln. Sie sind nicht nur Äußerungen über die Wetterlagen schlechthin, sondern gleichfalls über landwirtschaftliche Arbeitstermine und Ernteaussichten. In diesem vorwiegend mündlich weitergegebenen Volkswissen z. T. antiker Herkunft mischen sich reales Erleben mit überliefertem Volksglauben. Im Grunde sind Bauernregeln Speicher und Quelle der Lebensweisheit von Generationen.

Dabei darf allerdings nicht vergessen werden, dass so manche »Wetterregel« aus purer Lust am Reimen oder aus einer abschätzigen Beurteilung der in Leitsätzen gefassten Eindrücke entstand. Als viel strapaziertes Paradebeispiel mögen der auf dem Mist krähende Hahn und die daraus abgeleitete Wetterprophezeiung angeführt sein. Auf die Wetterlage zum Jahreswechsel bezogen hört man immer einmal diesen Zirkelschluss, bei dem sich die Katze in den Schwanz beißt:

Wenn's Silvester stürmt und schneit,
dann ist Neujahr nicht mehr weit.

Abb. 10: Wetterhäuschen
mit Sonnenfrau und Regenmann –
zuverlässige Wetterverkünder!?

»Neujahrstag mit Sonnenschein …« – was wissen die Bauernregeln vom ersten Monat des Jahres und seinem Wetter wirklich? Die Bauern achten noch heute recht genau auf die Witterung zu Neujahr. Wenn sich eine grelle Morgenröte am Himmel abzeichnet, blicken sie sorgenvoll in den Tag, denn

Neujahrsmorgenröte
bringt viel Nöte.
Oder

Morgenrot am ersten Tage
bringt Unwetter und große Plage.

Viel wohler dagegen ist den Bauern zumute, wenn am ersten Tage des Jahres die Sonne scheint, weil ein strahlender Himmel eine gute Ernte verheißt:

Neujahrstag mit Sonnenschein
lässt das Jahr recht fruchtbar sein.

Im Übrigen aber erwarten die Bauern im Januar viel Schnee, weil er Feuchtigkeit in den Acker bringt. Von der Winterfrucht hängt vieles ab, und deshalb hält man sich an solche Sprüche wie:

Januar Schnee zu Hauf,
Bauer, halt den Sack auf.

Oder

Unterm Schnee gefällt's dem Korn wie Opa im Pelz.

Oder

Schnee ist guter Dünger, er ist noch besser, wenn du ihn mit Jauche anmachst.

Obendrein soll es im ersten Jahresmonat kalt und frostig sein, was eine ertragreiche Ausbeute verspricht:

Der Januar muss vor Kälte knacken,
wenn die Ernte gut soll sacken.

Oder

Auf einen Winter, kalt und weiß,
folgt eine gute Ernte meist.

Schnee und Minusgrade sind freilich Wettererscheinungen, die in unseren Breiten – ausgenommen die Winter 2009/2010 und 2010/2011 – selten geworden sind. Von einem milden, schneearmen oder -freien Januar wollen die Landleute nichts wissen. Wenn das Gras schon im Januar grünt, dann sei mit dem Futter im ganzen Jahr kein Staat zu machen. Schon die Alten sagten:

Wächst das Gras im Januar, steht es schlecht durchs ganze Jahr.

> Wächst das Gras im Januar,
> bleibt sommers leicht die Futterkarr.

Trotz allen denkbaren Flockenwirbels wissen wir nicht, welche Launen der Wettergott bereithält. Wie wird es werden? Meteorologen, die sich vorzugsweise mit den Wetterregeln der Menschen auf dem Lande befassten, haben festgestellt, dass die Bauernregeln zu 80 Prozent richtig waren. Da braucht sich niemand in Grund und Boden zu schämen, wenn er auf Bauernregeln baut.

3.4 Von Februar bis Dezember

Der **Februar** (lat. *februarius*, süddt. *Feber*, ahd. *Hornung*) ist der »Reinigungsmonat«. Der Name ist abgeleitet vom lateinischen *februare* (reinigen) und erklärt sich aus den Sühne- und Reinigungsriten, die in diesem Monat (nach dem altrömischen Kalender dem letzten des Jahres) vorgenommen wurden.

Die durcheinander geratenen Monde

März (lat. *Martius*, ahd. *marzeo, merzo*, auch *Lenzing* = Zeit der längeren Tage; > 3.1) bedeutet eigentlich »dem römischen Schutz- und Kriegsgott Mars heilig«. In altitalienischer Zeit war Mars auch ein Vegetationsgott, der in Beziehung zum Gedeihen des Viehs, zu Erntesegen, Verwüstung sowie Missernte stand und Unheil erzeugen und fernhalten konnte. Der nach ihm benannte erste Monat des altrömischen Jahres ist der »Frühlingsmonat«, der in der polnischen Sprache *marczec* (»Traummonat«) heißt (»marzenie« = Traum), was dem international üblichen Monatsnamen entspricht.

Der **April** (lat. *Aprilis*, wahrscheinlich zu *aperire* = [er-]öffnen, beginnen, ahd. *abrello*, mhd. *aberelle, abrille, aprille*) ist der »Öffnende«, also der Monat, in dem die Erde neuer Fruchtbarkeit zugänglich ist.

Mai ist nach dem lateinischen (Wachstums-)Gott *Maius* benannt, denn Jupiter Maius bedeutet »Wachstum bringender Jupiter« (ahd. *meio*). Er ist die Zeit der Jugend oder der jungen Liebe. Der Name des als Beschützer der Reifezeit verehrten Gottes ist eine maskuline Bildung zu lateinisch *Maia* (große Göttin, Erde), der Kultgenossin des römischen Gottes des Feuers Vulkan und Mutter des römischen Gottes des Handels und Gewerbes Merkur. Merkur ist dem griechischen Götterboten Hermes gleichgesetzt, dem Gott der Straßen und Wege, der Kaufleute und Diebe, dem Schutzherrn der Hirten und Herden, Sohn des obersten griechischen Gottes Zeus (röm. Jupiter) und eben der Maia.

Abb. 11: »Der Frühling hat sich eingestellt ...« – Maienlust in der Rhön

Wir haben uns angewöhnt, den Mai auch als Wonnemonat zu bezeichnen. Dabei denken die meisten an ein beglückendes Gefühl tiefster Freude, innigen Vergnügens oder höchsten Genusses. Daran darf man zwar denken, jedoch sollte man das nicht allein in Verbindung mit dem Wonnemond. Denn der Wonnemonat ist der Weidemonat. Das althochdeutsche *winna* bedeutet »Ackerland«, »Wiese« oder »Weide(platz)« und hat mit »gewinnen« zu tun. Erst im 16. Jahrhundert wird in die Monatsliste des römisch-deutschen Kaisers Karl V. (1500–1558) der Wonnemonat als »Freudenmonat« aufgenommen.

Der **Juni** (lat. *Juni[i]* = Genitiv von Junius, ahd. *Brachet*, zu »brechen«, deshalb im Deutschen auch »Brachmond«) ist von *Juno* (gr. *Hera*) abgeleitet.

Juno war als Königin des Himmels die römische Göttergöttin und also die oberste römische Göttin, sowohl Schwester als auch Gemahlin von Jupiter. Als Göttin der Frauen war sie auch die Beschützerin der Ehe und der Niederkunft. Deshalb spricht man von ihr als der Geburts-, Fruchtbarkeits- und Ehegöttin. Im 16. Jahrhundert wird »Juni« ins Deutsche entlehnt und löst, zunächst in der Kanzleisprache, die alte Bezeichnung »Brachmonat« ab.

Der *Juli* (lat. *Juli[i]* = Genitiv von Julius, ahd. *Heuert*, deshalb im Deutschen auch »Heumond«) ist nach der Kalenderkorrektur durch Julius Cäsar ihm zu Ehren benannt. Juli ist demnach der Name des dem Julius Cäsar geweihten Monats. Der Name »Juli« setzt sich über die Kanzlei- und Urkundensprache gegen die alte Bezeichnung »Heumonat« seit dem 16. Jahrhundert durch.

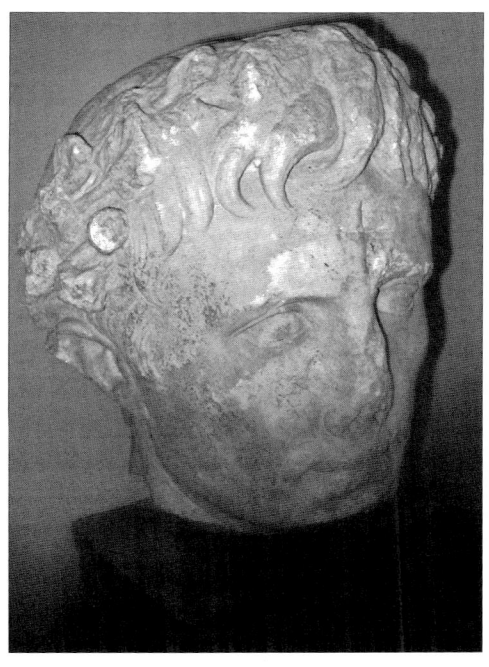

Im Monat *August* ist der römische Kaisertitel und Ehrenname Augustus (der Heilige, Erlauchte, Erhabene, Ehrwürdige, zu lat. *augere* = vermehren) des römischen Kaisers Oktavian erkennbar. Augustus, eigentlich Gaius Julius Caesar Octavianus (63 bis 14 v. Chr.), war der höchste römische Herrscher, Großneffe, Adoptivsohn und Haupterbe Julius Cäsars (> 3.2).

Abb. 12: Büste des Kaisers Augustus

September (lat. »der siebente Monat«, ahd. *Scheiding,* mhd. *september*) war der siebente Monat des im März beginnenden altrömischen Kalenderjahres (zu lat. *septem* = sieben, vgl. Septett = Komposition für sieben Singstimmen, Instrumente oder Ausführende). Erst nach der Einführung des julianischen Kalenders durch Cäsar (> 3.2) wurde er zum neunten Monat des Jahres, was sich auch nicht mit der Einführung des gregorianischen Kalenders (> 3.2) änderte.

Der **Oktober** (lat. *octavus*, ahd. *Gilbhart*, mhd. *october*, in Anlehnung an *november* auch *octember*) ist nach dem altrömischen Kalenderjahr der achte Monat (vgl. Oktave = Intervallabstand von acht Stufen). Nach Julius Cäsars Kalenderreform bleibt der Name für den nunmehr zehnten Monat erhalten.

Der **November** (lat. »der Neunte«, zu *novem* = neun, germ. *Nebelung*, ahd. *herbistmanod* = Herbstmonat, mhd. *november*) war ursprünglich der neunte Monat der römischen Jahresordnung (vgl. Nonett = Musikstück für neun Soloinstrumente oder Instrumentalsolisten).

Der **Dezember** (lat. *december*, der »zehnte Monat«, zu lat. *decem* »zehn«, vgl. Dekade = Zeitraum von zehn Tagen) als zwölfter Monat des Jahres stand vor Einführung des julianischen Kalenders für den zehnten Monat. Seit Ende des 13. Jahrhunderts bezeugt, dringt der Name – zunächst in Urkunden und Chroniken – im 17. Jahrhundert stärker in die Allgemeinsprache ein.

Beginnen wir nun unseren Streifzug durch das Kalenderjahr, das eine große Zahl von überaus bunten Höhepunkten bereithält. Im Jahreskreis herrschen vorchristliche, christliche und nicht christliche Riten – vom Neujahrstag über den Dreikönigstag, Karneval, Ostern, Pfingsten, dem Erntedankfest, Kirmes, Advent und Weihnachten bis zu Silvester.

4   Feste und Bräuche von Neujahr bis zum Sommergewinn

4.1   Prosit Neujahr

»Prosit Neujahr«, »Alles Gute/viel Glück im neuen Jahr« sind wohl die am häufigsten ausgesprochenen und meistens ehrlich gemeinten Grüße und **Wünsche zum Jahresanfang**.

Welche persönlichen Vorstellungen verknüpfen wir mit dem Guten, mit dem Glück? Worauf hofft jeder von uns im neuen Jahr? Ganz gewiss auf geistiges und körperliches Wohlbefinden, berufliches und schulisches Gelingen, Eintracht und ein möglichst ungestörtes Miteinander. Nur, ob sich die Erwartungen auch erfüllen werden? 365 Tage eitel Sonnenschein sind kaum jemandem beschieden. Jedes neue Jahr hat seine Schattenseiten. Fehlschläge, Irrtümer, Enttäuschungen, Leid, Missgunst und wenig hilfreicher Zank stehen ebenso auf der Jahresordnung.

Spektakel mit viel Lärm und Licht

Abb. 14: »Lasst uns gehen mit frischem Mute« (Hoffmann von Fallersleben, 1798–1874)

Was das neue Jahr auch bringen mag: »Wir springen von Stühlen und Schemeln in das neue Jahr, wir gießen Blei ...« heißt es in einer alten Illustrierten über das Silvestervergnügen um die Wende vom 19. zum 20. Jahrhundert. Es soll auch heute noch einige geben, die auf diese Art ins nächste Jahr übersatteln. Wie auch immer – die Formen, das neue Jahr zu begrüßen, sind vielfältig. Manche mögen es leise und beschaulich, andere stimmungsvoll und ausgelassen.

In Deutschland hat sich vielerorts das turbulente Treiben in der **Neujahrsnacht** durchgesetzt. Man verjagt das alte und begrüßt das neue Jahr durch gehöriges Getöse, viel Licht, Lärm und Schießerei. Knallfrösche, Luftheuler, Goldregen, bengalische Feuer oder Kanonenschläge sollen Glück bringen.

In früheren Zeiten geschah das mit Hilfe von Trommeln, Schellen, Pfeifen und Peitschenknallen. Mit solcherart Gedröhn, viel Fackeln und Feuerschein wollte man böse Geister und Dämonen vertreiben und sie daran hindern, im neuen Jahr ihr Unwesen zu treiben. Ob das auch gelang, ist nicht überliefert – geblieben ist der uralte Brauch. Heute sind es eben vor allem **Feuerwerkskörper**, die lautstark und leuchtend das neue Jahr ankündigen.

Abb. 15: Eine heiter-frostige Angelegenheit – Neujahrsschwimmen

Neben dem Abfeuern von Böllern und bunten Raketen kennt man in manchen Regionen auch das **Neujahrsschießen** (Neujahrsanschießen) mit Gewehren. Beispielsweise ballert man in der Altmark beim Morgengrauen des Neujahrstages in die Gärten, damit die Bäume reichlich Früchte tragen mögen. Dieser Beschuss hat sich in den Alpen und im Harz erhalten.

Solche Feuerwerksspektakel gehören heutzutage ebenso zu den Bräuchen wie Pfannkuchen, Papphüte, Luftschlangen und Konfetti. Und wie einige Lebensmittel, denen eine Glück bringende Wirkung zugeschrieben wird.

Zu den **Glücksessen** zählen Trauben, grünes Blattgemüse, Hülsenfrüchte, Schwein und Fisch. Erbsen, Bohnen und Linsen symbolisieren Geld. Die kleinen Samen erinnern an Münzen, und beim Kochen quellen sie auf: Das Geld vermehrt sich – hoffentlich. Besonders Hering und Karpfen gelten ihrer Schuppen wegen als Glücksbringer, stehen sie doch ebenfalls für viel Kleingeld (> 13.5).

Wirtschaftliches Wohlergehen

Vornehmlich in der Alpenregion wird das neue Jahr mit **Peitschengeknall** angekündigt. Dieser Brauch erinnert an den germanischen Ritus zur Vertreibung übler Spukgestalten in den Raunächten (> 6.2, 11.6). So auch in Nordthüringen, in dem bis zur ersten Hälfte des 19. Jahrhunderts die Knechte und Landarbeiter in der Neujahrsnacht vor den Häusern ihrer Brötchengeber erschienen, um unter dem Geknalle der Knuten ihre Glückwünsche und ihren Dank darzubieten. Oft gab es Freibier.

In Westfalen kannte man einst den Brauch des **Neujahrshämmerns**, bei dem sich der Schmied mit seinen Gesellen um den Amboss versammelte, um das alte Jahr mit rhythmischen Schlägen auszuhämmern. Ähnlich werden in Mitteldeutschland in einer Schmiede in Gegenwart von Verwandten und Dorfbewohnern die Funken sprühen gelassen und Hufeisen gefertigt (> 13.5).

In Norddeutschland gehen geschminkte und kostümierte Kinder am Neujahrstag oder am Silvesterabend mit dem Rummelpott (Brummtopf) herum und singen Lieder. Das **Rummelpottlaufen** ist ein **Heischegang** mit einem tönernen Topf, über den eine Schweinsblase mit einer Öffnung gespannt ist. Aus dem Spalt schaut ein Stück Schilfrohr heraus, das beim Reiben mit der Handinnenfläche ein brummendes Geräusch verursacht.

Heischen bedeutet »fordern«, »verlangen« oder »erbitten«, jedoch nicht »(er-)betteln« (vgl. »[er-]haschen« = »[ein-]fangen«). Einst durch Erwachsene ausgeübt, macht sich mehr und mehr die ortsansässige Jugend zu Bittstreifzügen auf den Weg. Zur Belohnung nehmen die Heischegänger von den Einwohnern kleine Aufmerksamkeiten (Äpfel, süße Backwaren, Naschereien, geringfügige Geldbeträge) entgegen.

Bewahrung
vor
Krankheit

Auch in anderen deutschen Bezirken gibt es das **Neujahrssingen**, wenn auch ohne lautstarke Begleitung.

So klingeln in Baden Kinder an den Türen der Nachbarn und tragen kurze, überlieferte Reime vor. Die Reime drücken einen Neujahrswunsch aus, deren Sinn oftmals Rätsel aufgibt.

Das Singen zum Jahreswechsel spielt im Bezirkshauptort des schweizerischen Kantons Aargau Rheinfelden eine große Rolle. Dort versammeln sich am Silvesterabend um 21.00 Uhr die Sebastiani-Brüder zum Brunnensingen. Der Brauch geht auf ein Versprechen von zwölf Männern zurück, die sich 1541 zusammenschlossen, als die Pest in der Stadt sehr viele Menschenleben kostete. Auf diese Weise hoffte man, die Stadt zukünftig vor der Krankheit zu bewahren. Der Grund, warum man am Brunnen sang, lag in der Annahme, dass die Pest von verseuchtem Wasser herrühre.

In einer anderen Stadt der Schweiz, in Winterthur, wird das neue Jahr ebenfalls musikalisch begrüßt. Ab 23.45 Uhr erklingt in der Silvesternacht vom hohen Nordturm der Stadtkirche besinnliche **Bläsermusik**, bevor dann um 00.00 Uhr die Glocken läuten. Dieser Silvesterbrauch entstand bereits im 16. Jahrhundert mit dem Ein- und Ausläuten des Tages durch die Turmwächter. Das **Glockenläuten** ist seit langem in allen Gegenden üblich.

Göttliche
Frau
oder
hässliches
Weib

Nicht nur in einigen Orten des Thüringer Schiefergebirges stimmt das **Silvesterumblasen** die Einwohner auf den Jahreswechsel ein. Die heimischen Blasorchester ziehen durch die Straßen und spielen volkstümliche Weisen. Oder es wird mit einem großen Aufgebot von Posaunenchören und Blaskapellen von Kirchtürmen aus oder in den Straßen musiziert.

Im kleinen südthüringischen Höhenort Schnett ist immer am 2. Januar ein jahrhundertealtes, einem heidnischen Kult entstammendes

Spektakel zu erleben: die Umgänge der **Hullefraans** (Hullefrauen), die ihren Namen von Frau Holle entlehnt haben.

45

Bevor **Frau Holle** (Holda, Hulda, Holla, Hulla, Hulle) dank der Gebrüder Grimm durch das bekannte Märchen mit den zwei ungleichen Schwestern als überirdisch-mütterliche Gestalt und Betten schüttelnde Schneemacherin populär wurde, rankten sich allerhand Legenden um die Frau aus den thüringischen Hörselbergen.

Von alters her war insbesondere der von zahlreichen Höhlen durchzogene Große Hörselberg (Venusberg) den Menschen unheimlich. Wenn der Wind aus ihm rauschte, glaubten sie, das Wilde Heer reite aus ihm heraus. »In der Nacht der Geburt Christi decken sie den Tisch für die Königin des Himmels, die das Volk Frau Holla nennt, damit sie ihnen helfe«, heißt es in der Schrift eines Zisterziensermönchs über den Aberglauben (> 4.3) des Landvolkes aus dem 13. Jahrhundert. Das verweist auf die besondere Herkunft der sagenhaften Gestalt.

Ursprünglich eine strahlend weiß gekleidete göttliche Frau, die im prächtigen Wagen über den Himmel brauste, hat sie sich mit der Verbreitung des Christentums in ein mythisches Wesen mit zwiespälti-

Abb. 16:
Frau Holle,
die Huldvolle

gen Zügen verwandelt. Manche sehen sie als germanisch-heidnische Erdmutter oder frühchristliche Gottheit, sogar in Verbindung mit Fruchtbarkeitsriten als Fruchtbarkeitsgöttin. Sie wird mit der römischen Göttin Diana (gr. Artemis; jungfräuliche Göttin der Keuschheit und Jagd, Herrin der Tiere, auch als Vegetations- und Fruchtbarkeitsgöttin hoch geschätzt und bei Entbindungen angerufen) in Verbindung gebracht oder mit der nordischen Göttin Freya (> 8.1) verglichen. In den Hörselbergen ist die Holle die Liebhaberin des Dichters und Minnesängers Tannhäuser (um 1205 bis etwa 1270), und auf dem Kyffhäuser macht sie Barbarossa (Kaiser Friedrich I., it. Beiname »Rotbart«, 1122–1190) Konkurrenz.

Die Gestalten, in die Frau Holle schlüpft, sind ebenso vielfältig wie ihre Namen: Sie tritt beispielsweise als Gode/Wode (Gestalt der nichtkirchlichen Glaubensvorstellung), als Murawa im Niederlausitzer Land oder als Riesin Harka auf.
Viele Sagen schildern die Holle als altes, meist hässliches Weib, das die Menschen aber noch immer reich zu belohnen oder hart zu strafen vermag. Den Menschen ist die Dame eher freundlich gesonnen. Sie zürnt nur, »wenn (sie) Unordnung im Haushalt wahrnimmt« (Jacob Grimm). Sie liebt den Aufenthalt in Brunnen und Seen und ist neben Thüringen vor allem in Hessen heimisch.

Begegnungen mit der Holle finden meist während der Zwölf Nächte statt. Denn am 25. Dezember verlässt sie der Überlieferung nach ihr unterirdisches Quartier in den Hörselbergen und zieht als Befehlshaberin des Geisterheeres mit ihm oder einer Zwergenschar durch das Land. Am 6. Januar kehrt sie zurück, weshalb dieser Tag auch als Frau-Holle-Tag bezeichnet wird und mit entsprechenden Bräuchen verbunden ist. So gilt der Wind am Holletag als besonders segensreich. Wenn man ihm um Mitternacht Türen und Fenster weit öffnet, soll er Glück ins Haus bringen.

Was über den Mythos, das Märchen, die Sage und den lebendigen Brauch »Frau Holle« auch vermutet wird: Die Hullefraans sind verkleidete junge Burschen: hässlich anzuschauende Weiber mit krummen Nasen, zottigen Haaren und nicht gerade zimperlichem Gebaren. Mit Gegröle ziehen sie bei Einbruch der Dunkelheit von Haus zu Haus, später von Schenke zu Schenke, und teilen an die Bewohner

Schläge mit der Haselrute aus. Dafür werden sie auch noch bezahlt. Denn nachdem sich die Bergbewohner von den wilden Hexen ein paar überziehen ließen, hält die Gefolgschaft (die Gertenträger) die Geldbeutelchen auf. Ein, zwei Euro möchte einer schon löhnen für die erfahrene Pein, die den Geschlagenen Gesundheit, Glück und Fruchtbarkeit verheißt. Meistens gibt es noch ein Schnäpschen gratis.

Abb. 17: Hullefraa mit Gertenträger beim Heischegang

Ein alter Silvesterbrauch aus dem niederländisch-rheinischen Raum ist das **Beiern**, ein Glockenspiel der besonderen Art: Lediglich eine Kirchenglocke wird automatisch in Bewegung gesetzt. Sie bestimmt den Takt und das Tempo. Die übrigen Glocken werden durch die Beiermänner von Hand angeschlagen, wodurch verschiedene einfache Melodien erklingen. Leider wird dieser Brauch kaum mehr gepflegt, vielleicht deshalb, weil es einer großen Fertigkeit und eines intensiven Übens bedarf.

Ein ebenfalls so gut wie ausgestorbener Silvesterbrauch stammt aus der Uckermark im Nordosten Brandenburgs zwischen den Städten Angermünde, Templin und Prenzlau. Dort ging bis etwa 1930 der **Pelzbock** um, ein in Strohseide eingewickelter junger Mann. Mit dem Wort Pelz ist in diesem Falle jedoch kein Tierkleid gemeint, sondern ein Pfannkuchen. Der Pelzbock wurde bei seinem Rundgang von Haus zu Haus von vier Treibern in Ketten und zwei als Stutenfrauen verkleideten Burschen begleitet. Dazu wurde mit Handorgel und Geige musiziert. In großen Körben sammelte man Pelze (also Pfannkuchen), aber auch Wurst, Speck, Kuchen, Schnaps und Wein. Mit diesen Gaben feierten die Burschen anschließend Silvester.

Dem Pelzbock ähnlich ist der **Strohbär**, der in Hessen und Teilen Thüringens beheimatet ist (> 4.6). Er ist wie der Pelzbock fast gänzlich eingehüllt, jedoch in Stroh – so wie der »Winteraustreiber« **Butz** in der fränkischsprachigen Gegend rings um die Flüsse Jagst, Kocher und Tauber und der Pfingstl im Bayrischen Wald (> 7.2). Zusammen mit dem Strohbären trugen Jugendliche am Silvesterabend Speck, Eier, Geschlachtetes und Feuerwasser zusammen, um damit zum Jahreswechsel fröhliche Urständ zu feiern und das neue Jahr zu begrüßen.

Entsprechend ziehen im Appenzeller Land (Ostschweiz) **Naturkläuse** durch die Gefilde. Das sind wie die Strohbären wilde Gestalten in struppigem Aufputz aus Laub, Farn, Reisig, Stroh, Heu oder Holzwolle. Aus ihren vermummten Gesichtern ragen Schweine- oder Rinderzähne. Ein ähnlicher Jahreswechselbrauch sind in der dortigen, romantisch gelegenen Gemeinde Urnäsch die **Silvesterkläuse**, die am 31. Dezember und am 13. Januar in Erscheinung treten. Sie kommen allerdings nicht mit einer zausigen Aufmachung daher, sondern tragen mit einem riesigen Aufwand hergestellte Masken und Gewänder.

Kaum noch gepflegt werden die **Neujahrsumgänge**, die es vormals in unterschiedlichen Formen gab. So besuchten in manchen Landstrichen Deutschlands am Neujahrstag Kinder ihre Paten, um das neue Jahr anzuwünschen. In vielen ländlichen Gebieten begaben sich junge Männer in die Häuser der Nachbarschaft und nutzten dabei die Gelegenheit, nach einer Braut Ausschau zu halten. Dabei sprach man nicht selten bei einer herzhaften Brotzeit reichlich den geistigen Getränken zu. Solche Aufwartungen konnten aber auch einfach der Kontaktpflege zur Nachbarschaft dienen.

Würfeln um Würstchen

Einem nur noch selten anzutreffenden Brauch zum Jahreswechsel mit wohltätiger Wirkung konnte man in früheren Zeiten in Franken begegnen. Das **Fitzeln** praktizierten vor allem Kinder. Dabei ergriffen sie die Hand des Gegenübers, schlugen ihm mit einem kleinen Tannenzweig oder einem Myrtensträußchen auf den Handrücken, sagten einen der zahlreichen Fitzelsprüche auf und erhielten als Lohn dafür Obst, Süßigkeiten oder kleine Geldsummen.

Ein Brauch, bei dem es u.a. um Geselligkeit geht, ist das **Silvesterwürfeln**. Im weitesten Sinne könnte man es auch als Orakelbrauch deuten, denn beim Würfeln bleibt alles dem Zufall überlassen, und das Ergebnis ist genauso ungewiss wie die Zukunft. Jung und Alt treffen sich in verschiedenen Lokalen, um das Jahr beim gemeinsamen Glücksspiel ausklingen zu lassen. Mancherorts wird um Würstchen gewürfelt wie etwa in vielen Gemeinden des hessischen Vogelsberges. Der Sieger erhält jeweils ein Würstchen. Andernorts kennt man auch das Würfeln um Brötchen oder Brezeln. Die Regeln, nach denen gewürfelt wird, sind regional unterschiedlich.

Gespielt wird zu Silvester auch im Rheinland. In einem Stadtteil von Dormagen versammeln sich jedes Jahr Einheimische zum **Lottern**. Jeder Mitspieler erhält eine Karte mit einer Zahlenreihe und Plättchen zum Abdecken der gezogenen Nummern. Sieger ist, wer eine zusammenhängende Zahlenreihe auf seiner Karte abgedeckt hat. Die Belohnung für ihn besteht aus einer Brezel.

Mir ist nicht bekannt, ob sich im Norden von Westfalen die Vertreter des männlichen Geschlechts darüber freuen, dass ein Silvesterbrauch ausgestorben ist, der noch im 19. Jahrhundert gepflegt wurde. Zu Silvester übernahmen nämlich die **Frauen** für kurze Zeit das **Regiment**. Die Männer mussten sich um den Haushalt und die Kinder kümmern und den Frauen gehorchen.

So unterschiedlich die Neujahrsbräuche auch sind – was alle verbindet, ist Musik, die die Gestimmtheit dieser Zeit besonders ergreifend einfängt. Überhaupt ist für viele Menschen Musik zu den Festtagen geradezu ein Lebenselixier – ob sie sie im Konzertsaal hören oder von Tonträgern zu Hause auf dem Sofa, ob zu Ostern oder zu Weihnachten. Den tönenden Strömen von Leidenschaften und Lebenswärme zu lauschen, ist freilich am Neujahrstag oder um Neujahr herum nicht anders. Gerade der Jahreswechsel ist für die meisten ein willkommener Anlass für die geistig-emotionale Aneignung anrührender Melodien.

Zur Jahreswende ist die Symphonie Nr. 9 d-Moll op. 125 von **Ludwig van Beethoven** (1770–1827) die wohl am häufigsten aufgeführte und gehörte Komposition. 1822–1824 entstanden, vermittelt sie, vereint mit Friedrich Schillers (1759–1805) späterer Fassung von 1803 der Ode »An die Freude«, eine Botschaft von Menschlichkeit, die immer wieder neu berührt. »Seid umschlungen, Millionen! Diesen Kuss der ganzen Welt!« – das ist die von Tausenden und Abertausenden ersehnte Vision der Menschenverbrüderung durch die Herrschaft von Vernunft und

Abb. 18: Ludwig van Beethoven,
Ölporträt von Willibrord Joseph Mähler, 1804

Harmonie, der alte Menschheitstraum vom Goldenen Zeitalter. Es gibt wohl keine großartigere Hymne an die Liebe, die Gemeinschaft, die unsterbliche Hoffnung und die höchsten Ideale als dieses Orchesterwerk. Gerade die machtvolle Vertonung von Schillers feierlich-erhabenem Gedicht im Schlusschor der Symphonie veranschaulicht den Flug der Gedanken und der Fantasie, der nicht durch irdische Schranken aufgehalten werden kann.

Zu denen, die ebenso zum Jahreswechsel ganz Europa begeistern, gehören mit ihren Walzern, Polkas, Quadrillen oder Märschen **Johann Strauß Vater** (1804–1849), **Johann Strauß Sohn** (1825–1899) und der jüngere Bruder des Walzerkönigs **Josef Strauß** (1827–1870). Ob die weltberühmten Wiener Walzer »An der schönen blauen Donau« oder »Wiener Blut«, ob die Ouvertüren der Operetten »Die Fledermaus« (1874) oder »Der Zigeunerbaron« (1885), ob die schnellen Polkas »Unter Donner und Blitz« oder »Ohne Sorgen« – fast jedem geben diese schwungvollen, lebendigen Klänge Trost und Lebensfreude. Und freilich nicht zu vergessen ist **Franz Lehár** (1870–1948). Seine volkstümlich-unterhaltende Musik wie »Lippen schweigen, s'flüstern Geigen« aus der melodienreichen Operette »Die lustige Witwe«, »Dein ist mein ganzes Herz« aus »Das Land des Lächelns« oder »Niemand liebt dich so wie ich« aus »Paganini«, gefällige Lieder, Tänze und Filmmusiken gehen auch zum Jahresanfang zu Herzen und reißen Tausende zu Begeisterungsstürmen hin.

Neujährchen, groß »wie e Scheierdor«

Nicht nur zu Weihnachten, sondern auch zum Jahreswechsel wurde stets fleißig *gebacken*.

Kulinarisches bringt Glück zum neuen Jahr

Während es heute noch weithin üblich ist, in der Weihnachtszeit mit selbst fabrizierten Plätzchen aufzuwarten oder sich Stollen, Mohnstriezel und Hutzelbrot schmecken zu lassen, scheint zur Jahreswende Süßes nicht mehr ganz so gefragt zu sein wie in früheren Zeiten. Allerdings hatten neben den Neujahrsbrezeln und »Eisekuche« (Waffeln) die fast immer aus Roggenmehl hergestellten **Gebildbrote** oder die traditionell als Gebäck der Wohlhabenden geltenden Weißmehlbrötchen Saison.

Gebildbrote sind zu Brezeln, Hörnchen, Kränzen, Herzen, Puppen, Sonnenrädern, Reitern, Ringen, Spitzbrötchen, allen möglichen Tieren oder Zöpfen geformte und als doppelköpfige Jahrmänner oder Schornsteinfeger verzierte Teignachbildungen.
Im hessischen Vogelsberg bekamen und bekommen teilweise heute noch die Kinder am Neujahrstag von ihren Taufpaten **Petterwecke** ('Neujahrswecke«, reich verzierte Patenbrote, s.u.) oder »Neujahrsräder«. Wecke sind Weizenbrötchen und längliche Brote.

Abb. 19: Reich verzierte Gebildbrote

Sie alle buk man meistens in auffallend großer Zahl, standen sie doch in dem Ruf, **Glücksbringer** (> 13.5) zu sein.

Das hatte zur Folge, dass sie insbesondere als Patengeschenke und Liebesgaben geschätzt wurden. Und sie seien, sofern man sie selbst verzehrte, dazu geeignet, schädliche Einflüsse aller Art fernzuhalten, die Fruchtbarkeit zu fördern und Hausgeister zu bestechen, um Ruhe, Frieden und Wohlergehen im Haus vorzufinden.

Im Rheinland erfreuten sich in Kleeblattform oder kreisrund angefertigte, mit einem Ewigkeitssymbol versehene **Neujährchen** nicht minder großer Beliebtheit wie deren im Westfälischen übliche Variante in Gestalt einer Doppelspirale, deren vier Arme die vier Jahreszeiten symbolisierten. In der Gegend um das niedersächsische Bentheim kannte man spezielle, mit Sprüchen und mancherlei Symbolen verzierte Kuchen, denen im Volksmund sogar das Verfallsdatum mit auf den Weg gegeben wurde. Zumindest hieß es von den flachen, zähen »Schohsollen« (Schuhsohlen), sie müssten bis spätestens Mariä Lichtmess am 2. Februar (> 4.5) verzehrt sein, um kein Unglück ins Haus zu bringen.

Neben vielen kleinen Gebildbroten, an denen man sich in großen Mengen laben konnte, gab es ein gerüttelt Maß von stattlicher Größe. So wird in einem aus Oberfranken stammenden Lied von Brezeln groß »wie e Scheierdor« (Scheunentor) und Lebkuchen groß »wie e Ofeplatt« (Backblech) berichtet, an denen sich »all minanner satt esse« konnten.

Auch die Vogelsberger Petter- oder Stautzeweck, die die Patenkinder bis zu ihrem 14. Lebensjahr jährlich zum Jahresbeginn geschenkt bekamen, konnten sich mit einer Länge von über einem halben Meter und ihren üppigen Verzierungen sehen lassen.

Vielerorts war es üblich, die gebackenen Neujährchen als **Orakel** für das neue Jahr zu befragen. Während man bereits im Backofen aufreißende Brötchen als böses Omen ansah, sollten andere kleine Kuchen, in die man mit dem Finger eine kleine Vertiefung hineindrückte, Auskunft geben, wie es um die Gesundheit des Familienmitgliedes bestellt sein würde, dem man sie zugedacht hatte. Dagegen prophezeite man denen, die Neujahrsbrezeln beim Karten- oder Würfelspiel im Wirtshaus gewonnen oder durch Überbringen der ersten Neujahrswünsche verdient hatten, für das neue Jahr Glück und Erfolg. Vor allem bei weniger betuchten Familien sorgte das so eingesammelte Backwerk für einen zumindest am Neujahrstag gut gedeckten Tisch.

4.2 Epiphanias oder Dreikönigstag?

Die Weihnachtszeit geht mit dem zwölften Tag der »stillen Zeit« zu Ende.

Magische Magier, Könige oder Sterndeuter

Die liturgisch korrekte Bezeichnung für den 6. Januar ist in der katholischen wie in der evangelischen Kirche *Epiphanias*. Sie entstammt dem griechischen Wort *Epiphanie* (Erscheinung) und verweist auf den Tag bzw. das Fest der Erscheinung des Herrn (deshalb auch Groß- oder Hochneujahr). In der Antike drückte die Bezeichnung das plötzliche Sichtbarwerden einer Gottheit oder eines anderen übernatürlichen Wesens unter den Menschen aus. Im Christentum ist das Erscheinen von Christus in der Welt gemeint, das durch das zweite Hochfest zur Weihnachtszeit gepriesen wird.

Hochfeste sind Veranstaltungen von höchstem liturgischen Rang, die von wichtigen Glaubensinhalten oder besonders bedeutenden Heiligen beherrscht werden.

In den ersten christlichen Jahrhunderten wurde der »Aufgang des Lichtes« am 6. Januar gefeiert, ehe man das ihm gewidmete Fest im 4. Jahrhundert auf den 25. Dezember vorverlegte. Erst dann bekam der 6. Januar den Namen **Dreikönigstag**, das katholische Namensfest der Heiligen Drei Könige.

Der einzige Text, der sie beschreibt, ist das Matthäusevangelium des Neuen Testaments.

Wichtigste Quelle für Leben und Werk Jesu sind die zwischen 65 und 100 in griechischer Sprache verfassten vier **Evangelien** (gr. »gute Nachrichten«) des Neuen Testaments von Matthäus, Markus, Lukas und Johannes. Sie fußen auf historischen Grundlagen, wollen aber in erster Linie als Glaubenszeugnisse die »Gute Botschaft«, eben das Evangelium, von Leben, Tod und Auferstehung Jesu vermitteln (»Jesus« = hebr. *Joshua, Josua*: »Gott ist Rettung«, »Gott hilft«). Die Verfasser der Evangelien waren nicht selbst Zeugen des Geschehens um Jesus, sondern beriefen sich auf eine längere mündliche Tradition.

Abb. 20: Masaccio (1401 bis um 1428): Anbetung der Könige, um 1425/28

Ohne Angabe von Anzahl, Namen, geografische Herkunft, Reise und Entfernung zu Bethlehem wird je nach Übersetzung des Matthäusevangeliums von Weisen, Magiern oder Astrologen (vermutlich persische Priester und Sterndeuter) berichtet, die sich aus dem Morgenland auf die Suche nach dem »neugeborenen König der Juden« machten: »Da Jesus geboren war zu Bethlehem im jüdischen Lande …, da kamen die Weisen vom Morgenland nach Jerusalem …«.

Eine Konstellation der Himmelskörper mit dem Schein des Sterns über Bethlehem (> 12.8) folgend, trafen sie über die »Heilige Stadt« Jerusalem in der südlich von ihr gelegenen Siedlung ein, um den neugeborenen König der Juden zu suchen, ihm zu huldigen und Gold, Weihrauch und Myrrhe zu schenken.

i Nach einer alten russischen Legende brach noch ein vierter König namens **Coredan** mit drei wertvollen roten Edelsteinen aus dem Morgenland auf. Widrige Umstände führten jedoch dazu, dass er den »König der Welt« erst fand, als dieser bereits ans Kreuz geschlagen war.

i Seit etwa 500 v. Chr. benutzten die Griechen und Römer für die üblichen Kulthandlungen beim Räucheropfer neben einheimischen Duftstoffen (Pinienzapfen, Lorbeerblättern, Harzen, Bittermandelölen) auch **Weihrauch** (Olibanum). Er ist das Harz mehrerer Arten von Boswellia-Sträuchern (in Südarabien und Indien gedeihenden Balsambaumgewächsen), das beim Erhitzen einen aromatischen Duft verbreitet.
Myrrhe (lat., gr., semit. = »bitter«) heißen die mit Harz besetzten Äste und Zweige kleiner, mit Dornen versehener Bäume und Sträucher, die besonders in Randgebieten des Roten Meeres beheimatet sind. Bereits seit dem 2. Jahrtausend v. Chr. wurde die balsamisch riechende, bitter schmeckende, gummiartige Strauchabsonderung in Ägypten und im Orient für kultische und profane Räucherzwecke sowie zur Parfümierung von Ölen und Salben verwendet. Von hier übernahmen sie die Griechen und Römer.

Nach der Legende wurden die »Wissenden« im 8. Jahrhundert zu Königen verschiedener Erdteile und verschiedenen Alters erhoben und ihre Zahl in Anbindung an die Zahl der Geschenke auf drei festgelegt. Im 6. Jahrhundert tauchen ihre Namen Caspar, Melchior und Balthasar zum ersten Mal auf, die sich bis zum 9. Jahrhundert durchgesetzt hatten.

Weil man im 14. Jahrhundert glaubte, die Erde bestünde aus drei Kontinenten, übertrug man die Bedeutung eines Kontinents auf je einen König. In der Kunst werden zumeist Caspar als Myrrhe schenkender Afrikaner (Jugend), Balthasar als asiatischer König gezeigt, der Weihrauch zur Krippe bringt (Reife), und Melchior als Goldschätze überreichender Europäer (Alter) dargestellt. Offenkundig haben sie Bethlehem fluchtartig per Schiff verlassen, als ihnen ein Engel ein erneut bevorstehendes Massaker Herodes' I. kundtat: »Und Gott befahl ihnen im Traum, dass sie sich nicht sollten wieder zu Herodes lenken; und sie zogen durch einen anderen Weg wieder in ihr Land«.

> **Herodes I.** (um 73–4 v. Chr.) war der unter römischer Oberhoheit über Palästina (hist. Landschaft zw. Mittelmeer und Jordan) herrschende jüdische König, der das im Süden von Palästina gelegene Judäa zu einem starken Staat Roms ausbaute.

Abb. 21: Herodes, König der Juden

Bereits Ansätze von Opposition wurden radikal unterdrückt, potenzielle Nachfolger (darunter drei seiner Söhne) beseitigt. Nach christlicher Überlieferung soll er die Ermordung aller Knaben bis zu zwei Jahren in und um Bethlehem befohlen haben, wodurch 63.000 Kinder getötet wurden. Doch selbst wenn der umstrittene sog. Bethlehemitische Kindermord stattfand, dürfte es nicht diese große Zahl von Opfern gegeben haben. Denn Bethlehem muss damals ein unbedeutendes kleines Dorf gewesen sein. Vermutet werden ca. 800 Einwohner, von denen – wenn es hochkommt – 40 Säuglinge und Kleinkinder waren. Im Johannesevangelium wird der Ort eine »komä« genannt, ein Flecken, ein Kaff, ein Nest.

Schutzpatrone aller Reisender

So ist Epiphanias auch das Dreikönigsfest, das Fest der drei »Lebenserfahrenen«, von deren Marsch das Evangelium an diesem Tag erzählt und das die festliche Periode der Weihnachtszeit beendet.

Die drei Weisen sind der weiten Tour wegen, die sie vom Morgenland nach Bethlehem unternommen haben, die Schutzpatrone der Reisenden, Pilger, Kaufleute, Gastwirte und Kürschner. Wirtshäuser

Abb. 22:
Léon Cogniet
(1794–1880):
Die Tötung
der Kinder zu
Bethlehem,
1824

mit den Namen »Zur Krone«, »Zum Stern«, »Zum Mohren« oder »Zu
den drei Königen« sind nach ihnen benannt. Die große Ehrfurcht vor
ihnen spiegelt sich noch heute ebenfalls in den Namen vieler alter
Gemäuer an den Zugstraßen des Verkehrs wider, wie wir sie nicht nur
bei Lokalen finden.

Deren sterbliche Überreste wurden der Legende zufolge zunächst
in Konstantinopel aufbewahrt, später in Mailand. Der Kölner Erzbischof und Reichskanzler des Kaisers Barbarossa (Friedrichs I.), Rei-
nald von Dassel (zw. 1114 und 1120–1167), überführte die Gebeine
1163 oder 1164 als Kriegsbeute nach Köln in den ihnen zu Ehren
gebauten Dom. Der von dem Goldschmied Nikolaus von Verdun
(um 1130–1205) Anfang des 13. Jahrhunderts geschaffene und im
Kölner Dom aufbewahrte Dreikönigsschrein gehört zu den wichtigsten Goldschmiedearbeiten des Mittelalters.

Am Dreikönigstag werden zahlreiche Bräuche gepflegt. Mancherorts
erfolgt am Vorabend des 6. Januar die **Segnung** (Zusage des Schalom

im Namen Gottes. Hebr. Schalom bedeutet »Frieden, Unversehrtheit« und meint ein allumfassendes Wohlergehen im Leben) von Haus, Hof und Stall mit Weihrauch und Weihwasser. In den meisten Familien ist es üblich, am Dreikönigstag zum letzten Male die Kerzen am Weihnachtsbaum anzuzünden. Zu den mannigfaltigen Ausdrucksformen der den Heiligen Drei Königen entgegengebrachten Verehrung gehörten früher auch amulettartig benutzte Papiere mit dem Zeichen *C+M+B* und verschiedenen Beschwörungs- und Wunschformeln. Diese **Dreikönigszettel** wurden vor allem von den Pilgern, aber auch sonst auf den gefährlichen Reisen im Mittelalter mitgeführt.

Die in Köln ruhenden Reliquien der Weisen haben zu **Dreikönigsspielen** in Kirchen und Klöstern angeregt.

> **Reliquien** sind die Überreste von Heiligen; meist Körperteile/Knochen, die eine besondere Kraft in sich tragen sollen, oder auch etwas aus dem persönlichen Besitztum eines Heiligen, das verehrt wird.

Sternsinger gestern und heute

Daraus hat sich im Laufe des Mittelalters – beginnend etwa Mitte des 12. Jahrhunderts und urkundlich nachweisbar im 16. Jahrhundert – einer der ältesten und seit dem 15. Jahrhundert weit verbreiteten katholischen Bräuche entwickelt, das **Sternsingen**. Zunächst besonders in den Niederlanden und Belgien gepflegt, hat sich dieser Brauch auch in Deutschland eingebürgert und bis heute erhalten. Verkleidete Männer oder Knaben zogen als Dreikönige und als Gefolgsleute eines vorausgetragenen großen Sterns von Haus zu Haus. Sie waren als Könige verkleidet und hatten weiße Hemden sowie ortsabhängig bestimmte Kostüme an. Die Sternsinger erzählten von der Geburt Christi, der Anbetung in Bethlehem sowie von Herodes und dessen Ende. Anschließend baten sie um Gaben wie Kuchen, Nüsse oder Geld für sich, ihre Familien und arme Menschen im Ort.

Dieser zuerst sehr ernsthaft ausgeübte Brauch verkam jedoch mit der Zeit mehr und mehr zur Bettelei. Darüber hinaus drohte er streckenweise dadurch ins Komische umzuschlagen, dass inhaltlich zunehmend sinnlich-weltliche Bezüge hergestellt und oft Schelmen- und anzügliche Lieder in Psalmenform vorgetragen wurden. Erst 1958 wurde der Brauch neu belebt, als das Päpstliche Missionswerk der Kinder in Aachen Mädchen und Jungen aufrief, das Dreikönigssingen in den Dienst der Not leidenden Mädchen und Jungen in der

Abb. 23: Sternsinger vor dem Portal der Kirche Bamberg-Gaustadt

Dritten Welt zu stellen. Seitdem sind die Nachkommen unter der Trägerschaft des Kindermissionswerkes »Die Sternsinger« und dem Bund der Deutschen Katholischen Jugend (BDKJ) in den ersten Tagen eines jeden Jahres bis zum 6. Januar oder auch noch am darauf folgenden Wochenende für einen guten Zweck unterwegs: die Unterstützung hilfsbedürftiger Kinder in Afrika, Lateinamerika, Asien und Ozeanien.

Auch heutzutage sind die Kennzeichen der Sternsinger die Königskleidung und der Stern, der wie schon früher an einem Stab vorangetragen wird. So ausgerüstet, ziehen die Nachfahren von Tür zu Tür, verkünden die Geburt Jesu und bringen Segenswünsche. In katholischen Gegenden sind oft Ministranten (Messdiener, Gehilfen des Priesters) oder je vier Jungen und Mädchen der Kirchgemeinden unterwegs. Sie werden von der jeweiligen Pfarrgemeinde nach einem Gottesdienst ausgesandt, singen und sprechen ein Gebet oder ein Gedicht und schreiben dann mit geweihter Kreide oder bringen mit einem Aufkleber die Segensformel *C+M+B* mit der entsprechenden Jahreszahl an die Haustüren, z.B. *20*C+M+B*10*. Im Volksmund werden diese drei Buchstaben als Caspar, Melchior und Balthasar gedeutet. Heute sieht man jedoch in ihnen die Abkürzung der lateinischen Segensbitte »Christus mansionem benedicat« (»Christus segne dieses Haus«): Nichts Böses soll je über die Schwelle gelangen.

In den Niederlanden ist aus dem ursprünglichen Sternsingen ein Kinderfest geworden. Die Kleinen ziehen dabei mit Lampions durch die Straßen.

In manchen Gegenden ist es auch Usus, am Dreikönigstag Salz weihen zu lassen. Ist das Vieh gefährdet, so gibt man ihm von diesem geheiligten Würzmittel. Da es auch bei drohenden Gewittern Heil bringen soll, schüttet man es bei Donner und Blitz zum Fenster hinaus.

Das Dreikönigsfest ist in Bayern, Baden-Württemberg und Sachsen-Anhalt ein Feiertag.

In 3.3 wurde bereits einiges zu den Bauernregeln im Januar ausgeführt. Da nach alten Sprüchen das Wetter zwischen erstem Weihnachtstag und Dreikönigstag als wegweisend für das gesamte neue Jahr angesehen wurde und teilweise noch wird, werden folgend einige der damit zusammenhängenden Ansichten dargestellt. Denn von jeher sind die Tage zwischen den Jahren oder – wie sie nach Altvätersitte genannt werden – in den Zwölften eine orakelträchtige Zeit. Mit den Zwölf Nächten ist ein ungemein reiches altes Brauchtum verbunden, und freilich gibt es auch zahlreiche *abergläubische Vorstellungen*.

Januar warm, dass Gott erbarm! – Die »zwölf Nächte«

Aberglaube (spätmhd. *abergloube* = Gegen-, Missglaube) wird als ein in falschen Vorstellungen wurzelnder Glaube begriffen, als Irrglaube, trügerische Vorstellung, Einbildung oder Vorurteil. Er ist die innere Gewissheit vom Vorhandensein magischer Kräfte und davon, diese beeinflussen zu können, z. B. mit Bräuchen wie Abwehrzauber, Anhexen von Krankheiten, Besprechen, Bleigießen (> 13.3), Hellsehen, Horoskop stellen, Karten legen, Maskottchen, Vollmond (dem sowohl heilende als auch bedrohliche Kräfte zugesprochen werden), Wunderkuren, Wahrsagen, Wünschelruten (die bei Vollmond geschnitten werden sollen und mit denen die Rutengänger Wasser suchen) oder Zahlenmagie.

Das »Obermair Medizinbuch« (ein wahrscheinlich im 18. Jahrhundert auf Pergament handgeschriebenes kleinformatiges gebundenes Buch, das früher in der St. Jakober Pfarrkirche [Tauferer Ahrntal] aufbewahrt wurde und sich heute im Privatbesitz von Johannes Obermair befindet) enthält eine ganze Reihe von **Beschwörungsformeln**, etwa um gestohlenes Gut wiederzubekommen:

»Nimm ein Totenkreuz vom Grab einer im Kindbett Verstorbenen und trage es dorthin, wo du deine Sache verloren hast, und lasse es da liegen, so wirst du deine Sache schon wieder bekommen, die dir gestohlen worden ist«.

Einer der ebenfalls im Medizinbuch vorhandenen zahlreichen **Tipps für das bäuerliche Wirtschaften** lautet:

»Die Bäuerin soll allzeit in dem ersten Viertel des Wachsmondes das Brot backen, denn dieses Brot ist viel sättiger und erhält seinen Geschmack viel länger, als wenn es bei abnehmendem Mond gebacken wird«.

Abb. 24:
Krankheits-
bekämpfung
mit bannen-
den Worten
und Gesten

Ein bisschen Wunderglaube scheint in vielen von uns zu stecken, etwa in Gestalt von Ritualen, die Sicherheit geben.

Sportlern z. B. können solche »Marotten« helfen, vor dem Wettkampf die Nerven zu beruhigen und Höchstleistungen abzurufen – ob mit einem Frühstück bei der Mutter, dem Hören immer desselben Liedes in der Endlosschleife oder dem Anziehen des linken Schienbeinschoners vor dem rechten, ob mit dreimaligem Spucken, dem Unterlassen der Bartrasur oder dem Anbehalten der alten Unterhose bei Siegesserien.

So dürfe man weder Wäsche waschen oder aufhängen (wie in der Karwoche) noch Brot backen oder Hülsenfrüchte essen. Träume in dieser Zeit gelten als Orakel für die folgenden zwölf Monate.

Vorhersagen
fürs
ganze Jahr

Volkstümlicher Überlieferung zufolge verrät dieser Winterabschnitt besonders viel über die Witterung im kommenden Jahr. Deshalb nimmt es nicht wunder, dass der ***Wetterbeobachtung zum Jahreswechsel*** besondere Aufmerksamkeit geschenkt wurde. Die Begründung dafür liefert ein alter bäuerlicher Merksatz:

Wie sich die Witterung vom Christtag bis Dreikönigstag verhält,
so ist's ums ganze Jahr bestellt.

63

Etwas ruhiger gerät die Wettervorhersage in der Zeit vom 27. bis zum 30. Dezember. In chronologischer Reihenfolge steht das Wetter der einzelnen Tage zunächst für das Witterungsgebaren in den Monaten März bis Juni. An allen vier Tagen richtet sich die gespannte Erwartung auf die Sonneneinstrahlung. So heißt es am **27. Dezember:**

> Wenn heute die Sonne scheint, geraten die Kinder nicht wohl.

Demgegenüber sollen sowohl das Obst als auch die Winterfrüchte bei sonnigem Wetter am (Gedenk-)Tag der unschuldigen Kinder (> 4.2), dem **28. Dezember**, bestens gedeihen. Sonnenschein am **29. Dezember** stellt einen Überfluss an Baum- und Feldfrüchten in Aussicht, wohingegen Sonne am **vorletzten Tag des Jahres** auf viel Gras, aber nur wenig Korn und Wein hindeute. Eine eher schlechte Wetterprognose ist zu stellen, wenn sich der 28. Dezember durch Kälte auszeichnet:

> Haben's die unschuldigen Kindlein kalt,
> so weicht der Frost noch nicht so bald.

Auch für den **Silvestertag** wird in den alten Bauernkalendern nur wenig Gutes vermerkt. So sei einerseits zwar damit zu rechnen, dass …

> Wird in der Silvesternacht
> noch nie hat Korn und Wein gebracht,

dass andererseits jedoch Sonnenschein am Silvestertag den Fischern gute Fangquoten verspricht.

Getreu dem Motto »Neues Jahr – neues Glück« scheinen die bäuerlichen Wetterbeobachter das neue Kalenderjahr jedoch mit einer gehörigen Portion Optimismus begonnen zu haben. So steht der **erste Tag des Jahres** Pate für das künftige Augustwetter, von dem man gemeinhin annimmt, es würde hochsommerlich warm und schön werden. Doch während eine stille, klare Neujahrsnacht ganz allgemein für den Segen des Jahres von Vorteil sei, bringe ein Neujahrstag »schön hell und klar« ein ausgesprochen fruchtbares Jahr. Nur auf

»flammendes Neujahrs-Morgenrot« könne man verzichten, weil es stets »Unwetter und große Plag« nach sich ziehe.

Mit Blick auf den **2. Januar**, der das Wetter für die ganze Erntezeit anzuzeigen verspricht, heißt es:

> Wenn an diesem Tag die Sonne scheint,
> stehen gefährliche Unwetter bevor.

Immerhin erziele »klarer Sonnenschein viel gute Fisch«. Scheint hingegen tags darauf die Sonne, sei im Verlaufe des Jahres mit reichlich Nebel zu rechnen. Des Weiteren kündet der **3. Januar** vom Wetter im Oktober.

Doch während der **vierte Tag des Jahres** Hinweise auf den nächsten November geben soll, bedeutet Sonnenschein am 4. Januar überhaupt nichts Gutes. Zumindest geht man im alten Volksempfinden davon aus, dass in diesem Fall »Kriege und Unruhen auf der Erde kein Ende nehmen wollen«.

Als hätte eine derart schlechte Prognose sogar den bäuerlichen Wetterpropheten vorübergehend die Sprache verschlagen, schweigen sie sich um den **5. Januar** zunächst einmal aus.

Erst am **Dreikönigstag**, der das Wetter vom nächsten Christmond im Dezember vorwegnehme, mutmaßen sie wieder:

> War bis Dreikönig noch kein Winter,
> so folgt auch keiner mehr dahinter.

Regen am 6. Januar würde zwar für doppelte Keime sorgen, aber dennoch nur die halbe Frucht in die Scheune einfahren. Doch während ein Dreikönigstag »hell und still« andeutet, dass »der Winter vor Ostern nicht weichen will«, verheißt

> Dreikönig hell und klar, viel Wein in diesem Jahr.

Übrigens: Wer meint, sich nach zwölftägiger Wetterbeobachtung noch immer nicht genug Informationen über das neue Jahr angeeignet zu haben, der sollte seine Erkenntnisse durch Befolgen eines weiteren Merkspruchs verlässlich abrunden. Ausgehend davon, dass jede einzelne Stunde des Dreikönigstages angeblich die Witterung eines Monats anzudeuten vermag, heißt es im Bauernkalender:

Ob sich letztlich jedoch das Wetter auch an die Vorhersage hält, ist eine ganz andere Frage.

4.4 Vogelhochzeit

»Die Vögel wollten Hochzeit machen in dem grünen Walde« – so beginnt ein bekanntes deutsches Volkslied. Während das Sujet »Vogelhochzeit« bereits aus dem Mittelalter bekannt ist und eine Textfassung vor 1470 entstand, ist die Melodie seit dem 17. Jahrhundert belegt. Die Autoren von Text und Melodie des Liedes, das die Verheiratung einer männlichen Drossel (oder eines Raben) mit einer weiblichen Amsel (oder einer Elster) schildert, sind allerdings nicht feststellbar.

Bei der *Vogelhochzeit* handelt es sich um einen sorbischen, jedoch in weiten Teilen der gesamten Oberlausitz am 25. Januar üblichen **Bescherbrauch** (obersorb. *Ptači kwas*). Die Kinder stellen Teller auf

Abb. 25: Vogel-hochzeits-schmaus

das Fensterbrett oder vor die Haustür, damit ihnen die Vögel, die angeblich an diesem Tage Hochzeit halten, eine Kostprobe vom Festmahl darauflegen: vom Dorfbäcker hergestellte, mit Zuckerguss und Sultaninenaugen versehene Vögel aus Milchbrötchenteig (»sroki« =

Elstern), Baiservögel (»Spanischer Wind« oder »Kuss«: Schaumgebäck aus Eischnee und Zucker) und Vogelnester.

Der Ursprung des Brauchs konnte bis jetzt nicht aufgeklärt werden. Höchstwahrscheinlich spielte die Naturverbundenheit der Vorfahren eine entscheidende Rolle, wie heute kleine Feste zeigen, die in den Kindereinrichtungen veranstaltet werden: Die Kinder verkleiden sich als Vögel, und mit einem Vogelbrautpaar werden lustige Vogelhochzeiten mit Festumzug durch das Dorf oder Stadtgebiet mit anschließendem Hochzeitsschmaus gefeiert.

4.5 Mariä Lichtmess

Der Beginn des Vorfrühlings

Obwohl *Mariä Lichtmess* im überlieferten Sinne in einigen ländlichen Gegenden begangen wird, ist das Ereignis heute ein nicht mehr allgemein bekannter Festtag.

Kaum jemand weiß, was der **Lichtmesstag** ursprünglich bedeutete. »Wenn's zu Lichtmess stürmt und schneit …« ist wohl noch der bekannteste Spruch zu diesem Anlass. Der Frühling kommt darin auch vor. Um ihn geht es tatsächlich, denn Mariä Lichtmess wurde auf das Fest der irisch-keltischen Lichtgöttin und Göttin des Frühlings und des Feuers Brigit (Brigid) festgelegt. Diese entzündete und herrschte über das Feuer, erhielt es am Leben und ritt auf dem Gott der Natur und der Fruchtbarkeit, dem Hirschgott Cernunnos (dem »Gehörnten«) durch Feld und Wald, um die Pflanzen wachzurütteln.

»Darstellung des Herrn« – so nennt sich heute der kirchliche Feiertag, der am 2. Februar in einigen christlichen Konfessionen begangen wird, vornehmlich in der katholischen Kirche. Wer nicht besonders intensiv mit der Kirche vertraut ist, wird mit dieser Bezeichnung kaum etwas anzufangen wissen. Der Name »Lichtmess« dagegen ist schon eher bekannt und volkstümlich, bezeichnet er doch den vierzigsten Tag nach dem Weihnachtsfest, den die deutsche Christenheit eben am 2. Februar begeht.

Der Evangelist Lukas berichtet, dass der fromme greise Simeon im Tempel von Jerusalem sehnsüchtig auf die Ankunft des Messias gewartet und Maria ihm das göttliche Kind gereicht habe. Der nahm es auf seine Arme und lobte Gott. Lichtmess ist das Fest zur Erinnerung an diese »Darstellung des Herrn« im Tempel.

Abb. 26:
Lorenzo Lotto
(1480–1557):
Die Darstel-
lung Jesu
im Tempel,
ca. 1556

Der Lichtmesstag gilt katholischen Christen regional als Ende der Weihnachtszeit, obwohl das Fest im streng liturgischen Sinne diese Rolle nicht innehat. Einige katholische Familien lassen deshalb bis zu diesem Tage Krippe und Weihnachtsbaum in der Wohnung stehen. Auch in manchen Kirchen werden die Symbole der Weihnacht erst am Lichtmesstag entfernt – dem Tag des Erinnerns an die wärmende Kraft und Fülle des Lichts im Wechsel von Tag und Nacht.

Der sich entwickelnde Marienkult machte den Tag zu einem Gemeinschaftsfest zu Ehren Jesu und Marias. In seinem Mittelpunkt steht noch heute die seit dem 8. Jahrhundert belegte **Lichterprozession**, für die ab dem 10. Jahrhundert in manchen Gegenden in der Kirche die für das nächste Jahr benötigten Kerzen geweiht, für die Prozession verteilt, mitgenommen und zu Hause aufbewahrt werden. Darum waren um diese Zeit auch Wachsmärkte, eben Licht(er)messen, sehr gefragt. Die Lichtmesskerzen sollten vor Unwetter, Gewitter, Blitz, Behexung und bösen Geistern schützen und allen Zauber von Wöchnerinnen fernhalten.

In mehreren sächsischen Landstrichen hat es sich seit langem eingebürgert, die weihnachtlichen Dekorationen ebenfalls bis zum Lichtmesstag zu belassen. Im Erzgebirge, dem Gebiet der Schnitzkunst, passiert das oft sogar erst nach dem Tag, den man groß mit **Lichtergottesdiensten** feiert. Das ist wohl verständlich, ist doch die Herstellung der Krippen und Pyramiden sehr aufwändig. Wieso sollten dann die prachtvollen Holzschnitzereien schon nach wenigen Festtagen wieder im stillen Kämmerlein abgestellt werden?!

Aus Freude über das Ende der dunklen, kalten Wintertage setzten mancherorts die Menschen brennende Kerzen auf einfache Schiffchen oder Brettchen und ließen sie auf fließendem Gewässer schwimmen. Diese **Lichterschwemme** wurde von jubelndem Gesang begleitet.

Die Feldarbeit beginnt

Am Lichtmesstag war auch das Wirtschaftsjahr der Bauern zu Ende. Bevorzugt zum Abschluss dieses Zeitraumes, für den ein landwirtschaftlicher Hof das Ergebnis seiner geschäftlichen Tätigkeit in einem Jahresabschluss zusammenfasste und der demzufolge der maßgebende Abschnitt für die Gewinnermittlung war, wechselten Knechte und Mägde den Dienstherrn.

Der Volkskundler Martin Wähler (1889–1953) schreibt in seiner »Thüringischen Volkskunde«, dass mit dem Lichtmesstag der **Vorfrühling** seinen Anfang nimmt. Da das Geschäftsjahr beginnt, müssten das gesamte Korn gedroschen sein und von nun an die Feldarbeiten vorbereitet werden. Der Blick zum Himmel war da obligatorisch, denn eine Bauernweisheit sagte:

> Lichtmess hell und klar,
> bringt dem Bauern gutes Jahr.

Wohl weil im Vergleich mit der Wintersonnenwende am 21. Dezember der Tag bereits eine Stunde länger ist, hieß es im nördlichen Eichsfeld, dass man zu Lichtmess den Winter und seine Gebräuche verlassen solle. »Das Spinnrad hinter die Tür, die Hacke herfür« – deutlicher kann man es wohl nicht sagen.

In einigen Orten um die ehemalige Residenzstadt Sondershausen verlautet, zu Lichtmess sei erst die Hälfte des Winters dahin. Deshalb müsse man von allen Vorräten noch die Hälfte haben. Ganz gleich, wie kalt oder mild es am Lichtmesstag war: Man solle schon bei Tage essen. Das bedeutet nichts anderes, als dass das Abendbrot ohne künstliche Beleuchtung einzunehmen war. Deshalb gab es im ostthüringischen Kraftsdorf den Spruch:

> Lichtmess sollen die Herren bei Tage ess,
> Die Bauern, wenn sie kunn, un die Bettelleut, wenn sie was hunn.

4.6   Fastnacht

Wie heißt es wo – und warum?

Seit dem 12. Jahrhundert kennzeichnen Fastnacht, Fasching oder Karneval die Zeit zwischen dem Dreikönigstag und Aschermittwoch. Doch was feiern wir eigentlich, Fasching oder Karneval oder Fastnacht?

Keck, jeck und Fleisch, lebe wohl

Die drei Bezeichnungen sind seit dem 17. Jahrhundert bedeutungsgleich.

Von alters her heißt der Dienstag vor Aschermittwoch **Fastnacht**. Er war der Abend vor dem Fastenbeginn, später der gesamte Fastnachtsdienstag oder die letzten drei Tage, auch die vorhergehende Woche und seit dem 19. Jahrhundert meist eben die Zeit vom 6. Januar bis Aschermittwoch.

Fasten (ahd. *fasten*, mhd. *vasten*) bedeutet den zeitweiligen Verzicht auf Nahrung bzw. einer bestimmten Kost aus religiösen Gründen (spirituelle Reinigung, Buße; später auch aus Gründen der Diät). Es ist der hauptsächlich in der katholischen und orthodoxen Kirche geübte Brauch, sich aus religiösen Anlässen befristet völlig bzw. teilweise dem Genuss gewisser Speisen zu enthalten.

Die **orthodoxe Kirche** (gr., lat. *orthodox* = recht-, strenggläubig, der richtigen Lehre folgend) ist die seit 1054 offiziell von der römisch-katholischen Kirche getrennte Ostkirche. In ihr kam dem Patriarchen (obersten orthodoxen Geistlichen) von Konstantinopel (heute Istanbul) der erste Rang zu, und so wurde Konstantinopel ihr geistliches und politisches Zentrum.

Nach der katholischen und der evangelischen Kirche bildet die orthodoxe Kirche die drittgrößte christliche Gemeinschaft mit ca. 225 Millionen Gläubigen.

Für Fastnacht, die Nacht oder der Abend vor dem Fasten, gibt es eine ganze Reihe von Bezeichnungsvarianten, von »Faselabend« und »Fastelabend« über »Fasten« bis zu »Fasent«, »Faslam« und »Fasnet«. Manche Formen lassen eine Bedeutungsübertragung zu »faseln« im Sinne von »gedeihen« oder »Possen treiben« denken.

Es ist die Zeit des Frohsinns vor der Entsagung, vor dem vorösterlichen Fasten, vor der befristeten enthaltsamen Lebensweise, vor dem Verzicht vornehmlich auf Fleisch- und Milchprodukte. Sie wurde von der christlichen Kirche in Erinnerung an die Fastenzeit Jesu auf 40 Tage vor Ostern (lat. *Quadragesima* = vierzigster Tag) festgelegt. In der evangelischen Kirche heißt sie Passionszeit.

Der Zeitraum der Genügsamkeit und Vorbereitung auf Ostern hat inzwischen viele »moderne« Facetten, ist aber schon seit dem 4. Jahrhundert Brauch. An einem Fastentag sich einmal satt essen und zwei kleine weitere Stärkungen waren ebenso zugelassen wie bestimmte Getränke auch außerhalb dieser Mahlzeiten, besonders Wasser und Bier. Erst 1486 erlaubte Papst Innozenz VIII. (1432–1492), ebenfalls Milch und Milchprodukte in der Fastenzeit zu sich zu nehmen.

Manche Einrichtungen rufen heute zu besonderen Fastenaktivitäten auf, z. B. die evangelische Aktion »Sieben Wochen ohne« oder das Heilfasten.

Sieben Wochen ohne besteht im freiwilligen Verzicht auf als schädlich empfundene Gewohnheiten und Abhängigkeiten. 2011 lautete z.B. das Motto: Ich war's: Sieben Wochen ohne Ausreden (www.7wochenohne.evangelisch.de).

Das **Heilfasten** beinhaltet meist den morgendlichen Spaziergang, Frühsport, das Morgengebet, ein karges Frühstück, Lockerungs- und Entspannungsübungen, Gruppenarbeit, Mittagessen mit Gemüsesaft, Körperarbeit, Gruppengespräche und das Abendlob.

Aus einer 2010 erarbeiteten Studie des größten Marktforschungsunternehmens der Welt GfK (Gesellschaft für Konsumforschung) geht hervor, dass jeder neunte Bürger aus Glaubensgründen fastet. Dabei spielen religiöse Motive bei Frauen in der Fastenzeit von Aschermittwoch bis Ostern eine größere Rolle (15,3 %) als bei Männern (7,9 %).

Fasching geht auf den mittelhochdeutschen Ausdruck *vastschanc* oder *vaschanc* (Fastentrank) zurück, auf den letzten Ausschank vor der Fastenzeit.

Dagegen stammt **Karneval** aus dem mittellateinischen Wort *carnislevamen*, was so viel bedeutet wie »Fleischwegnahme« oder das »Ablassen vom Fleisch« (»carne vale« = »Fleisch, lebe wohl«). Untersagt war bereits im 10. Jahrhundert der Verzehr des Fleisches und anderer Produkte von warmblütigen Tieren in der österlichen Bußzeit. Deshalb bot diese Verfügung schon immer Anlass für üppige Gelage. Man hat sich noch einmal mit einer kräftigen Zehrung erquickt. Schmalz und Eier mussten vor der Fastenzeit zwischen Aschermittwoch und Ostern verbraucht werden, weshalb Krapfen (ahd. = »Haken«, pfannkuchenähnliches Fettgebäck) oder Fasnetsküchle mit viel Eiern in Schmalz gebacken wurden.

Nach einer anderen Auffassung hat Karneval mit der fleischlosen Zeit nicht das Geringste zu tun. Er sei im Gegenteil das Frühlingsfest des heidnischen Götzen Dionysos, des griechischen Gottes der Fruchtbarkeit und später besonders des Weines und der Ekstase (röm. *Bacchus*). Bei den dionysischen Riten wurde er, mit einer Tiermaske verkleidet, auf einem Schiffskarren (röm. *carrus navalis*) umhergezogen, woher der Begriff des Karnevals rühre.

Welcher Auffassung man auch anhängen mag: Fastnacht, Fasching oder Karneval dienen nicht allein dem Amüsement vor dem Fastenbeginn.

In der Nacht vom Dienstag zum Mittwoch wird zum Leidwesen aller die Fastnacht beerdigt, und mit dem **Aschermittwoch** beginnt die Kirche den Weg durch Leid und Tod zur österlichen Auferstehung. Am Tag nach Fastnacht wird den katholischen Gläubigen Asche als Symbol der Vergänglichkeit und Buße aufs Haupt gestreut oder auf die Stirn gestrichen.

Da nach dem Faschingsgaudium im Portemonnaie naturgemäß Ebbe herrscht, ziehen mancherorts von Musikanten begleitete Jugendliche zum Ortsbrunnen, um darin ihren Geldbeutel zu waschen und diese nebeneinander auf eine Leine zum Trocknen aufzuhängen. Die demonstrative Geldsäckelwäsche soll sowohl die nach der Faschingszeit leer gewordenen Börsen der Menschen als auch die örtlichen Kassen wieder auffüllen. In München passiert das feucht-fröhliche Spektakel seit 1426 am Fischbrunnen.

Der fünfte Sonntag in der Fastenzeit trug in früheren Zeiten den Namen **Passionssonntag** (in unseren Tagen offiziell identisch mit Palmsonntag). An ihm werden in den Kirchen auch heute noch die Kreuze mit violettem Stoff überhängt. Das Verhüllen ist ein sehr alter Brauch, Leid und Verzweiflung zu zeigen. In der Antike verbargen Menschen ihr Gesicht, wenn ihnen eine Todesbotschaft überbracht wurde. In Trauerzeiten verdeckte man prunkvolle Räume oder Ausstattungen. Die christliche Tradition hat diesen Brauch in veränderter Form übernommen.

> **Violett** gehört wie Blau zu den kalten Farben. Nicht nur nach der religiösen Symbolik gilt es als mystische Farbe, die Spiritualität und Barmherzigkeit in sich trage: Sie wirke dämpfend und entspannend, im seelisch-geistigen Sinne erhebend und befreiend und sei mit Opferbereitschaft verbunden. Liturgisch steht sie für die persönliche Buße und Veränderung.

Maskierungen, Riten und Schelmereien

Das Unterste zuoberst kehren

Karneval ist keineswegs überall und bei jedem beliebt, sondern stößt bei den Bundesbürgern auf geteiltes Interesse. Nach einer vom Institut für Markt- und Sozialforschung Emnid 2010 durchgeführten Umfrage hat mehr als ein Drittel (36 %) kein Faible, 37 % verfolgen ihn allenfalls am Fernseher. In Deutschland feiert jeder Fünfte Karneval. In den Hochburgen sind es selbstverständlich mehr: 30 % in Hessen, Rheinland-Pfalz und im Saarland, 27 % in Bayern und 25 % in Baden-Württemberg.

Hauptsächlich hier zählt die Devise:

Wählt die Narren an die Macht,
dann wird das ganze Jahr gelacht.

73

Wenigstens einmal im Jahr aus den Zwängen der festgelegten Rollen auszubrechen und die »Puppen tanzen« zu lassen, sich zu maskieren und zu verkleiden, ist der Wunsch vieler Menschen. Sie entwerfen im Karneval eine verkehrte Welt (die Civitas Diaboli = die Gemeinschaft des Teufels), weil ein wenig Abstand vom täglich erwarteten und praktizierten Verhalten auch dem seelischen Gleichgewicht gut tut. Sie kehren geradeso das Unterste zuoberst, damit mit dem Blick auf die folgende Fastenzeit und Ostern die Civitas Dei (die Gemeinschaft Gottes, die »normale« Ordnung), umso strahlender inszeniert werden kann.

Die *Fastnachtsbräuche* des Mittelalters sind besonders gut in den Städten fassbar.

Bis in das 14. Jahrhundert dominierten Reiterspiele der Patrizier (Angehörige der bürgerlichen Oberschicht). Dann entwickelte sich ein vielgestaltiges **Maskenbrauchtum**. Wichtige Einflüsse kamen seit etwa 1700 aus Italien, vor allem aus Venedig.

Abb. 27: Venezianische Masken in Venedigs »Fondamenta de l'Osmarin«

Öffentliche Feiern mit Tanz, Spielen, Straßenparaden voller Vereinsschützen, Gardekerle und der stechschreitenden **Funkengarde** oder Stadtgarde im Rosenmontagszug und mannigfaltige Formen der Verkleidung charakterisieren die Fastnacht als eine besonders stimmungsvolle Zeit: Der gewohnte Standard ist außer Kraft gesetzt und wird im Gewand des Narren verspottet.

In Köln beispielsweise erfolgt die Inthronisierung des Dreigestirns bereits Anfang Januar. Dieses auch »Trifolium« geheißene **Dreigestirn** – Prinz, Bauer und Jungfrau – repräsentiert den Karneval in Köln und anderen Orten im Rheinland. Prinz Karneval ist dessen höchster Kölner Vertreter. Der Bauer symbolisiert die Wehrhaftigkeit der alten Reichs- und Domstadt, und die Jungfrau, »Ihre Lieblichkeit«, wird als beschützende Mutter Colonia von einem Manne dargestellt. Der feierlichen Einsetzung des Dreigestirns folgen bis hin zur Weiberfastnacht vielerlei Herzens-, Mädchen-, Senioren- und Prunksitzungen der verschiedenen Karnevalsgesellschaften.

Am Karnevalssonntag finden die »Schull- und Veedelszöch« statt. Erstmals 1933 durchgeführt, verfolgen sie den volkstümlichen Gedanken des Karnevals. Sie ziehen traditionell auf dem gleichen Weg wie der am nächsten Tag folgende Rosenmontagszug durch die Kölner Innenstadt. An den Schullzöch (Schulzügen) beteiligen sich mehr als 30 Schulen aus Köln. Die Veedelszöch (Quartier- oder Stadtteilzüge) werden von ebenso vielen Stammtisch-, Nachbarschafts- und Stadtteilvereinen bestritten. Die originellste Gruppe wird von einer Jury prämiert und darf am **Rosenmontagszug** teilnehmen.

Abb. 28: Mainz: Die Krönung der närrischen Kampagnen ist der Rosenmontagszug

Dem weltbekannten großen Umzug in der drittgrößten Großstadt Deutschlands fehlt es weder an Material noch an Fahrzeugen, weder an süßer »Wurfmasse« noch an Jecken (Narren, »Fastnachtsverrückten«), die Jahr für Jahr auf der 6,5 km langen Strecke durch die Kölner Innenstadt tanzen, schunkeln, reiten, fahren oder marschieren und ihre Teilnahme für das Größte auf der Welt halten. Über 10.000 Mitwirkende, 500 Pferde, 1,5 Millionen Besucher auf den Straßen, knapp 20 Millionen Zuschauer vor den Fernsehgeräten, 140 Tonnen Süßigkeiten, 300.000 Strüssje (kleine Blumensträuße) und 120 Musikkapellen sorgen für eine gewaltige Stimmung in der Stadt und an den Fernsehapparaten in aller Welt. Am Faschingsdienstag gehen die Umzüge in den einzelnen Stadtteilen weiter, bis schließlich am Aschermittwoch alle »in den Seilen hängen«.

Maskiert und verkleidet von Tür zu Tür

Nicht nur zu Silvester, Neujahr oder Pfingsten ist der Brauch der **Heischegänge** (> 3.1) noch lebendig, sondern auch in der Faschingszeit. Manchmal maskiert und oft mit Gesängen von Haus zu Haus ziehend, wünschen die Bittgänger den Besuchten mit Sprüchen alles Gute, um ihnen eine Gabe abzuverlangen. In manchen Gefilden ist das dem Heischen zuzurechnende **Zampern** verbreitet. Die Zamperer (Kinder, Jugendliche, Verheiratete) werden, in den Gehöften angekommen, nach einem Tänzchen mit der Hausfrau und einem Schnäpschen mit Geld und Eiern für die anschließende Feier (»Eieressen«) bedacht. Dieser Besuch kommt einem Ehrenbesuch gleich, sodass selbst ein Trauerhaus dabei nicht ausgeschlossen werden möchte. Hier wird zwar auf Musik verzichtet, dennoch wird der übliche Obolus unbedingt beigesteuert.

Zur Fastnacht sind in der südöstlichen Oberlausitz abends vermummte Gestalten unterwegs, die bei Freunden und Bekannten klingeln. Ihr Besuch, das **Zu Lichten gehen**, wird geraume Zeit vorher mit einer Postkarte, einem Anruf, per Telefax oder E-Mail angekündigt. Der Gastgeber muss erraten, wann wie viele **Lichtgänger** kommen werden und wer die getarnten Besucher sind. Erst dann legen diese ihre Masken ab und geben sich zu erkennen. Da die Unkenntlichen kein Wort sprechen und deshalb ihre »Enttarnung« recht schwer ist, heizen die Dame und/oder der Herr des Hauses ordentlich ein. Sie servieren heiße Getränke und erzählen lustige Geschichten, damit die Gäste schwitzen, lachen, schwatzen und letztlich durchschaut werden.

Gegenwärtig sind ebenso die **Stroh- und Sackbären**, bei dem zu Fasching in Säcke gekleidete und mit Stroh ausstaffierte Gestalten die Gaststube der Dorfschenke stürmen. Die stummen Bären halten in der Hand einen mit Ruß bestrichenen Flederwisch (Gänse- oder Entenflügel), der in der Regel im Gesicht desjenigen landet, der den Figuren begegnet, ohne eine milde Gabe für sie zu haben.

Abb. 29: Strohbär mit Gefolge

Aus dem Fass: spitze Worte gegen die Obrigkeit

Viele Geschöpfe dieses Tages wie Büttenredner und **Funkenmariechen**, auch der Weiberfasching (s.u.), sind für weite Teile Süd-, Ostmittel- und Norddeutschlands nichts weiter als eine Importware der Nachkriegszeit aus den rheinischen Hochburgen. Ausdruck der Kurzweil am laufenden Band sind etwa die Etablierung einer »Gegenregierung« (**Elferrat**, manchmal auch Vierzehnerrat) mit Prunksitzungen oder – angeführt von einem »Regiment« – der närrische **Rathaussturm** 11.11 Uhr. Er beginnt mit der Ergreifung und Gefangennahme des Stadtoberhauptes, dessen Entmachtung durch die Übergabe des Rathausschlüssels und die Übernahme der Regentschaft durch die Narren – häufig verbunden mit einer zünftigen Straßenfastnacht oder einem Altstadtfest. Das ist auch die Hoch-Zeit für »Seine Tollität« und »Ihre Lieblichkeit«, die das am 11.11. proklamierte und im Narrenreich herrschende **Prinzenpaar** bilden, zu dem freilich eine Leibwache gehört, die **Prinzengarde**.

Karneval hat zweifelsohne die Funktion eines Ventils: Da er eine gute Gelegenheit bietet, unliebsame Oberhäupter einmal ordentlich zum Buhmann zu machen für den Ärger in der Welt, sind die Motive der **Büttenreden**, Sketche und der gelegentlich lindwurmartigen **Faschingsumzüge** oftmals politisch provozierend. Der in einem Holzfass, der Bütte, stehende wortgewaltige Redner und die Auslassungen des »Zuges der fröhlichen Leute« nehmen so manchen »Irrealpolitiker« mit geschickt verpackten verbalen Ohrfeigen gehörig auf die Schippe. Sie halten den Obrigkeiten einen Spiegel vor und verlachen mit spitzer Zunge, kritisch und tabulos deren Entgleisungen. Ohne dass sie mit disziplinarischen Konsequenzen rechnen müssen, schwimmen sie gegen den Strom von Dummheit, Ignoranz und Herzlosigkeit, von Selbstüberschätzung, Kritiklosigkeit und Raffgier. Es ist ein großes Vergnügen für alle, die den possenhaften Spott lieben – ob er nun spielerisch-elegant, wie mit spitzem Degen oder derb, bodenständig und geradeheraus vorgetragen wird.

Die **Prunksitzungen** mit einem bunten Programm, das durch Gäste wie Clowns, frierenden Rentnern, Gendarmen, Hofsängern, dem Kaiser von China, Matrosen, Mönchen, Pfundsweibern, Piraten, Postboten, Räubern, Till Eulenspiegel oder Vampiren angereichert wird, sind immer eine Mischung aus Humor, bitterer Ironie, Hintersinn, lockerem Witz und politischer Satire. Zwischen den Wortbeiträgen und deren Seitenhieben gibt es viel Musik und Tanz mit Showballetts.

Der Karnevalszug wird landauf, landab gemeinhin von einem **Herold** (dem an der Narrenfront den Zug leitenden Zugmarschall) angeführt oder begleitet, der all die mitziehenden Funkenmariechen, die mit Dreispitz und Petticoat bekleideten **Tanzgardistinnen** (in Karnevalsvereinen organisierten [jungen] Tanzfrauen), Gespenster, Höllenfürsten, Hünen, Kobolde, Tiergestalten und Zauberer aus vollem Hals ankündigt.

Der Aufgedrehtheit und Drolligkeit wegen gelten in vielen Gegenden Deutschlands die stürmischen Wochen der Karnevalssaison als **fünfte Jahreszeit**, wobei diese Bezeichnung in manchen Gebieten auch für andere Zeiträume steht.

Abb. 30: Baseler Karnevalsgruppe im traditionellen Aufputz

Die **fünfte Jahreszeit** ist in Bayern die während der Fastendauer beginnende Starkbierzeit, in Bremen der Freimarkt im Oktober, im
sächsischen Erzgebirge die Advents- und Weihnachtszeit, in Hanno-
ver das Schützenfest im Juli, in Oldenburg der Kramermarkt Ende
September/Anfang Oktober und in Rosenheim das Herbstfest.

Der Fasching zu Beginn der fünften Jahreszeit soll die dunkle Periode
erhellen, das alte Jahr fröhlich ausklingen lassen und damit in den
bunten Reigen der Feierlichkeiten des kommenden Jahres überlei-

ten. Deshalb verkaufen Konditoreien und Bäckereien unendlich viele Pfannkuchen, damit man noch einmal im Süßen schwelgen kann, bevor die Zeit der Buße und inneren Einkehr beginnt. Ringsumher wird auch Erbsensuppe in beträchtlicher Menge aufgetragen, so nach einer Kappensitzung in der Ortsgemeinde Bergweiler in der südlichen Eifel, im schwarzwäldischen Mühlenbach, bei Blasmusik im »Lindenkrug« in Pevestorf an der Elbe und in den meisten Oberlausitzer Dörfern.

Überwiegend altüberliefert sind Sonderformen der Fastnacht, bei denen es nicht minder »rappelt im Karton«, wie die der Frauen, die Weiberfastnacht. Sie kennzeichnet den Übergang vom bisherigen **Sitzungskarneval** zum nunmehr beginnenden **Straßenkarneval**, der sich weitgehend unorganisiert in den Kneipen und Straßen abspielt.

Frauen an die Macht

Wenn sich brave Bürodamen, fleißige Hausfrauen und Intellektuelle in den Karnevalsaufzug werfen, sich bis zur Unkenntlichkeit schminken, allerhand Hemmungen verlieren und turbulent bis in den Morgen feiern, dann kann nur **Weiberfastnacht** (auch Weiberfasching oder, wie in Köln, Wieverfastelovend) sein. Die Frauen regieren am Donnerstag vor Aschermittwoch. Old Girls besetzen gleich am Anfang den Sitz des Elferrates und heizen mit eigenen Tanzeinlagen dem Saal ein. Doch ohne Männer geht keines dieser närrischen Damentreffen ab. Und diese müssen sich vorsehen: Wer von ihnen eine Krawatte umgelegt hat, dem wird sie vom starken schwachen Geschlecht unversehens abgeschnitten. Aber die sich wirklich damenhaft benehmenden Herren der Schöpfung kümmert das nicht: In schillernden Kleidern, viel zu kurzen rosa Tüll- oder Matrosenröckchen, zarten schwarzen Netzstrumpfhosen über allzu strammen maskulinen Waden und mit Damentäschchen rauschen die Grazien durch den Saal. Das obligatorische **Männerballett** bringt all die schunkelnden Blumenmädchen, Engel, Fußballanhängerinnen mit brennenden Wunderkerzen, Hexen, Katzen und Mäuse, Mohren, Putzweiber, Ritter, das Rotkäppchen, Schlümpfe, Teufel, Wahrsagerinnen, Zwerge und den freilich launigen weiblichen Elferrat zum Toben. Über das Motto sind sich ohnehin alle Frauen im Saal einig: »Männer sind wie Wolken. Wenn sie sich verziehen, wird's ein schöner Tag«.

Einige weitere **karnevalistische Eigenarten** sind der Fasching der Schiffer (im Elbsandsteingebirge), der Festumzug der unverheirateten Paare (Höhepunkt der niedersorbischen Fastnacht), nächtliche Geisterzüge (in Köln), aus den dreißiger Jahren des vorigen Jahrhunderts übernommene Kappenfahrten (zu Kinder-, Senioren- und Pflegeheimen) mit »Hohem Rat« und Eintopfessen, der Kinderfasching, der Familienkarneval, Narrenbusfahrten, der Eisfasching sowie das närrische Skifaschings-Nachtrodeln mit Skihindernislauf und Skispringen für jedermann (natürlich in den Bergen, z. B. im Osterzgebirge), der Studentenfasching, der Fantasyfasching oder der Musikfasching mit einem musikalisch-emotionalen Feuerwerk.

Von dem seit 1995 arrangierten schrillen Berliner **Karneval der Kulturen** mit knapp 5.000 rassigen Tänzerinnen und Tänzern aus rund 70 Nationen lassen sich vier Tage lang nahezu 1,5 Millionen Besucher in »schnieke« (berlin. = toll, hervorragend) Stimmung bringen. Dafür sorgen ein neunstündiger Umzug, farbenprächtige Kostüme, lateinamerikanische Rhythmen, afrikanische Trommeln und andere heiße Musik von Türk-Pop bis Salsa. Beim Karneval der Kulturen wird der Gemeinsinn von Menschen aller Hautfarben und Nationalitäten gefeiert, das Miteinander der kulturellen Selbstverständnisse, Gesinnungen, Ansprüche und Fähigkeiten der Welt.

Beim **Medienkarneval** mit Kostümprämierung geben sich Journalisten und Medienschaffende landesweit dem Moment der Zerstreuung ausgelassen hin. Eine witzig-charmante Moderation, lustige Liedchen, bezaubernde Frauen, verwegene Tänze oder gepfefferte Seitenhiebe auf die Politik sind einige seiner »Zutaten«.

Vielerorts treten dazu eigens ins Leben gerufene **Fastnachtsvereine**, Musikgruppen oder zahlreiche Heimatkirmes- und Sportorganisationen in Erscheinung.

Berlin, Brandenburg und besonders das Rheinland (v.a. Köln und Düsseldorf) begehen den »Karneval« mit Jecken und – wie 2010 in Köln – unter dem Motto »In Kölle jebützt« (»In Köln [maßlos] geküsst«), Hessen und Rheinland-Pfalz (v.a. Mainz und Umgebung) »Fastnacht«, das schwäbisch-alemannische Gebiet die »Fasnet«, Franken die »Fosnat« und der bayrisch-österreichische sowie mitteldeutsche Raum den »Fasching«. Trotz häufig unfreundlichen Wetters jubeln Millionen begeisterter Narren in Düsseldorf, Köln und Mainz, aber auch in Coburg (Franken), Fulda (Hessen), Köthen (Anhalt), Oldenburg (Niedersachsen), Radeburg (Sachsen), Saarwellingen (Saarland), Steinfurt (Münsterland) oder Wasungen (Thüringen) den mit Bildern beißenden Spotts geschmückten Festwagen zu, von denen tonnenweise Süßigkeiten verteilt werden.

Berühmt ist der jährliche Karneval im *brasilianischen* **Rio de Janei-ro**, die wohl größte Parade der Welt. Hier begeistern oft dreistöckige Motivwagen, der stampfende Samba und – weil es am fünf Kilometer langer Badestrand der Copacabana den Tanzgirls selbst im Bikini zu warm ist – (halb-)nackte Tänzerinnen die Zuschauer aus aller Welt. Heiße, vibrierende Leiber bilden – von Verzückung getrieben – eine Straße überschäumender Lebensfreude.

Bei den Nachbarn in aller Welt

Abb. 31: Inka-Göttin beim Karneval in Rio

Höhepunkt ist der prunkvolle Aufmarsch im Sambódromo, der Wettstreit von rund 50 Sambaschulen im eigens für den Karneval errichteten Stadion.

Wenn die deutschen Narrenmasken längst im Schrank verstaut sind, geht die übermütige Drängelei im **Norden** *Dänemarks* im fünften Monat des Jahres erst richtig los. Tausende Jecken feiern vom 16. bis 23. Mai in Ålborg, der Hauptstadt Nordjütlands, ausgelassen den größten Karneval Nordeuropas. Alljährlich pilgern am Umzugssams-tag 100.000 Zuschauer in die Stadt, um die prächtige Welle an Farben und Fantasie einzufangen, die der Umzug mit seinen 25.000 Teilnehmern erzeugt. Zu den Höhepunkten zählen neben dem Umzug der Jugend- und Kinderkarneval, das Battle of Carnival Bands (Wettstreit von bis zu 15 Karnevalsformationen aus aller Welt) und die Party im Stadtpark »Kildeparken«.

Nicht weniger bekannt ist der brasilianisch anmutende Fasching in **Kopenhagen**, der seit 1983 zu Pfingsten stattfindet.

In *Großbritannien* isst man am Fastnachtsdienstag, dem »Shrove Tuesday«, Eierkuchen, die auch für ein Eierkuchenrennen herhalten müssen.

In der närrischen Zeit steht die *italienisch-schweizerische* **Region Lago Maggiore** von den Reisfeldern bis zu den Alpen Kopf. Mit farbenfreudigen Umzügen, Motivwagen, Maskentänzen und Spielen, mit Musik auf allen Plätzen, in allen Straßen und Gässchen und mit der traditionellen »Polenta e Salamini« (festem Maisbrei und Kochwurst) geht es bis Fastnachtsdienstag heiß her. Nicht ganz, denn mancherorts ist am Aschermittwoch noch lange nicht Schluss. Speziell auf der lombardischen Seite zwischen Lago Maggiore und Gardasee mit der Hauptstadt Mailand vergnügt man sich bis zum Sonntag danach gehörig weiter.

Auf *Malta* reicht die Karnevalstradition bis in das 16. Jahrhundert zurück. An drei Februartagen werden das Ende des Winters und der kommende Frühling gefeiert. Zentrum des bunten Treibens ist Valletta. In den närrischen Tagen strömen Tausende von Menschen in die Hauptstadt, um die bunt geschmückten Festwagen, grotesken Masken, kostümierten Blaskapellen und Tanzwettbewerbe zu sehen.

In *Polen* wird die Zeit zwischen dem Dreikönigsfest und Aschermittwoch zwar mit Fasching überbrückt, wobei aber nur die letzten drei Tage gefeiert werden: mit Umzug, Maskenball und dem obligatorischen Festmahl. Im königlichen Krakau sieht man bis Ostern jeden Freitag Mönche im schwarzen Gewand, wie sie das Franziskanerkloster verlassen und in einer stillen Prozession zur Kirche ziehen. Ihre Gesichter sind mit herabhängender Kapuze verhüllt, damit sie kein Außenstehender erkennt. Die »Brüder des Guten Todes«, wie sich die Mönche nennen, haben sich seit 400 Jahren der Aufgabe verschrieben, über den Sinn menschlichen Leidens und den Tod als Erlösung nachzudenken.

Der Karneval von Cádiz ist der berühmteste auf dem *spanischen Festland* und dauert bis zum Sonntag nach Aschermittwoch.

Die »europäische Antwort auf Rio de Janeiro« gibt die spanische Insel **Teneriffa** mit einer einzigartigen Mischung aus afrikanischen Rhythmen, andalusischem Flamenco und dem farbenprächtigen lateinamerikanischen Straßenkarneval. Mit rund einer Million Feierwütiger soll der dortige Karneval die zweitgrößte Kostümparty der Welt sein, an deren Ende die Einwohner in tiefe Trauer fallen. Denn dem faschingsdienstägigen Strom aus Farben, Tänzen und Lebensfreude folgt am Aschermittwoch der »Entierro de la Sardina«, die Feuerbestattung einer aus Pappmaschee gefertigten Sardine. Weil dieser Heringsfisch den Geist des Karnevals verkörpert, zieht sich während und nach dessen Einäscherung eine Welle des kollektiven Schmerzes durch die schwarz gewandete Menschenmenge.

4.7 Strahlende Sunna – Frühlingsfeste

Sunna ist die althochdeutsche Form unserer neuhochdeutschen »Sonne« (mhd. *sunne*). Das Wort bedeutet »der Erde Licht und Wärme spendender Himmelskörper«, auch »Sonnenschein, Tageslicht, östliche Himmelsgegend«. Viele Feste werden zum **Sonnen-** oder **Sommergewinn** im März ausgerichtet. Oft sind es Umzüge mit nicht selten mehr als tausend Mitstreitern und Massen von Schaulustigen.

Diese begrüßen beim größten deutschen Frühlingsfest in der Wartburgstadt Eisenach mit viel Applaus den Herold zu Pferde, der den Festzug traditionell anführt, den ihm nachkommenden Fanfarenzug und die Veteranen der Sommergewinnzunft. Hahn, Ei, Brezel als Symbole des Frühlingsfestes und Kinder mit Blütensträußen heißen die Gäste willkommen. Viele Festwagen, z. B. mit der Hopfenkönigin (Hopfenprinzessin), Postkutschen, Kapellen, Pferdegespanne, Laufgruppen, Schützenvereine, die etwa französische und napoleonische Truppen darstellen, »Sommergewinnfreunde« und Blütenfrauen ziehen mit.

Den »wilden Germanen« mit Feuerrad folgt der grimmige **Herr Winter** mit seinem Geleit: Eiskristalle, Schneeflocken und die Schneekönigin. Wenn der frostige Alte verbal entmachtet wird, erscheint die hell leuchtende **Frau Sunna**. Und siehe da: Der Gebieter über Schnee und Eis lässt sich, zunehmend gezeichnet und geschwächt, auf das

Die »Sonne« in Eisenach

Streitgespräch ein, aus dem – wie könnte es auch anders sein – Frau Sunna als strahlende Siegerin hervorgeht.

Abb. 32: Sommergewinn: der hinscheidende Herr Winter im eisgrauen Mantel und Frau Sunna mit Strahlenkranz auf einem Blütenthron

5 Eier rollen, Feuer entzünden und der Sieg des Lebens über den Tod – Ostern

Am Ostermorgen früh aufstehen, um die Morgenröte zu begrüßen, bunte Eier suchen, sich am Osterfeuer wärmen, Lammbraten essen, beim Osterspaziergang dem auflebenden Naturreich seine Reverenz erweisen – viele lieb gewordene Bräuche sind mit dem Osterfest verbunden.

Germanisch oder christlich?

5.1 Osterfest und Osterdatum

Ostern war ursprünglich ein altgermanisches ***Frühlingsfest***. Die Germanen und auch die Kelten holten zur Tagundnachtgleiche Sonne und Wärme auf die Erde und feierten mit dem **Lichtfest** den Sieg der Frühlingssonne.

Die **Germanen** gehörten der indoeuropäischen Völker- und Sprachfamilie an. Die Bezeichnung für die sich zu Beginn der Eisenzeit (750 v. Chr.–Beginn unserer Zeitrechnung) aus den bronzezeitlichen Stämmen (Bronzezeit: 1800 v. Chr.–750 v. Chr.) unterschiedlicher ethnischer Herkunft herausbildende große Stammes- und Sprachgruppe ist den Römern durch die Gallier (s.u.: Kelten) bekannt geworden, die damit ihre östlichen Nachbarn bezeichneten. Denn die germanischen Stämme waren in Südskandinavien und in Mitteleuropa zwischen Rhein und Weichsel sesshaft.

Die **Kelten**, von den Römern auch Gallier genannt, waren eine ebenfalls in der Eisenzeit weit verbreitete indoeuropäische Völkergruppe, die den größten Teil Nordeuropas besiedelte. Um 500 v. Chr. gab es sie besonders in Gallien (lat. *Gallia*, das im Wesentlichen das heutige Frankreich, die West- und Nordschweiz, Oberitalien und Belgien umfasste), in Süd-, West- und Mitteldeutschland sowie in Böhmen.

Nicht aufrechtzuerhalten ist die Annahme, dass die Bezeichnung dieser vorchristlichen Freudenfeier bzw. der Name einer germanischen Frühlingsgöttin des strahlenden Morgens und des Lichtes namens Ostara (Göttin der Morgensonne) auf das Kirchenfest übertragen worden sei. Wahrscheinlich hängt Ostern (ahd. *ostra*, mhd. *oster[e]n*) mit Osten (ahd. *ostan*, mhd. *osten*) zusammen, mit der Himmelsrichtung, in der die Sonne aufgeht – ein Bild für den auferstandenen Christus.

Als ältestes und höchstes Fest der christlichen Kirchen gilt es der Erinnerung an die in der Bibel versicherte Auferstehung von Jesus Christus vom Kreuzestod am Karfreitag.

> Deshalb heißt das Osterfest in den meisten **slawischen Sprachen** »Große Nacht«, z. B. polnisch »Wielkanoc«, slowenisch »Velikanoč, tschechisch »Velikonoce«. Die **Balten** nennen es »Großer Tag«: lettisch »Lieldienas«, litauisch »Velykos«.

Der Glaube an ein Weiterleben bei Gott ist das Bekenntnis, dass nach dem Tod neues Leben möglich sei.

In der frühen christlichen Geschichte gab es für Ostern offenbar kein festes **Datum**.

Bis zum 3. Jahrhundert wurde es als nur ein Festtag gefeiert. Danach beging man die Karwoche vor den Osterfeiertagen, und im 4. Jahrhundert wurden die »drei heiligen Tage« von Gründonnerstagabend bis Ostersonntagmorgen als Höhepunkt des Kirchenjahres eingeführt.

> Das **Kirchenjahr** (lat. *annus ecclesiasticus, annus liturgicus*, dt. liturgisches, christliches, Heils- oder Herrenjahr) ist der kirchliche Festkalender, der im Christentum das jährlich wiederkehrende Nacheinander von christlichen Festen und Festzeiten bezeichnet. Es besteht in der Hauptsache aus den um Ostern und Weihnachten gebildeten Festkreisen, die in der Geschichte des Christentums allmählich zu einem Jahreszyklus vervollständigt wurden. In ihm wird im Ablauf eines Jahres die Heilsgeschichte Christi nachgezeichnet.

Das vom römischen Kaiser Konstantin I. (um 280–337) einberufene 1. Konzil im antiken Nicäa (heute Iznik, Türkei) im Jahre 325 legte endgültig fest, dass statt des heidnischen Frühlingsfestes künftig das christliche Osterfest stattfinden solle. Die auf der Bischofsversammlung abgestimmte Regel besagt, dass das Osterfest am ersten Sonntag nach dem ersten Vollmond, der dem Frühlingsbeginn folgt, als **Auferstehungsfest** gefeiert wird. Dabei gelten grundsätzlich die 1582 von der katholischen Kirche bei der Kalenderreform aufgestellten Tage und nicht die astronomischen Termine für Frühlingsanfang und Mondphase (> 3.2). Das bedeutet, dass nach dem gregorianischen Kalender der Ostersonntag frühestens auf den 22. März und spätestens auf den 25. April fällt. Dieser Beschluss wurde vom Kaiser bestätigt und als Reichsgesetz verkündet.

Bis dahin orientierten sich die Gläubigen am jüdischen Passah (hebr. = Überschreitung, zum Gedenken an den Auszug der Israeliten aus Ägypten, eines der jüdischen Hauptfeste), aus dem durch dessen christliche Umdeutung das Fest der Auferstehung Jesu hervorgegangen ist.

So ist in den romanischen Sprachen Ostern vom aramäischen *Pascha* (hebr. *Passah*, *Pessach*) abgeleitet, wie etwa *Pâques* im Französischen, *Pasqua* im Italienischen, *Paşti* im Rumänischen oder *Pascua* im Spanischen. Auch das dänische *påske* und das niederländische *pasen* lehnen sich an das hebräische Wort an.

Die **romanischen** (italischen) **Sprachen** bilden einen Zweig der indoeuropäischen Sprachen, die auf der Grundlage des Latein entstanden sind. Zu den ostromanischen Sprachen zählen Italienisch, Moldauisch und Rumänisch, die westromanischen Sprachen sind Französisch, Katalanisch, Portugiesisch, Provenzalisch und Spanisch.

Das mit dem Hebräischen verwandte **Aramäisch** war eine Sprache des vorderorientalischen Altertums, die über Jahrhunderte hinweg bestand und zeitweilig eine weite Verbreitung fand. Es war die Sprache Jesu.

225 Millionen orthodoxe Christen feiern das Osterfest später. Das hat seinen Grund darin, dass sich deren Jahresvollzug nach dem julianischen Kalender (> 3.2) richtet und dementsprechend das Festdatum berechnet wird. Außerdem darf nach orthodoxer Tradition Ostern nicht vor oder zusammen mit dem jüdischen Passahfest gefeiert werden, sodass westliche und die Ostkirchen das Osterfest an unterschiedlichen Sonntagen begehen – das orthodoxe öfter vier oder fünf Wochen nach dem westlichen.

5.2 Die Karwoche

Vom Palmenstreuen bis zum Tod am Kreuz

Zu Ostern feiern Christen ihr wichtigstes Fest, die Auferstehung von Jesus Christus. Es erinnert daran, dass Gottes Sohn nach seiner Kreuzigung am Karfreitag am dritten Tag den Tod besiegte und wieder erschien.

Das Auferstehungsfest bricht am Palmsonntag mit der **Karwoche** an, der Trauerwoche (stillen Woche, heiligen Woche, Passionswoche, Leidenszeit) vor Ostern. Diese letzten Tage Jesu von seiner Gefangennahme bis zur Kreuzigung sind die wichtigste Woche des Kirchenjahres. In der Phase vor der Osterfeier erinnern Christen an das darauf folgende Martyrium und Sterben Jesu und bereiten sich auf Ostern vor.

Die Karwoche beginnt am **Palmsonntag** (Palmarum). In den christlichen Liturgien ist er der letzte Sonntag der Fastenzeit und der Sonntag vor Ostern, benannt nach dem Palmenstreuen beim Einzug Jesu in Jerusalem.

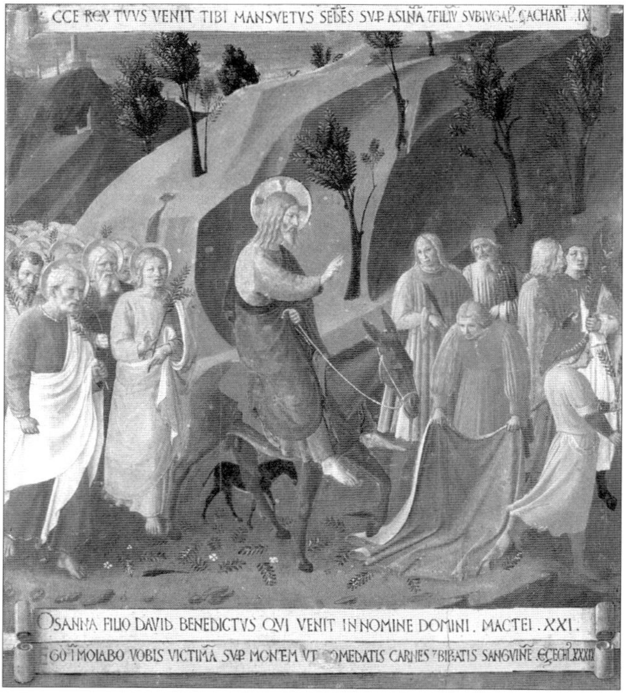

Abb. 33: Fra Angelico (zwischen 1386 und 1400–1455): Jesu Einzug in Jerusalem, ca. 1450–1453

Nach Angaben von Historikern und Bibelforschern drängten sich tausende von Menschen in Jerusalem, um das Passahfest (> 5.1) zu feiern – fromme Juden, die sogar aus Marokko und Indien kamen. Als Jesus, der seit einem Jahr (Johannes) oder drei Jahren (Matthäus, Lukas, Markus) als Prediger unterwegs war, auf einem Esel in die biblische Stadt ritt, riefen ihm Pilger

zu: »Hosianna! Gesegnet sei, der kommt im Namen des Herrn!« Ein Triumphzug: Sie hielten ihn für den Messias, der Israel retten sollte, breiteten ihre Kleider auf der Straße aus und streuten **Palmenzweige auf den Weg** – ein Zeichen für die Königswürde und den Frieden. Im Tempel verjagte Jesus Händler und Geschäftemacher, und verärgerte damit die Hohepriester, die am meisten an den Veräußerungen verdienten.

Die **Hohepriester** (hebr. kohen gadol, »Großer Priester«) nahmen die führende religiöse und politische Rolle unter den Juden Palästinas ein. Sie waren die Oberhäupter der Priesterschaft des Jerusalemer Tempels, die das kulturell-religiöse Leben und die innenpolitische Administration zur Zeit der römischen Besatzung regelten.

In der abendländischen Kirche gibt es seit dem 8. Jahrhundert eine Palmprozession. Da hierzulande keine Palmen wachsen, nehmen die Gläubigen Weiden-, Forsythien- oder Wacholderzweige. Viele Christen bringen ihre Zweige mit zum Gottesdienst, um sie von den Priestern weihen zu lassen. Zu Hause werden die Ästchen dann an das Hauskreuz gesteckt.

Am **Montag** begann Jesus, seine Lehre im Tempel zu verkünden. Die Hohepriester wollten ihn verhaften, fürchteten jedoch den Zorn seiner vielen Anhänger.

Abends wusch ihm Maria Magdalena die Füße, die sie mit ihrem Haar trocknete. Die **Maria aus Magdala** ist im Neuen Testament eine der Frauen, die Jesus von bösen Geistern und Krankheiten geheilt hatte. In der Evangelienüberlieferung gilt sie als Zeugin des Auferstandenen

Am **Dienstag** forderte der höchste religiöse Repräsentant während der Wirksamkeit Jesu, Johannes Kaiphas (Lebensdaten unbekannt, jüdischer Hohepriester von 18 bis 36/37 n. Chr.), der den Vorsitz im Prozess gegen Jesus führte, vor dem Rat der Stadt dessen Tod.

Mit dem **Gründonnerstag** (Hohen Donnerstag), dem 5. Tag der Karwoche und Vorabend des Karfreitags, beginnen die drei österlichen Tage vom Leiden und Sterben, von der Grabesruhe und der Auferstehung Jesu. Er ist der kirchliche Erinnerungstag an das letzte Abend-

mahl, das Abschieds- und Hoffnungsmahl, das Jesus vor seiner Gefangennahme mit seinen Jüngern („Mahlgemeinschaft«) gefeiert hat.

Abb. 34: Domenico Ghirlandaio (1449–1494): Das letzte Abendmahl, ca. 1486

Gleichzeitig ist dieser Gedenktag, an dem Jesus als Zeichen seiner
Dienstbarkeit seinen Jüngern die Füße gewaschen haben soll, der
Auftakt der großen Ostertage (des österlichen Triduums) – entsprechend dem Verständnis der Antike, dass der neue Tag bereits nach
dem vorabendlichen Sonnenuntergang beginnt.

Beim traditionellen Passahmahl sagte Jesus seinen engsten Anhän-
gern, den Aposteln, seine Hinrichtung und Ermordung voraus und
setzte die Eucharistie ein: Brot und Wein, sein Leib und Blut, die er
für sie und alle Menschen gab.

Apostel sind Gesandte, Sendboten, die Verkünder einer Lehre. Hier
sind die von Jesus ausgewählten zwölf Jünger gemeint, die das Evangelium verbreiten sollten: Andreas, Bartholomäus, Jakobus d. Ä., Jakobus d. J., Johannes, Judas Ischariot, Matthäus, Petrus, Philippus, Simon, Thaddäus und Thomas. Später wurde der Titel auch für andere
Missionare verwendet.

Die **Eucharistie** (gr. »Danksagung«) ist der Hauptbestandteil des
(nicht protestantischen) Gottesdienstes: die Abendmahlsfeier, die

zu jeder Messe, der Eucharistiefeier, wesensmäßig gehört. Nach dem Katechismus der katholischen Kirche ist sie Verbundenheit mit dem und »Lobpreis an den Vater«, »Quelle und Höhepunkt des ganzen christlichen Lebens«.

Am Gründonnerstag gedenken Christen in Abendmahlsgottesdiensten des letzten Mahls Jesu mit seinen Jüngern vor seinem Kreuzestod.

Dem Neuen Testament zufolge verbrachte Jesus anschließend die Nacht in Gebet und Todesangst, während seine Jünger schliefen. Unter diesem Umstand erfolgte der Verrat: Judas führte die Tempelwächter zum Versteck und identifizierte Jesus mit einem Kuss.

> Jesu Anhänger **Judas Ischariot** wurde zum Verräter. Vermutlich gehörte er einer radikaleren jüdischen Gruppe an, die die Erlösung vom Joch der römischen Besatzung mit Waffengewalt herbeisehnte. Aus Verärgerung darüber, dass Jesus diesem Anliegen nicht entsprach, verriet er ihn. Er bot den Hohepriestern an, Jesus für 30 Silberlinge auszuliefern. Diese auch als Judas-Silberlinge und Judaslohn bezeichneten 30 römischen Silbermünzen (Denare) entsprachen dem Preis eines Arbeitssklaven oder dem Monatslohn eines Handwerkers.

Daran erinnert der Name »Gründonnerstag«, der sich nicht vom Essen grüner Kräuter oder von Spinat ableitet. Vermutlich kommt er vom althochdeutschen Wort *gronan* (greinen, weinen). Im Mittelalter wurden am Gründonnerstag grüne Messgewänder getragen. Damals hieß der Tag vielerorts »Antlasstag« (Tag der Entlassung aus den Sünden).

Der Freitag vor Ostern ist der **Karfreitag** (Stiller Freitag, ahd. *kara* = [Weh-]Klage Kummer, Trauer), der dem Gedächtnis an die Kreuzigung Jesu am Freitag in der Karwoche gewidmet ist. Er ist ein wichtiger Feiertag der evangelischen Christen. Die Katholiken, für die ein Fastengebot besteht, begehen ihn in stiller Einkehr.

> Jesus war bis in den Morgen hinein verhört worden. Vor dem Hohen Rat ließen die Ankläger sogar falsche Zeugen auftreten. Der römische, judenfeindliche Statthalter von Judäa, **Pontius Pilatus** (* unbekannt bis 39 n. Chr.) mit seiner durch Willkür und Grausamkeit geprägten Amtsführung durchschaute zwar die Lügen und wollte Jesus mit einer

blutigen Geißelung davonkommen lassen. Doch als die aufgeputsch-
te Menge »Kreuzigt ihn!« schrie, gab er nach und verurteilte Jesus
zum Tode am Kreuze.

Die Legionäre führten Jesus durch die Stadt zum offiziellen Hinrich-
tungsfelsen Golgatha, außerhalb der Stadtmauer Jerusalems gelegen,
wo er um 9.00 Uhr zwischen zwei Raubmördern gekreuzigt wurde.
Maria, die Mutter Jesu, Maria Magdalena und andere Frauen hielten
bei dem Sterbenden aus, während die Apostel bis auf den Evangelisten Johannes geflohen sind.

Abb. 35:
Unbekannter
Meister:
Beweinung
Christi,
um 1450

Der angesehene jüdische Ratsherr Joseph von Arimathäa (Lebensdaten unbekannt) holte sich die Erlaubnis, Jesus zu bestatten.

Die Trauer steht auch im Mittelpunkt des Gottesdienstes. In der evangelischen Kirche galt er früher als höchster Feiertag, weil die Reformatoren vor allem im Tod Jesu die Erlösung aus Sünde und Schuld sahen. Heute werden wie in der katholischen und orthodoxen Kirche der Triumph der Auferstehung und der Sieg über den Tod zu Ostern mit dem liturgisch festlichsten Gottesdienst (Wortgottesdienst) des Jahres betont. In vielen Gemeinden gibt es zuvor Kreuzwegandachten.

Abb. 36:
In der Grabes-
kirche Christi
in Jerusalems
Altstadt

Heute besteht in allen christlichen Konfessionen weitgehend Einigkeit darüber, dass der Tod und die Auferstehung Christi zu Ostern unlösbar zusammengehören und als Ganzes gefeiert werden. Die Kirchen sind am Karfreitag ohne Schmuck und Kerzen, die Kirchenglocken schweigen, und selbst die katholischen Weihwasserbehälter bleiben leer. Um 15.00 Uhr beginnen die Gottessdienste (katholisch: »Liturgie vom Leiden und Sterben des Herrn«) in aller Stille, der Überlieferung zufolge die Sterbestunde Jesu. Jagen und laute Arbeiten, der Umgang mit Hammer und Nägeln (den Marterwerkzeugen) waren einst an diesem Tag der Zurückgezogenheit verboten. Öffentliche Veranstaltungen wie Tanzvergnügungen sind vielerorts noch heute untersagt.

In manchen katholischen Dörfern sind die **Klapperjungen** (Klapper-/ Rasselbuben, Ratschen-/Rätschenkinder) unterwegs, deren schnarrende und knarrende Schüttel- oder Schlaginstrumente die Funktion der verstummten Glocken der Gotteshäuser übernehmen.

Der anschließende **Karsamstag**, das Ende der Fastenzeit, erinnert an die Grablegung Jesu.

> Die Hohepriester stellten eine **Wache** vor das Grab, denn noch nach dem Tod ihres Gegners fürchteten sie dessen Lehren von Freiheit und Gerechtigkeit.

Am ersten Tag nach Jesu Tod finden keine Gottesdienste statt. Er ist ein Tag der Stille während der Grabesruhe und der Vorbereitung auf den Feiertag der Auferstehung. Nach altem Brauchtum werden Kerzen und Blumen von den Altären entfernt, bevor in der Osternacht der Sieg des Lebens über den Tod festlich begangen wird.

Im Mittelpunkt der Liturgie der Kirche steht die Feier der **Osternacht**, die Nacht vom Karsamstag zum Ostersonntag.

> Im Morgengrauen des **Ostersonntags** fanden Maria Magdalena und nach ihr die Jünger Petrus (später katholischer Heiliger, der mit Schlüssel dargestellte »Himmelspförtner«) und Johannes (> 7.4) das Grab leer.

Jesus ist auferstanden und das Christentum geboren, mit Ostern als höchstem Fest. Im liturgischen Jahr aller Kirchen ist die Osternacht die Nacht der Nächte: eine Nacht der Wache zum Gedenken der Auferstehung Jesu Christi von den Toten und damit die Nacht des Durchgangs aus dem Tod in das Leben. Begangen wird sie mit **Lichtfeier** (Weihung des Osterfeuers, Entzünden der Osterkerze und Einzug mit der Osterkerze in die Kirche), Wortgottesdienst und Eucharistie-/Abendmahlsfeier.

> Das Erinnern an die Auferstehung Jesu macht die Osternacht auch zu einem sinnvollen
> Tauftermin in katholischen und evangelischen Gemeinden. Die Erneuerung eines Taufversprechens gründet sich vor allem darauf, dass Ostern das Fest der Auferstehung Jesu und damit das Fest des Vertrauens und der Hoffnung ist.

Heute lebt die Osternacht zunehmend auch in evangelischen Gemeinden wieder auf. In manchen Pfarren beginnt die Feier der Osternacht nicht abends oder nachts, sondern – wie aus den Evangelien hervorgeht – vor der Morgendämmerung und endet mit einem gemeinsamen festlichen Frühstück. Darüber hinaus wird oft am Sonntagvormittag eine Feier der Auferstehung Jesu Christi ausgerichtet.

5.3 Osterfeuer, Flurumritte und die Matthäuspassion

Viele Bräuche ranken sich um das Osterfest als Krone aller christlichen Glaubensfeste. Dabei wurden *heidnische Elemente* übernommen. Denn bereits in prähistorischer Zeit finden sich auf der nördlichen Erdhalbkugel Spuren von Riten, mit denen die Menschen das Erwachen der Natur, die Ankündigung des Frühlings ausrichteten (> 5.1). Vieles an heidnischem Glauben blieb bestehen und erfuhr gelegentlich eine christliche Umdeutung. Vor allem die uralten Symbole der Erneuerung – Wasser und Feuer – gehören bis heute zu den wichtigsten Elementen, mit denen zu Ostern die aufkeimende Umwelt gefeiert wird. Sie spielen fraglos im österlichen Brauchtum eine wichtige Rolle.

Mit lodernden Flammen für ein erstarkendes neues Leben

Mit **Osterfeuern** wird in der Auferstehungsnacht an vielen Orten der Ostersonntag begrüßt. Als weltliche Volkssitte sind sie seit 1559 bezeugt. Sie gehen jedoch auf vorchristliche Traditionen zurück, als die Menschen mit den Flammen sowohl den Sieg von Sonne und Frühling über den Winter begrüßten als auch die treibende Saat vor bösen Geistern zu schützen gedachten. Das zeigt sich noch heute an grubenähnlichen Brandopferplätzen, deren größte Ansammlung in Dänemark liegt. Bei Rønnige Søgard auf Fünen wurden über 300 von vermutlich 500 Feuerstellen ausgegraben. Auch die im Jahre 2002 in Reinach in der Schweiz gefundene Brandgrube deutet auf eine derartige Tradition.

Also schon vor Christi Geburt flammten die Osterfeuer in verschiedenen Gegenden auf, um die Befreiung von den Banden des Winters und das Versprechen von neuem Leben und Wachstum zu zelebrieren. Das Christentum übernahm diesen Brauch und füllte ihn mit eigenem Gedankengut. Hatte man einst auf den Höhen Holzstöße angezündet, um mit Hilfe der lodernden Flammen den Schnee verschwinden zu lassen, Übles abzuwehren, die Fruchtbarkeit der Felder im kommenden Jahr zu fördern und derart für eine gute Ernte zu sorgen, so jubelte man jetzt über die Auferstehung Christi. Die reinigende Kraft des Reisigfeuers, in einigen Landschaften mit dem Knallen selbst gefertigter Böller akustisch untermalt, wurde durch den Opfergang und die Auferstehung mit neuem Inhalt gefüllt. Unter Lärmen und Schießen setzte man von nun an Gesträuch in Brand und tanzte um die Lohen herum.

Bräuche rings ums Feuer

Gleich dem Hüpfen über die sommerlichen Johannisfeuer, dem man eine reinigende und befruchtende Kraft zugestand (die jungen Frauen versprachen sich davon eine baldige Mutterschaft), **sprangen junge Paare** Hand in Hand in der Hoffnung über die Flammen, die Hitze und lichte Glut würden ihre Liebe härten und sie für immer fest zusammenschmieden.

Dabei wurden zuerst geistliche, dann lustige weltliche Lieder gesungen und mitunter eine Puppe in den Feuerflammen niedergebrannt, die man unter dem Einfluss kirchlicher Anschauungen Judas nannte.

Das Osterfeuer ist gesegnet. Es wird symbolisch auch dazu verwendet, böse Geister zu verjagen.

Abb. 37: Osterfeuerspringen

In Nordthüringen erbaten die jungen Leute das Holz für die Feuer von den Nachbarn. Das war nicht nur Anlass für ein ausgelassenes Fest, sondern überdies sehr praktisch. Denn bei dieser Gelegenheit entsorgte man über den Winter ausrangierte Besen, altes Stroh und Holz. Sogar nach seinem Erlöschen erwies das Feuer gute Dienste. Die Asche streuten Bauern als heimlichen Fruchtbarkeitszauber über die Felder. Und wer sicher sein wollte, dass sein Vieh prächtig gedieh, der stellte ein paar verkohlte Scheite an die Futterkrippe. Das sollte garantiert helfen.

Das **Osterfeuerlaufen** hat sich hauptsächlich in Oberbayern erhalten: Junge Burschen halten am Karsamstag auf Eisenstäbe gesteckte Baumschwämme (ungenießbare, hauptsächlich an Fichten und Buchen zu findende Organismen) in die Flammen, tragen anschließend die glühenden Pilze von Haus zu Haus, wo sie von den Hausfrauen mit der Absicht in den Herd geschoben werden, dass Brand und Blitz von Haus und Hof abgewehrt werden mögen.

In einigen Kirchengemeinden und Orten ist das **Osterblasen** am Ostersonntag ein lebendiger Brauch geblieben. Posaunenchöre, teils auch andere Bläsergruppen, wecken frühmorgens die Dorfbewohner mit Chorälen und Volksliedern und begrüßen somit das Osterfest.

In manchen evangelischen Orten ziehen die Mädchen durch die Dörfer und tragen Kirchenlieder vor den Fenstern der Häuser oder auf der Dorfaue vor. Früher war dieses **Ostersingen** in den evangelischen Gebieten sehr verbreitet.

Gehuldigt wurde genauso dem Gegenpol des Feuers, dem Wasser. Eine geradezu wundertätige Wirkung wurde dem *Osterwasser* nachgesagt. Daher benetzten am Ostermorgen einige Menschen ihr Gesicht mit Wasser aus einem fließenden Gewässer. Oder es wurde von jungen Mädchen in der Osternacht zwischen Mitternacht und Sonnenaufgang mit Tonkrügen aus einer Quelle, einem Bach oder abgelegenen Waldsee geschöpft und nach Hause getragen – strikt schweigend, damit es nicht kraftlos und »Plapperwasser« werde. Auf dem Nachhauseweg besprengten die Mädchen mit dem Osterwasser Felder, Vieh und Dorfbewohner, um ihnen Glück zu bringen.

Auch daheim war es universell einsetzbar. Die Mädchen glaubten, im Wasserspiegel das Antlitz ihres künftigen Bräutigams erblicken zu können. Wer schon gewählt und gerade geheiratet hatte, wurde von der übermütigen Jugend auch gern zur Kasse gebeten. Backwerk und kleine Münzen waren als Spende für einen Becher Osterwasser zu entrichten. Vor allem aber sollte ein Schluck der magischen Flüssigkeit Schönheit und Gesundheit schenken. Kein Wunder, dass um die Osterzeit Quellen und Brunnen mit bunten Bändern und Blumen herausgeputzt wurden. Das kann man heute noch in vielen Dörfern sehen (s.u.).

Abb. 38: Schöpfen des Osterwassers

Auch dieser österliche Brauch, das nasse Element aus einem Fluss oder Brunnen zu holen, reicht in die vorchristliche Zeit zurück. Wasser gehört zu den Ursymbolen und gilt als Lebensspender. Das Osterwasser garantierte angeblich immerwährende Frische, Jugend und Anmut. Es sollte Krankheiten wie Hautausschlag heilen und vor Unglück bewahren.

Im 4. Jahrhundert fanden in der Auferstehungsnacht zahlreiche Taufen statt. Noch heute weihen Priester in katholischen Kirchen in der Osternacht das Wasser für die Taufen des gesamten folgenden Jahres. Mit Osterwasser getaufte Kinder sollen übrigens ganz besonders intelligent werden.

Nach einem Brauch in den Alpen und im nordrhein-westfälischen Lügde (Teutoburger Wald) werden in der Osternacht riesige **Osterräder** von Hügeln ins Tal gerollt. Osterräder sind »Feuerräder« aus gelagertem Eichenholz, die – mit Roggenstroh gestopft und umwickelt – brennend von einem Hang (dem »Osterberg«) in die Senke gestoßen werden. Kommt das hölzerne »Sonnenrad« wohlbehalten am Fuße der Böschung an, deutet das dem Volksglauben nach auf eine reiche nächste Ernte hin.

Feuer rollt zu Tal

Ostereier, Osterhase und Osterkerze

Das **Osterei** ist das Sinnbild des aufkeimenden Lebens im Frühjahr und des Osterfestes. Oft mit natürlichen Pflanzenfarben gefärbt und mit Motiven bemalt, wird es traditionell zu Ostern verschenkt und verzehrt.

Seine Herkunft geht bis in die Zeit vor Christus zurück. Schon in der Antike wurden zum Frühlingsbeginn gefärbte Eier als **Fruchtbarkeits-** oder **Lebenssymbol** überreicht. Bereits aus dem 4. Jahrhundert sind Eier als Grabbeigaben in römisch-germanischen Ruhestätten bezeugt.

Im Christentum wurden sie hart gesotten, rot getönt und am Ostermorgen zum Geschenk gemacht. Die Botschaft lautete: »Christus ist auferstanden und lebt«.

Von sorbischen Künstlern gestaltet

Der Brauch des **Eierfärbens** rührt daher, dass der Verzehr von Eiern, Fleisch und Milcherzeugnissen bis zum Karsamstag tabu war. Die Haushennen ließen sich jedoch nicht davon abhalten, in dieser vierzigtägigen Fastenzeit trotzdem ihre Produkte zu legen. Da das Überangebot haltbar gemacht werden musste, wurden die Eier gekocht. Um sie von den noch rohen »Jahreseiern« zu unterscheiden, gab man dem Siedewasser Pflanzenteile zum Färben bei. Seit dem 13. Jahrhundert ist die traditionelle Farbe für Ostereier Rot. Luther berichtet 1533 von rot gefärbten Eiern bei der österlichen Speisenweihe. Im orthodoxen Russland wird diese magische Tönung bis heute bevorzugt.

> **Rot** verbinden Menschen mit der Liebe und dem Lebenssaft. In der Magie wird die Farbe bei Ritualen eingesetzt, die Gesundheit, Fruchtbarkeit, Mut und Kraft zum Ziel haben. Sie steht ebenso für Leidenschaft und Willensstärke. Die Vorliebe für Rot als Eierfarbe beruht ferner darauf, dass man ihm Zauber- und Schutzkräfte zusprach und es Freude und das Blut Christi versinnbildliche.

Im Mittelalter mussten die Bauern Eier als Steuer an ihren Gutsherrn entrichten, jedoch lediglich am Gründonnerstag eines jeden Jahres. Nachdem diese Abgabepflicht aufgegeben wurde und die Eier auch nicht mehr von den geistlichen Grundherren den Pfarrern, Küstern, Lehrern oder Totengräbern geschenkt wurden, entwickelte sich das Ei in der Reformationszeit zu einer Ostergabe an Menschen, die man gern hatte. Daraus entstand der heutige Brauch.

Der Gewohnheit, das Osterei in großer Vielfalt an Farben und Ornamentik zu verzieren, ist uralt. Bereits seit dem 12. Jahrhundert werden die Eier auch ausgeblasen und bemalt, um dem Osterstrauß in der Wohnung oder einem Strauch oder Baum im Garten ein freundliches Aussehen zu geben. Als Vorbild für die Bemalung könnten die Farbe und Musterung von Wildvogeleiern gedient haben.

1615 taucht zum ersten Male die Bezeichnung »Osterei« im elsässischen Straßburg auf. Aus dem frühen 17. Jahrhundert sind kurfürstliche Sammlungen beschrifteter, bemalter und geätzter Schmuckeier bekannt. Und warum sollte ausgerechnet das Osterei der Launenhaftigkeit der Mode entgehen? Man versah die gefärbten österlichen Gaben seit dieser Zeit gern mit sinnigen Sprüchen oder Applikationen. Ein paar Jahrzehnte später überzog man sie häufig sogar mit Silber oder Gold.

Die Sorben (früher auch Wenden: westslaw. nationale Minderheit in der Ober- und Niederlausitz) entwickelten diese Tradition zu einer wahren Kunstform. Ihre weithin bekannten **sorbischen Os-**

tereier (»jutrowne jejka«) werden von Volkskünstlern besonders aus den Dörfern der Mittellausitz als Symbol der Fruchtbarkeit in vier verschiedenen Techniken mit traditionellen magischen Ornamenten verziert.

Bei der am meisten verbreiteten **Wachsreservetechnik** wird mit geschlissenen Gänsefedern, deren Spitzen zu verschiedenen geometrischen Formen beschnitten sind, ein heißes Wachsgemisch so auf das ausgeblasene oder 30 Minuten lang gekochte Ei aufgebracht, dass reizvolle Muster aus Strichen, Sonnenrädern und Strahlenbündeln (Sinnbild für Wachstum, Wärme und Licht), Punkten, Rhomben und Kreisen (Sinnbild für den Schutz von Mensch und Tier vor Dämonen) oder Dreiecken (Sinnbild für die göttliche Dreifaltigkeit) entstehen.

Abb. 39: Sorbische Ostereier in Wachsreserve- und Kratztechnik

Im Gegensatz dazu trägt man bei der **Wachsbossiertechnik** (Modellieren) verschiedenfarbiges Wachs auf das Ei auf, das reliefartig auf der Schale verbleibt.
Bei beiden Techniken werden überlieferte geometrische Ornamente wie Strahlenbündel oder das »Sonnenrad« als Symbol für Licht und

Leben verwendet, umgeben von einer Dreiecksreihe zur Abwehr böser Kräfte.

In der **Kratz- und Ätztechnik** sind stilisierte Ornamente verbreitet. Rosetten, Ranken und der Lebensbaum veranschaulichen Wachstum und Fruchtbarkeit. Ausgangspunkt für beide Techniken ist ein kräftig gefärbtes Ei. Beim Kratzen werden die Muster mit einem Messer oder einem anderen spitzen Gegenstand in die Eischale geritzt. Für die Ätztechnik benötigt man eine Schreibfeder und Salz- oder Salpetersäure als Ätzflüssigkeit. Mit der Feder zeichnet man die Ornamente auf das Ei, und nach mehrmaligem Nachziehen erscheinen die geätzten Stellen weiß.

Einst schenkten sie die Paten ihren Patenkindern mit einer großen Mohnsemmel zum Fest, eine Gewohnheit, die noch heute in den Familien und Schulen gepflegt wird.

In einigen Ortschaften Thüringens wurde einst bereits am Gründonnerstag zur Eiersuche geblasen. Auch Goethe führte in seinem Weimarer Zuhause den Spaß ein, am fünften Tag der Karwoche Eier im Garten zu verstecken und sie von seinen Lieben suchen zu lassen. Welcher Tag dafür auch auserkoren war: Überall hielten die Kinder nach den entweder roten oder grünen Eiern in den Gärten Ausschau oder zogen von Haus zu Haus, um sie einzusammeln.

Woher stammt der Osterhase?

Das Frühlings- und Auferstehungsfest ohne den *Osterhasen* ist unvorstellbar. Im mitteleuropäischen Brauchtum bemalt er zu Ostern Eier und versteckt sie im Garten – und das seit mindestens 350 Jahren. Die Ostereier werden zumeist am Morgen des Ostersonntags von den Kindern gesucht.

Die Geschichte des österlichen Meisters Lampe ist lang. Ein erster Beleg findet sich in einem bayerischen Gebetbuch von 1160, in dem der Hase neben einem Ostertext auftaucht. Im Jahre 1678 oder 1682 in einer heilkundlichen Abhandlung des Heidelberger Arztes Georg Franck von Frankenau erwähnt, ist dann das Langohr ab dem späten 17. Jahrhundert der fröhliche **Eierbringer**.

Jedoch ist die Herkunft des Hasenglaubens ziemlich unbestimmt. Einerseits wird vermutet, der Brauch komme vom byzantinischen Christussymbol, dem Hasen. Andererseits nehmen manche an, er stamme von der germanischen Erdgöttin Holda (> 4.1), deren Kennzeichen

Hasen und Eier sind und der die Himmelsrichtung Osten (»austro«) zugeordnet ist. Wiederum andere behaupten, er habe die Frühlingsgöttin Ostara auf ihren wundertätigen Wegen begleitet. Und schließlich gibt es eine recht einfache Erklärung: Zu Beginn des 18. Jahrhunderts legten Bauern im Frühjahr gefärbte Eier in die Ackerfurchen der frisch gepflügten Felder in dem Glauben, sie würden ihnen zu reichen Erträgen verhelfen. Wenn sie dann von spielenden Kindern gefunden wurden, musste man ihnen natürlich eine Begründung liefern. Weil sich der Nachwuchs der echten europäischen Feldhasen in diesen Wochen putzmunter im Feld tummelt, schob man es kurzerhand auf den Mümmelmann. Da auch die Stadtbewohner immer öfter Ostereier suchten, sagten sie gleichfalls ihren Kindern, dass diese vom Osterhasen gebracht wurden.

Seht, wie ihre Augen strahlen,
wenn sie lernen Eier malen!
Jedes Häslein nimmt gewandt
einen Pinsel in die Hand,
färbt die Eier, weiß und rund,
mit den schönsten Farben bunt.
Wer's nicht kann, der darf auf Erden
nie ein Osterhase werden.

Abb. 40: Koch-Gotha, Fritz (1877–1956);
Sixtus, Albert (1892–1960):
Die Häschenschule, 1924

Wie dem auch sei: Auf jeden Fall verkörpert der Hase ebenso wie das Osterei Fruchtbarkeit. Durch seine unübersehbare Lust, im Frühjahr reichliche Nachkommenschaft in die Welt zu setzen, wurde er schon zu vorchristlichen Zeiten zum Inbegriff der Fortpflanzung. Bereits in der griechischen Mythologie sind Hasen das Symbol der Liebesgöttin Aphrodite und damit auch der Vermehrungsfähigkeit. Sie stehen für Zeugungskraft, erinnern auch wegen ihrer Laufgeschwindigkeit von bis zu 80 km/h an das erstarkende neue Leben und passen gut zum Fest der Auferstehung. Traditionell buk man daher am Ostermorgen Eier in Brote, welche die Form von Hasen hatten – das Bild vom Eier bringenden Hasen war geboren.

Und kein Geringerer als Johann Wolfgang von Goethe soll es gewesen sein, der dem Meister Lampe insbesondere in Mitteldeutschland zum Durchbruch verhalf: In der Frankfurter Kindheit des Dichterfürsten, so wird berichtet, war es üblich, dass die Kinder »Haseneier« suchten. Und genau mit diesem Brauch machte er in seinen ersten Weimarer Jahren den Kindern seiner Getreuen den Spaß – namentlich dem Lieblingssohn seiner Freundin Charlotte von Stein (1742–1827), dem kleinen Fritz von Stein, der ab 1783 für drei Jahre als Ziehsohn im Goetheschen Hause weilte.

Die Konkurrenz des Osterhasens

Das Langohr, das zuweilen seltsam grün daherkam, weil es sich mit der Farbe des beginnenden Frühlings getarnt hatte und deshalb für die Kinder kaum zu sehen war, ist jedoch nicht der einzige Überbringer der Ostereier. Bis ins 20. Jahrhundert hatte er noch reichlich Konkurrenz – wenn auch keine sehr gefährliche. In der Schweiz und in den Dörfern um Bad Salzungen an der thüringischen Werra diente der Kuckuck als Eierlieferant. In weiten Teilen Sachsens und Thüringens hatte der Hahn (»Osterhahn«) diese Aufgabe übernommen, in Thüringen überdies der Storch. Die Patenkinder, Dienstmädchen, mitunter auch brave Knechte bekamen zu Ostern ihren »Meister Adebar«, der in jedem Bäckerladen angeboten wurde. Andernorts besorgten das Austragen der Eier Kraniche oder Auerhähne. In Teilen von Westfalen und Hessen war sogar der Fuchs der Zusteller.

Das knapp 1.000 Einwohner zählende **Ostereistedt** nahe Bremen unterhält ein eigenes Osterhasenbüro mit einem Osterpostamt. In dieser Osterhasenzentrale gehen jährlich ca. 35.000 Karten und Briefe mit Fragen, Wünschen und Anregungen aus der ganzen Welt ein, die von »Hanni Hase« geduldig beantwortet werden.

Die Osternacht wird durch das Licht einer einzigen Kerze erhellt, der *Osterkerze*. In der katholischen Liturgie der Osternacht werden auf das weiße Wachs die Buchstaben Alpha und Omega, das Kreuzzeichen sowie die jeweilige Jahreszahl appliziert. Der erste und letzte (24.) Buchstabe des griechischen Alphabets Alpha (A) und Omega (Ω) stehen für Anfang und Ende und bezeichnen die allumfassende Liebe Gottes. Wachsnägel auf dem Kreuz stellen die Wundmale Jesu dar.

Die Osternacht (s.o.) beginnt in völliger Finsternis; in der Kirche brennt keine einzige Lampe. Die Kerze wird vom Priester draußen vor der Kirche am geweihten Osterfeuer entzündet und in die Kirche getragen. Sie symbolisiert den auferstandenen Jesus.

Mit ihr zieht er unter dem dreifach wiederholten Ruf »Lumen Christi« (»Licht Christi«) vor der versammelten Gemeinde in die anfangs noch dunkle Kirche ein. Die Gemeinde antwortet jeweils mit »Deo gratias« (»Dank sei Gott«). An der Flamme der Osterkerze zünden die Gläubigen ihre mitgebrachten Kerzen an, bis das ganze Kirchenschiff vom Kerzenlicht erhellt ist. Danach wird die Osterkerze am Altar oder am Ambo, einem Lesepult, aufgestellt und das Osterlob gesungen. Schließlich werden die Kerzen mit nach Hause genommen, damit das Licht Gottes alle Häuser erleuchte und sich die Botschaft der Auferstehung in der ganzen Welt verbreite.

In der Osterkerze sind die griechische, jüdische, römische und christliche Lichttradition vereint. Die Osterkerze und die Lichtfeier zu Beginn der Liturgie haben die frühesten Wurzeln in der Sitte der alten Kirche, die Osternacht mit etlichen Kerzen zu erhellen. Außerdem gab es in Rom den Brauch, die Feier in der Osternacht mit zwei mannshohen Kerzen zu erleuchten. Der Kult, dass die Osterkerze an alle Kirchenbesucher weitergegeben wird, ist in Jerusalem seit ewigen Zeiten nachgewiesen.

Osterlamm, Osterreiten und Osterbrunnen

Eines der ältesten christlichen Ostersymbole ist das *Lamm*, das im Alten Testament neben dem Zickel (Ziegenjunges) das klassische Opfertier war. Dieses mit der Siegesfahne gekennzeichnete Christuszeichen steht für Unschuld, Reinheit und Wehrlosigkeit (vgl. lammfromm = duldsam, sanft, zahm; frommes Lamm/Lämmchen [iron.] = Unschuldsengel) sowie für die Auferstehung Jesu Christi. Auch er wird als Lamm bezeichnet: »Seht, das Lamm Gottes, das die Sünde der Welt hinwegnimmt« (Johannesevangelium).

Die Schlachtung des Osterlamms stammt aus dem Judentum, in dem das Passahlamm Inbegriff der Verschonung vor Strafe und Tod ist.

Im christlichen Altertum legte man Lammfleisch unter den Altar. Es wurde am Auferstehungstag als erste Speise verzehrt. Im heutigen westlichen Brauchtum ist das Lamm im Gegensatz zum griechisch-orthodoxen Christentum nicht mehr allzu bedeutend.

Am Ostersonntag zieht das *Osterreiten* der katholischen Sorben in der sächsischen Oberlausitz alljährlich zehntausende Zuschauer in seinen Bann.

Der Ursprung dieses Brauches liegt ebenfalls in vorchristlichen Flurumgängen und Saatumritten im Frühling. Der Umzug zu Pferde, an dem ausschließlich Männer teilnehmen, geht zurück bis ins 15. Jahrhundert. Man erbat günstige Bedingungen für ein gutes Aufgehen der Saat und deren Bewahrung vor den Unbilden der Natur.

Heute ziehen die Reiter hoch zu Ross z. B. vom Zisterzienserinnenkloster St. Marienstern in Panschwitz-Kuckau von Dorf zu Dorf und segnen unterwegs an kleinen Altären die frisch bestellten Felder. Auch das im Klosterstift St. Marienthal nahe Ostritz startende Saatreiten der Dutzenden von festlich gekleideten Reitersmännern auf prächtig herausgeputzten Pferden begeistert zahllose Augen- und Ohrenzeugen. Bekleidet mit Gehrock, Zylinder und weißen Handschuhen zügeln die reitenden Burschen ihre Rosse, die mit edlem Zaumzeug, Blüten und bunt bestickten Schwanzschleifen bestückt sowie manchmal aufwändig mit Bier und Strohwickeln gelockter Mähne verschönt sind, singen lauthals Kirchenlieder und beten.

Seit 1541 satteln in einigen Gegenden Jahr für Jahr die auch Kreuzreiter geheißenen Osterreiter ihre Pferde zur Prozession mit Kirchenfahnen, Kreuz und Statue des Auferstandenen. Von gleicher Art wie der **Blutritt** in Weingarten (Baden-Württemberg) am Freitag nach Christi Himmelfahrt (> 7.1), einem großen Bitt- und Dankumzug zu Pferde mit über hundert Reitergruppen, treffen sich die Osterreiter zur gemeinsamen Andacht, bevor sie sich zum Abritt begeben, beten ein Vaterunser und bekreuzigen sich. Wenn die Vorbereitungen abgeschlossen sind, rufen die Kirchenglocken alle Reiter der umliegenden Dörfer zusammen. Die Hausfrauen besprengen Reiter und Rosse mit Weihwasser und wünschen ihnen Gottes Segen auf den Weg.

Mit über 450 Reitern und einer Wegstrecke von insgesamt 30 Kilometern ist der feierliche Wittichenauer Ritt der zahlenmäßig stärkste und längste Osterumzug, der als einziger aus einem deutsch und einem sorbisch singenden Teil besteht. Er führt über viele Dörfer zum Ralbitzer Gottesacker.

Dieser **Friedhof** in der Region »Krabatland« bietet einen einmaligen Anblick, denn die Gräber schmücken seit über 150 Jahren einheitlich weiße Holzkreuze mit einem vergoldeten Korpus. Im Tode sind alle gleich, soll hier eindringlich dokumentiert werden.

Nach einem mehrstündigen Aufenthalt mit Bewirtung bei Gastfamilien empfehlen sich die Reiter und ziehen heimwärts in ihren Kirchort.

Aus der Fränkischen Schweiz stammt der Brauch, *Osterbrunnen* zu schmücken.

Abb. 41:
Osterreiter

Öffentliche Dorfbrunnen werden zumeist am Karsamstag mit bemalten Ostereiern und anderem Schmuck zum Osterbrunnen verschönert. Wie alt der Brauch ist, lässt sich nicht feststellen. Erste mündliche Überlieferungen berichten von einem Osterbrunnen in Aufseß in der Fränkischen Schweiz an der Burgenstraße um das Jahr 1909.

Hintergrund des Brunnenschmückens ist die Wasserarmut der Fränkischen Schweiz, durch die die Wasserversorgung einen besonders hohen Stellenwert bekam. Vor Ostern wurden die Brunnen gründlich vom Schmutz des Herbstes und Winters gereinigt und anschließend herausgeputzt. Dem Osterwasser werden zudem besondere Wirkungen zugesprochen (s.o.).

Abb. 42: Osterbrunnen in Heiligenstadt-Zoggendorf (Oberfranken)

Ähnlich dem Osterbrunnen gibt es den weit verbreiteten Brauch der **Osterkrone**: Ein zweiteiliges bogenartiges Metall- oder Kunststoffgestell wird mit Grünmaterial (meistens mit Fichten-, Tannen- oder Buchsbaumzweigen) umwunden, auf dem bunte Eier und Schleifen befestigt werden. Das so geschmückte Gerüst wird auf dem Dorfplatz aufgestellt.

Am Gründonnerstag ziehen im Oberlausitzer Bergland, in dem dieser Tag »Grindurschtsche« heißt, »**ausbittende**« **Kinder** von Haus zu Haus und singen ein Liedchen. Nur wer eine milde Gabe in Form von Naschereien in die mitgeführten Leinenbeutel entrichtet, darf die Tür von innen schließen. Dieser Tag ist als Beschertag für Kinder, ehemals auch für Dienstboten oder Nachbarn, noch im Schwange.

Außerdem vertreiben besonders in den dortigen Oberlandorten am Abend des Ostersamstages hauptsächlich Jugendliche mit viel Krach und Krawall sowohl den Winter als auch böse Geister.

> Geknallt wird mit selbst gebauten **Karbidböllern**. Das sind Dosen oder kleine Milchkannen aus Blech mit Deckel und einem kleinen Loch im Boden. In diese gibt man ein Stück Karbid und etwas Wasser, wodurch Acetylen entsteht. Nach einer kurzen Wartezeit wird das hoch brennbare Gas durch das kleine Loch am Gefäßboden gezündet und durch die Explosion der Deckel mit einem lauten Knall einige Meter weit weggesprengt.

Dieses **Osterschießen** findet im großen Stil jährlich am Gusseisernen Turm auf dem Löbauer Berg statt.

Eierschibbeln, Osterschmuck und Osterschmaus

Ähnlich dem Eierwerfen, dem Eierrollen und dem seit dem 16. Jahrhundert besonders in Baden-Württemberg gepflegten Eierlesen ist das Eierschibbeln ein Wettbewerb, der zu Ostern in verschiedenen Teilen Deutschlands veranstaltet wird.

Wettbewerbe rund ums Ei

> Beim **Eierwerfen** muss ein Ei unbeschadet in einen Kreis von etwa einem Meter Durchmesser geworfen werden.
> Beim **Eierrollen** müssen die Kinder ein Ei einen Abhang hinunterrollen lassen.
> Beim **Eierlesen** werden gesammelte Eier je einen Schritt weit entfernt ausgelegt, danach eingesammelt, und junge Burschen müssen eine der Eieranzahl angemessene Strecke ablaufen.

Beim *Eierschibbeln* werden am oberen Ende eines Hanges mit leichtem Gefälle im Abstand von drei Zentimetern etwa drei Meter lange, dünne Leisten nebeneinander schräg in den Boden gesteckt. Über diese beiden Latten werden die Ostereier abgerollt, eben geschibbelt.

Wo das Schibbelei zum Stehen kommt, wird ein zweites Ei – das »Setzei« – hingelegt. Trifft ein Teilnehmer mit seinem Schibbelei ein Setzei, so vermerkt dies der Wettkampfleiter als Treffer. Der Teilnehmer mit den meisten Treffern ist Schibbelkönig(-in). Seit über 100 Jahren wird das Eierschibbeln in Norken im Westerwald gefeiert.

In Bautzen an der Spree wird der als **Ostereierschieben** bezeichnete Brauch, Eier oder andere Gegenstände einen Hang hinunterzurollen, seit 400 Jahren gepflegt. Schriftliche Erwähnung fand dieses Ereignis allerdings erst 1830, als gut betuchte Bürger hart gekochte Eier, Äpfel und Nüsse, später auch Apfelsinen und andere Leckereien den Protschenberg hinunterrollten. Während der beiden Weltkriege war wegen der Lebensmittelknappheit das Eierschieben verboten, das jedoch 2001 wiederbelebt wurde. Seitdem begleitet wie früher der »Eierjokel« die Belustigung, der Jung und Alt bei Laune hält.

Das **Eiertitschen** (auch: Ostereier düpfen, tüppen, pecken, tütschen oder kicken – mundartl. für stoßen) ist ein alter Osterbrauch, der in seiner wiederum als Wettbewerb ausgetragenen Art vor allem in der bayrischen Oberpfalz, in vielen Regionen von Österreich bis nach Russland, in der deutschsprachigen Schweiz, aber auch im Rheinland verbreitet ist.

Zwei Spieler nehmen dabei je ein hart gekochtes Osterei in die Hand. Der beginnende Spieler schlägt mit der Spitze seines Eies auf die Eispitze seines Gegenspielers mit der Absicht, dessen Schale zu zerbrechen. In der Familie wird das Ostereiertitschen am Ostermorgen reihum am Tisch gespielt. Sieger ist derjenige, dessen Ei als einziges zum Schluss noch unversehrt ist.

Das Färben, Bemalen und Verzieren der Eier gehört für die Kinder zur Vorfreude auf das Osterfest. Und am Ostersonntag wird vielerorts der Tisch zum ausgedehnten Osterfrühstück mit bunten Eiern, schönem Geschirr und bunten Servietten fröhlich gestaltet.

Das fröhliche Osterfrühstück

Ein kleiner Strauß bunter Blumen ergänzt das farbenfrohe Bild. Etwa mit dem Osterfest fällt das Erwachen der Natur nach der Winterzeit zusammen. Der aufbrechende Frühling zeigt sich schon einigermaßen leuchtend grün und blühend bunt. Auch der traditionelle **Osterstrauß** ist ein Zeichen der Entfaltung in Feld, Wald, Garten und auf der Heide. Deren Dekoration harmoniert sehr schön mit dem dezenten Silbergrau von Weidenkätzchen. Die schlanken Zweige

bieten sich förmlich an, den fröhlich bemalten Schmuck zu tragen.
Aber die Natur hat neben den Zweigen der Salweide (Palmweide) und
Korbweide noch mehr Auswahl zu bieten: Desgleichen sind Birken-
und Haselzweige neben dem Geäst von Forsythien, Schlehen, Zierjo-
hannisbeeren, Kirschen und Äpfeln ein beliebter Osterputz. An den
Spireen (robusten Blütensträuchern) entdeckt man dicke Knospen,
die Felsenbirne in der Hecke treibt, und auch die Kerrie (ein auch
Ranunkelstrauch oder Goldnessel genannter Zierstrauch der Rosen-
gewächse) mit ihren gebogenen Zweigen macht sich in der Vase zu
Ostern ausnehmend gut.

Als Dekor an den Zweigen dürfen natürlich bunt bemalte Ostereier nicht fehlen. Fröhliche Akzente werden auch mit farbigen
Bastelfedern gesetzt. Österliche
Motive gibt es darüber hinaus
in Form von Holzfigürchen –
etwa als kleine Hasen mit winzigen Filzohren.

Das Aufstellen von Zweigen
im Frühjahr hat seinen Ursprung
in vorchristlicher Zeit: Die Menschen schnitten in dieser Jahreszeit Rutenbündel, um mit ihnen
geisterhafte und eine unheimli-
che Macht ausübende Wesen zu
vertreiben. Auch in diesem Fall
übernahmen und veränderten
Christen die alten Bräuche. In
manchen Gegenden werden seit
jeher geschmückte Zweige am
Palmsonntag vor Ostern zum
Segnen in die Kirche gebracht
und danach aufgestellt.

Nicht minder beliebt ist der
Brauch, bemalte und ausgeblasene Ostereier an die Zweige eines
Baumes (**Osterbaum**, **Osterei-**
erbaum) oder Strauches (**Os-**

Abb. 43: Mit einfachen bunten Eierketten
geschmückter Osterstrauch

terstrauch) zu hängen, wodurch dem frühlingshaften Garten weitere
Farbtupfer zugefügt werden.

Ostern begann früher am Gründonnerstag, an dem Grün als Frühlingssymbol eine wichtige Rolle spielte. Vielerorts kommen noch heute als *Ostergericht* Kräutersuppen, z. B. Bärlauchcremesuppen, auf den Tisch, des Weiteren eine große Schüssel (Rapunzel-)Salat, Grünkohl oder Spinat, eben **grünes Gemüse**.

In einigen Orten backen die Bäcker spezielle süße Brezeln. Die **Osterbrezeln** sollen früher, als die Kinder zu Ostern eingeschult wurden, als spezielles Schulbrot gedient haben. Heute gibt es das süße Hefegebäck, das als Sinnbild der Unendlichkeit angesehen wird, am Gründonnerstag. Wer es nicht aufisst, so heißt es, wird am Karfreitag mit Eselsohren bestraft. Woher die Osterbrezel kommt, weiß aber niemand genau zu sagen.

Ähnlich verhält es sich mit einem anderen österlichen Gebildbrot: Der **Osterzopf** gilt als Glücksbringer und soll zusammengelegt als **Osterkranz** Glück, Gesundheit und Lebenskraft bringen.

Traditionelle Karfreitagsessen sind Fisch und »Gebackene Klöße mit weißsaurer Brühe«. Auch Spinat mit Eiern ist noch immer ein Gericht für diesen Tag.

An den Osterfeiertagen selbst wurde gern **Zickel- oder Schöpsbraten** (slaw. = Braten vom kastrierten [verschnittenen] Schafbock, vgl. Schopskasalat: bulg. Salat mit Salzlakenweißkäse vom Schaf) gegessen. Heute sind Lammkeule (z. B. in Rosmarin-Sahnesoße mit Butterbohnen), Hammelrollbraten, Hasenbraten (z. B. in Rotweinsoße) und Geflügel (z. B. mit Ricotta gefüllte Hähnchenrouladen) sehr beliebt.

Bereits seit 1000 Jahren werden Nahrungsmittel auch gesegnet. Diese **Fleisch- oder Speisenweihe** erhalten heute vor allem Eier, Milchprodukte und das Osterbrot, mit dem die Fastenzeit beendet wird.

Das **Osterbrot** (Karfreitagsbrot) ist ein frischer, selbst gebackener Laib, für dessen Herstellung es ganz unterschiedliche Rezepte und Formen gibt. Doch ob mit Frühlingskräutern oder Rum zubereitet, ob mit Vanillebutter bestrichen, die mit Mandeln oder gehackten Nüssen angereichert ist, oder mit einer Speckschwarte glänzend gerieben: Das Osterbrot wird zur Weihe in den Gottesdienst getragen, um sich anschließend zu Hause an ihm gütlich zu tun.

Osterkarten schreiben ist mit etwas Mühe verbunden. Das richtige Motiv, der Gruß in schönster Sonntagsschrift und außerdem ein möglichst persönlicher Text – das alles ist eine kleine Anstrengung, die jedoch meist eine große Freude beim Empfänger auslöst.

Gleichwohl einen *Ostergruß* an die Lieben postalisch zu senden, noch dazu rechtzeitig, kommt immer mehr aus der Mode. Zwar werden Reverenzen auf Postkarten mit zauberhaften historischen oder modernen fröhlichen Oster- und Frühlingsmotiven hie und da bis jetzt an die Familie oder Freunde geschickt. Doch seit die technische Entwicklung so rasant fortschreitet, dass die Welt zum Dorf schrumpft und Kommunikation selbst über Kontinente und Ozeane hinweg blitzschnell funktioniert, lässt kaum noch jemand den Verwandten und Bekannten Brief- oder Kartengrüße zukommen – nicht einmal zu Festtagen wie Ostern. Wer seine Getreuen zu Ostern grüßen will, tippt heute schnell eine SMS oder E-Mail.

Früher war das anders. Die ersten Postkarten zu Ostern wurden Ende des 19. Jahrhunderts verschickt. Um besonders kreative Grüße musste sich aber damals noch niemand sorgen, denn die Rückseite war laut Postordnung allein der Adresse und Briefmarke vorbehalten. Für eine kurze Notiz war lediglich neben dem Motiv auf der Vorderseite Platz. Weil die Schrift dort oft hässlich in die Abbildungen ragte, entwickelte sich eine neue Aufteilung. Auf dem Weltpostkongress 1906 in Rom wurde die Postkarte international normiert. Seitdem gibt es sie so, wie sie heute aussieht: auf der Rückseite Adresse, Absender, Briefmarke und eine Nachricht. Die Vorderseite gehört dagegen ganz dem Bild – ein Grund, weshalb man seit Anfang des vergangenen Jahrhunderts immer häufiger zur liebevoll gestalteten Karte griff.

Vor dem Ersten Weltkrieg gehörte es hierzulande, vor allem in den »besseren Kreisen«, zum guten Ton, per Karte ein frohes Osterfest zu wünschen. Viele der großen Kartenhersteller kamen damals aus Deutschland, und die aufwändige Gestaltung übernahmen oft angesehene Künstler.

Beim österlichen Kartenmotiv waren und sind der Fantasie keine Grenzen gesetzt. Ganz zu Beginn beschränkte sich die Auswahl auf

Schwarz-Weiß-Abbildungen. Später wurde die Gestaltung prächtiger. Ein überdimensionales Ei, umgeben von strahlenden Kindern, munteren Küken und Lämmern, von Weidenkätzchen und Frühlingsblumen, waren die beliebtesten Motive zur Blütezeit der Osterpostkarten – oft mit Prägedruck, golden verziert und koloriert. Ei und Küken als Inbegriff des neu erwachten Lebens zierten die Karten in allen Varianten. Nicht fehlen durften freilich auch Osterhase, Hahn und Henne. Als Fruchtbarkeitssymbole waren sie ebenso beliebt wie junge

Abb. 44:
Osteroblate
(Glanzbild),
um 1900

Mädchen, die für Glück und Hoffnung standen. Die Mägdelein wurden gern auch mit Blumenstrauß, einer Torte oder beim Schöpfen des Osterwassers abgebildet.

Beliebt waren gleichermaßen Darstellungen von Jesus auf einer Wiese mit Schafen sowie malerische Landschaften mit einer Kirche, Glocken oder der Silhouette eines kleinen Dorfes. Selbst in den Kriegsjahren riss die Kartenproduktion nicht ab, und sogar mit militärischen Motiven wünschte man sich »Frohe Ostern«. Vor den Weltkriegen und in den Jahren bis zur Jahrtausendwende griffen besonders viele Deutsche zum Stift.

Heute haben es, wie gesagt, die Osterpostkarten schwer. Das Flair von damals wird meist mit der Schnelligkeit moderner Medien verbunden. Eine elektronische Kurznachricht zu tippen oder einen entsprechenden Brief zu schreiben und im Computernetzwerk zu verschicken, geht nun einmal schneller und ist weniger anstrengend. Anbieter und Vermittler von Kommunikationsdiensten (Internet-Service-Providern, Onlinediensten) offerieren Onlinegrüße in Hülle und Fülle. Das österliche Lieblingsmotiv wird mit Mausklick ausgewählt, wobei die Hintergrund- und Schriftfarben selbst gestaltet werden können, und die »individuelle« Postkarte in das Weltall entlassen wird. So verbindet sich mehr oder weniger geschickt, was sich eigentlich spinnefeind ist: Der elektronische Ostergruß ist unpersönlicher und farbloser als der auf Postkarten geschriebene – jedenfalls bis jetzt.

Passionsmusiken

Immer und immer wieder locken verschiedene *Passionsmusiken* Tausende von begeisterten Gläubigen und Nichtgläubigen in Kirchen und Konzertsäle, um allen voran der Johannespassion oder der Matthäuspassion von Johann Sebastian Bach (1685–1750) andächtig zu lauschen. Nur diese zwei von vermutlich insgesamt fünf Passionsmusiken, die Bach schuf, sind vollständig erhalten.

Klingende Osterbotschaft

Unter **Passion** versteht man im Christentum den letzten Abschnitt im Leben von Jesus Christus. Sie bezeichnet sein im Neuen Testament geschildertes Leiden und Sterben. In der Musik ist sie die Vertonung dieser biblischen Berichte von der Gefangennahme Christi bis zu seiner Kreuzigung.

Abb. 45:
Johann
Sebastian
Bach,
Statue in
seinem
Geburtsort
Eisenach

Die **Johannespassion** wurde erstmals am Karfreitag, dem 7. April 1724, in der Leipziger Nikolaikirche aufgeführt. Textgrundlage ist der Evangelienbericht nach Johannes, zu dem elf Choräle und einige Passagen freier Dichtung kommen. Die Passion besitzt eine große dramatische Wucht, die sich vor allem in Chören wie »Wäre dieser nicht ein Übeltäter«, »Nicht diesen, diesen nicht« oder »Kreuzige, kreuzige« zeigt. Eine leidenschaftliche Tonsprache durchzieht jedoch das gesamte Werk. Sie mündet in einem der schönsten und anrührendsten Choräle überhaupt: »Ach Herr, lass dein lieb Engelein«, der sowohl Trost vermittelt als auch eine Jenseitshoffnung ausdrückt, die ihresgleichen sucht.

Die Uraufführung der **Matthäuspassion** fand höchstwahrscheinlich am Karfreitag, dem 15. April 1729, in der Thomaskirche zu Leipzig statt. Der Text stammt von Christian Friedrich Henrici (1700–1764), der unter dem Pseudonym Picander als Hauptdichter von Bachs Kantatentexten firmiert. Der monumentale Charakter dieser in Musik gegossenen (An-)Klageschrift tritt besonders in den großen Chören hervor, etwa im Eingangssatz »Kommt, ihr Töchter, helft mir klagen« oder im erschütternden Schlusssatz »Wir setzen uns mit Tränen nieder«. Bach ordnet in der Matthäuspassion sein geniales kompositorisches Können zwar einem zentralen Thema christlichen Glaubens unter. Doch erbaut sie wegen ihrer tiefen menschlichen Aussage auch über religiöse Grenzen hinweg wohl jeden Hörer.

5.4 Laut und ausgelassen – internationaler Osterjux

In vielen Ländern wird Ostern als ausgesprochenes Freudenfest begangen.

In *Finnland* schlagen sich Freunde, Verwandte und Bekannte gegenseitig mit einer Birkenrute. Damit wird an die Palmenzweige erinnert, mit denen Jesus in Jerusalem empfangen worden sein soll. Am Ostersonntag ziehen Kinder mit Trommeln und sonst allem, was ordentlich **Krach** macht, durch die Straßen und verkünden damit die Beendigung der stillen Karwoche, der Trauerzeit.

In *Frankreich* und *Österreich* erzählen wie in den katholischen Gegenden Deutschlands Erwachsene den Kindern, dass Glocken am Karfreitag nach Rom flögen und am Ostersonntag zurückkämen. Damit wird erklärt, warum sie in dieser Zeit nicht läuten. Auf dem Weg heimwärts versteckten sie Süßigkeiten. In Frankreich suchen die Kinder im Gegensatz zu den deutschsprachigen Ländern erst am Ostermontag nach Naschereien.

Die Osterbräuche in *Großbritannien* gleichen wesentlich den deutschen, z. B. kennt man auch im Vereinigten Königreich bemalte Eier. Eine Eigenart ist jedoch der österliche »**Simnel Cake**«, ein mit Marzipan beschichteter und dekorierter Trockenobstteig.

Italien:
festlich,
bunt und
fröhlich

Ostern ist im katholischen *Italien* nicht nur das größte christliche Fest, sondern vor allem ein Spektakel. Es wird zwar ernst genommen, soll aber auch Spaß bereiten. »Buona Pasqua« (»Frohe Ostern«) nehmen die Italiener wörtlich und pflegen die alten Osterbräuche nicht steif und förmlich, sondern fröhlich und entspannt.

Den Ostersonntag gemeinsam z. B. bei einem Picknick zu verbringen, ist Tradition in den italienischen Familien. Die meisten Museen haben geschlossen, und auch an den Geschäften steht »chiuso«. Wer nicht zu Hause feiert, geht mit Kind und Kegel ins Ristorante.

In der Toskana stehen am Giovedi santo, dem heiligen Donnerstag (Gründonnerstag), überall vor den Kirchen riesige Sträuße mit Olivenzweigen, die nach der Messe geweiht werden. Die Zweige sollen zu Hause dafür sorgen, dass das folgende Jahr in jeder Hinsicht ein gutes Jahr wird.

Ebenfalls Glück und Seelenheil verheißt nicht allein in der mittelitalienischen Region der **Gang durch sieben** Kirchen. Alle Gotteshäuser sind festlich mit Blumen geschmückt, das Kreuz ist aber noch mit einem schwarzen Tuch verhängt. Warum es gerade sieben Kirchen sein müssen, weiß niemand genau zu sagen. Sicher nimmt die Sieben eine Sonderstellung ein, wird sie doch als magische, geheimnisvolle und nach der überkommenen christlichen Zahlensymbolik als heilige Zahl angesehen. Auch für eine »menschliche« Zahl wird sie gehalten, die sowohl in Schriften des Altertums als auch in der Bibel häufig auftaucht.

In **sieben Tagen** vollendet sich je ein Viertel der Mondphasen, **sieben Farben** hat der Regenbogen, und **sieben Tage** dauerte die Schöpfung. Jesus gab seinen Jüngern mit dem Vaterunser **sieben Bitten**, mit denen sie sich Gottvater anvertrauen konnten, **sieben Worte** sprach er am Kreuz, und im Katholizismus gibt es sowohl **sieben Todsünden** als auch **sieben Sakramente** (> 7.3).

In der griechischen Mythologie ziehen **Sieben gegen Theben** (sieben Heerführer mit ihrem Gefolge stürmen gegen die siebentorige Stadt nordwestlich von Athen an), und dem blutdürstigen Ungeheuer Minotau~us (gr. Mythologie: Mensch mit Stierkopf) wurden alle neun Jahre **sieben Jünglinge** und **sieben Jungfrauen** aus Athen geopfert.

Viele fühlen sich im **siebenten Himmel** oder schweben auf **Wolke Sieben**, sehen bange dem verflixten **siebenten (Ehe-)Jahr** entgegen. In Märchen kreuzen »der Wolf und die **sieben Geißlein**« den Weg, trifft »Schneewittchen« hinter den **sieben Bergen** mit den **sieben Zwergen** zusammen.

Der Dichter Bertolt Brecht (1898–1956) verfasste das Liebesgedicht »**Sieben Rosen** hat der Strauch«, die Schriftstellerin Anna Seghers (1900–1983) erlangte mit dem Roman »Das **siebte Kreuz**« Weltruhm, und die Rockgruppe Karat rät uns in einem der populärsten deutschsprachigen Lieder: »Über **sieben Brücken** musst du geh'n«.

Unvergessen ist der Film »Die **sieben Samurai**« des japanischen Regisseurs Akira Kurosawa (1910–1998), und James **Bond** ist nicht 006 oder 008, sondern **007**.

Kaum ein Florentiner, Pisaner oder Sienese versäumt den Gang durch die mindestens bis 23.00 Uhr geöffneten sieben Gotteshäuser.

Karfreitag war ursprünglich ein Fastentag, doch leichte Speisen lassen sich heute weder auf den Speisekarten noch auf den Tischen der Hausfrauen entdecken. In den meisten Orten ist der Karfreitag mittlerweile ein ganz normaler Werktag, an dem die Geschäfte geöffnet sind und überall gearbeitet wird. Doch die Kirchenglocken schweigen. In vielen Orten findet ein Prozessionszug seinen Weg durch die Gassen, in dem ein Kreuz schweigend durch die Straßen getragen wird. Oft von nur wenigen, meist älteren Einwohnern begleitet, wird er fast immer mit italienisch-melancholischer Blasmusik untermalt.

Auf dem Domplatz in Florenz feiert man alljährlich am Ostersonntag ein altes Spektakel, den **Scoppio del carro** (die Explosion des Wagens). Ein vergoldeter und kunstvoll verzierter Wagen aus dem 18. Jahrhundert wird von weißen, hübsch geschmückten Ochsen, bestaunt und begleitet von vielen Menschen in historischen Kostümen, auf die Piazza del Duomo gezogen. Auf dem Gespann stecken zahlreiche Feuerwerkskörper. Über einen Draht ist es mit dem Hochaltar des Doms, Santa Maria del Fiore, verbunden. Nach der heiligen Messe »fliegt« eine Tontaube über die Leitung zum Wagen und entzündet ein buntes Feuerwerk. Explodieren soll das Gefährt natürlich nicht – auch wenn die wörtliche Übersetzung das ankündigt. Gleichwohl ist das Schauspiel ungeheuer beeindruckend.

Abb. 46: Der Scoppio del carro in Florenz. Links: festlich geschmückte weiße Ochsen, die den Karren auf den Domplatz ziehen, rechts: das von einer Tontaube entzündete farbenprächtige Feuerwerk auf dem Wagen

Auf *Malta* ist die Karwoche von vielen Prozessionen bestimmt, bei denen Gemeindemitglieder in Gewändern aus der Zeit Jesu an dessen Leidensgeschichte erinnern. Durch die Straßen werden schwere Holzkreuze und Schmerzensmann-Statuen getragen. In den Kirchen gibt es **Heilig Grab- und Abendmahlsinszenierungen**. Am Gründonnerstag besucht die gesamte Familie – wie in Italien – sieben Kirchen, um dort zu beten bzw. sieben Gebete in ein und derselben Kirche zu verrichten. Diese althergebrachte Sitte wird als Entsprechung zu den sieben Schmerzen Mariens (zum Mitleiden Marias, von der Darstellung Jesu im Tempel [> 4.5] bis zu dessen Grablegung [> 5.2]) und zum traditionellen Besuch der sieben Hauptkirchen in Rom verstanden. Am Ostersonntag finden in einigen Gemeinden feierliche Umzüge mit der Statue des auferstandenen Christus statt.

Am längsten und ausgelassensten scheinen sich die Menschen in *Mexiko* zu verlustieren: Zwei Wochen sind die Straßen mit Girlanden geschmückt, durch die mit **Flöten- und Trommelmusik** getanzt wird.

Geruhsamer geht es in *Norwegen* zu, wo es die junge Tradition des **Paaskekrim** (Osterkrimis) gibt: Einem kollektiven Frühlingsritual gleich, erscheinen über die Osterfeiertage unzählige Kriminalromane und -erzählungen, die laut der Universität Oslo ihren Ursprung in Jesu Mord haben.

Im katholisch geprägten **Polen** ist Ostern eines der wichtigsten Feste. Am Palmsonntag werden zum Andenken an den Einzug Jesu in Jerusalem »Palmen« geweiht. Meist sind das Zweige mit Weidenkätzchen, in der Tatra auch bis zu zehn Meter hohe, mit Blumen und farbigen Bändern verzierte Säulen.

Für Gründonnerstag ist die Bestrafung des Judas angesetzt: Ein lebensgroßer Strohmann wird mit 30 Glasscherben gespickt, die für die Silbermünzen stehen, die der Apostel für seinen Verrat an Jesus erhielt (> 5.2). Unter dem Beifall der Menge wird er vom Kirchturm gestürzt und anschließend unter Schlägen durch die Straßen der Stadt geschleift.

Abb. 47:
Osterpalmen

Schon seit 1608 werden in der Karwoche z. B. in einigen Städtchen südwestlich von Krakau **Passionsspiele** aufgeführt. Das Spektakel reicht vom Einzug in Jerusalem über den Judasverrat und das Letzte Abendmahl bis zum Prozess am Karfreitag, wenn Jesus an das Kreuz genagelt wird. Tausende von Menschen verfolgen das Schauspiel, das sich sehr eng an die biblische Vorlage hält. Die Zuschauer sollen das Gefühl haben, unmittelbare Zeugen der Leiden Christi zu sein.

In allen übrigen Kirchen besichtigen die Gläubigen am Karfreitag und Karsamstag das Heilige Grab und lassen (am Karsamstag) die Speisen segnen.

Am Ostersonntag tragen die Kinder in einem Körbchen Eier zu deren Weihe in die Kirche oder – etwa in den abgelegenen masurischen Dörfern – in die Wohnung des Pfarrers.

Abb. 48: Ostereier bereit zur Segnung (Święcenie pokarmów)

Ein Muss ist **Mohnkuchen**, zubereitet aus Mürbeteig und mit Honig und Eierschnee verrührten Samenkörnern – jedoch ohne Zutaten wie Apfelmus, Quark oder Streusel. Dass Mohnkuchen zu allen polnischen Feierlichkeiten hoch im Kurs steht, mag auch damit zusammenhängen, dass der Mohn als Nationalblume der Republik Polen gilt.

Der Ostermontag wird in Polen **Śmigus-Dyngus-Tag** genannt. Das bedeutet so viel wie Gießmontag oder Osterspritzen. Es bezeichnet das Besprengen besonders der unverheirateten Frauen mit Wasser durch die jungen Männer am zweiten Osterfeiertag. Damit wollten früher die Burschen auf sich aufmerksam machen und bei dieser Gelegenheit sich ein Mädchen anlachen. In den Familien mit Sinn für Tradition werden die Häupter mit Wasser benetzt – ein symbolisches Abstreifen der Sünden. Dagegen triumphiert auf den Straßen die feuchte Tollerei: Wenn Kinder Passanten begießen, haben sie an diesem Tag keinerlei Strafe zu fürchten.

In den Beskiden ziehen laut stöhnend maskierte »Osterbettler« durch die Straßen. Nur wer einen Obolus entrichtet, kommt an ihnen vorbei. Erinnert wird damit an die Opfer der Tatarenüberfälle im 13. Jahrhundert, die ihre Wunden mit Stroh bedeckten und ihr Dasein als Bettler fristeten.

> Allstündlich ertönt von einem Turm der gotischen Krakauer Marienkirche ein **Turmlied**, das an diese Angriffe erinnert und wie damals, als der Bläser von einem Tatarenpfeil tödlich getroffen wurde, plötzlich abbricht.

In *Schweden* verjagt man in der Nacht zu Ostern mit Feuerwerkskörpern, Lärm und Feuern die »bösen Hexen«. Verkleidet als **Osterweiber**, rennen Kinder mit einem Kaffeekessel von Tür zu Tür und fechten um Süßigkeiten.

Am Ostermontag besprengen in *Rumänien*, in der *Slowakei*, in *Tschechien* und *Ungarn* Männer Frauen mit Wasser (in Ungarn auch mit Parfüm) und »schlagen« sie symbolisch mit einer mit bunten Bändern geschmückten Rute. Das soll Gesundheit und Schönheit der Frauen erhalten. Die Frauen schenken im Gegenzug dem Mann z. B. ein bunt bemaltes Ei.

Ganz *Spanien* hat einen in der Bevölkerung tief verwurzelten Brauch bewahrt: die Feiern der **Semana Santa**, der Karwoche. Die Intensität und Frömmigkeit, die bei den großartigen Prozessionen, den Vorstellungen und allen anderen religiösen Akten zum Ausdruck kommen, locken zahlreiche Besucher an: in die Provinzhauptstadt Sevilla, in der die angesehenste Prozession stattfindet, ebenso wie in die anderen andalusischen Städte Granada, Córdoba, Málaga und Jaén mit gleichfalls sehr prächtigen Umzügen, schließlich in die Städte und Dörfer im Land Valencia an der spanischen Ostküste.

An den Palmsonntagsprozessionen in Elx beispielsweise wirken viele Einwohner in der typischen Bekleidung ihrer jeweiligen Bruderschaft mit. Sie führen Pasos (Stationen der Leidensgeschichte) mit den Heiligenbildern durch die Stadt. Die wichtigste Veranstaltung an diesem Tage ist die seit 1371 inszenierte Palmenprozession: Die Menge zieht mit komplizierten Figuren und Denkmälern, die aus Blättern von weißen Palmen nachgestellt werden, durch die Straßen – spielt doch die Palme in Elx eine besondere Rolle: Hier befindet sich mit über 200.000 Bäumen der größte Palmengarten Europas, der zum UNESCO-Weltkulturerbe erklärt wurde.

Erwähnt seien schließlich Vorführungen des Passionsspiels, »Schweigeprozessionen« am Gründonnerstag und beeindruckende Aufzüge der »Heiligen Beerdigung« am Karsamstag in der Provinz Alicante.

6.1   Volksglaube in der Freinacht

Die **Walpurgisnacht** ist die Nacht vom 30. April zum 1. Mai. My-
thologisch findet sie zwar ähnlich dem keltischen Fest **Beltane** als
Mondfest in der Nacht des ersten Vollmondes zwischen der Früh-
jahrs-Tagundnachtgleiche und der Sommersonnenwende statt. Traditionell gilt jedoch die Dunkelheit vor dem 1. Mai als die Nacht,
in der vermeintlich die **Hexen** an verschiedenen erhöhten Orten ein
zügelloses Beisammensein zelebrieren.

Hexenbrennen,
Waldmeister-
bowle und
Mummenschanz

> **Beltane** (ir.) war ein Feuerfest, das einen Höhepunkt im keltischen
> Jahreskreis darstellte und als Frühlings- und Fruchtbarkeitsritual in
> der Nacht zum und am ersten Maitag begangen wurde.

> **Hexe** (ahd. *hazus, hazussa* [10. Jh.], *hagazussa* [11. Jh.]; mhd. *hecse,
> hesse*) ist in der Volksreligion eine alte, kräuterkundige, über Zauber-
> kräfte und Verbindungen zu üblen Mächten verfügende Frau. Nach
> früherem, religiösem Aberglauben (vom 15. Jh. an) ist »die in der Um-
> zäunung Lebende« oder »Zaunreiterin« die weibliche Verkörperung
> des Bösen, eine mit übernatürlichen Kräften begabte und mit dem
> Teufel im Bunde stehende alte Frau (vgl. hexen = herbeizaubern, ein
> Wunder vollbringen; verhexen = bannen, beschwören, verwandeln).
> Der schon im germanischen Brauchtum mit ähnlichem Inhalt verbun-
> dene Begriff erhielt durch die Theologie der mittelalterlichen Kirche
> eine neue Bedeutung: Frauen und Mädchen würden durch Teufelspakt
> zu Hexen. Für den ausgesprochenen Hexenwahn vom 14. bis zum 17.
> Jahrhundert und die Ausbreitung von Exzessen der Hexenverfolgung
> besonders von sozial unangepassten, verleumdeten Frauen und
> Mädchen hatte die Schrift »Der Hexenhammer« (1487) entscheiden-
> de Wirkung. Die zwanghafte Einbildung einer Teufelsherrschaft, die
> in den Hexenprozessen zwischen 1590 und 1630 ihren Höhepunkt
> erreichte, wirkte lange nach. Sie forderte selbst in protestantischen
> Gebieten noch im 18. Jahrhundert Todesopfer durch Hexenverbren-
> nungen.

Abb. 49: Hexen-Flugschrift aus Schlettstadt im Elsass von 1571

In den Zaubermärchen kann die Hexe als dämonisches Wesen ihre Gestalt verändern, das Aussehen einer anderen Frau annehmen oder sich in ein Tier verwandeln. Sie lebt meist tief im Wald in einem eher kleinen und unscheinbaren Haus. Das missgestaltete Äußere und die düstere, abgeschiedene Behausung entsprechen ihrem bösen Charakter, ihrer Menschenfeindlichkeit (u.a. »Brüderchen und Schwesterchen«, »Hänsel und Gretel« und »Jorinde und Joringel«).

In der Tragödie »Macbeth« des englischen Dichters und Dramatikers William Shakespeare (1564–1616) verkörpern die Hexen (die »unheimlichen Schwestern«) die über- und widernatürliche Seite des Schicksals und prophezeien die Zukunft. Ähnlich verheißen die um einer brodelnden Kessel tanzenden zauberkundigen Weiber mit magisch-schädigenden Kräften in der gleichnamigen Oper des italienischen Komponisten Giuseppe Verdi (1813–1901) wachsende Macht.

In der außernatürlichen Vorstellung des Volkes ist die legendäre Walpurgisnacht mit Fahrten von unholden Geistern verbunden, später eben auch von (lüsternen) Hexen. Sie sollen sich in großer Zahl in besagter Nacht umhergetrieben haben und zum ausschweifenden Hexensabbat auf sagenumwobene Anhöhen gezogen oder auf Besen, Ofengabeln, Dreschflegeln, geilen Ziegenböcken oder Ginsterkatzen (nachtaktiven Schleichkatzen mit penetrant riechendem Analdrüsensekret) geritten sein. Erwähnt wird dann und wann eines der Wahrzeichen der Fränkischen Schweiz, das östlich von Forchheim gelegene markante »Walberla« (wahrsch. abgeleitet v. Walburga, eigentl. »Ehrenbürg«).

Hauptsächlich jedoch wird nicht der doppelkuppige Hausberg der Franken ins Feld geführt, sondern der **Blocksberg** (aus Teilen/Blöcken zusammengesetzte Anhöhe, ahd. *bloh*, *bloc*, mhd. *bloch*, *bloc* = Brocken, Klotz, vgl. Häuser- oder Notizblock), mit dem auf die höchste Erhebung des Harzes, den 1.142 m hohen Brocken (abgebrochenes Stück, ahd. *brocko*, mhd. *brocke*), angespielt wird.

> Auf ihm gibt es mit »dämonischen« Namen versehene Felsen und Wasserausflüsse, u.a. die Teufelskanzel (größte Klippe auf dem Brocken), das Hexenwaschbecken (Quelle) und den Hexenaltar (kleine Klippe).
> Auch trugen die Extrakte von Früchten mit rauschgiftähnlichen Wirkstoffen zum Geheimnis der mysteriösen **Hexensalbe** bei, mit der sich die Zauberweiber ihre Luftreise ermöglichten – in erster Linie die sehr giftigen Beeren der Tollkirsche, das Bilsenkraut (giftiges Nachtschattengewächs) und die Hexenbesen (Donnerbüsche, Missbildungen meist an den Ästen zahlreicher Laub- und Nadelbäume).

Der Name »Walpurgisnacht« ist ungeklärt. Nach einer verbreiteten Annahme soll er von **Walburga** (auch Walpurga oder Walpurgis, mutmaßlich um 710 bis mutmaßlich 779) abgeleitet sein, einer gelehrten

Die heilige Walburga

und wohltätigen Äbtissin und in Süddeutschland tätigen Missionarin aus England. Die im Kloster Heidenheim (nördliche Schwäbische Alb) verstorbene Abteivorsteherin galt als die Beschützerin der Zauberkünste. Ihre Heiligsprechung erfolgte am 1. Mai (vermutlich 870), den man im Mittelalter als Gedenktag dieser Heiligen feierte. Die neun Tage davor wurden als »Walpurgistage« bezeichnet, und das Läuten der Glocken zur Abwehr der angeblichen Hexenumtriebe wird örtlich als »Walpern« beschrieben.

Daneben hält sich die Ansicht, dass es sich bei dem Namen um eine Übertragung vorchristlicher, um eine Frau bzw. Göttin gruppierter Frühlingsriten zum Maibeginn handelt.

Abb. 50:
Die heilige
Walburga

Nach einer anderen Auslegung liegen die Ursprünge der auch als **Freinacht** bezeichneten Walpurgisnacht nicht in alten Hexenkulten, sondern sollen mit dem ehemaligen Musterungstermin am 1. Mai zu tun haben. Vor dem Eintritt in den Militärdienst bot sich für die jungen Männer noch einmal die Gelegenheit zu ausgelassenen Streichen, bevor für sie der »Ernst des Lebens« in den Kasernen weit weg von daheim begann.

Ein weiterer Grund wird in »Aufräumungsarbeiten« der Dorfjugend gesehen. Da es in Oberbayern und anderwärts unschicklich war, an Feiertagen, an denen ja nicht gearbeitet wurde, Arbeitsgeräte herumstehen zu lassen, wurden diese vom jüngeren Gemeindevolk weggeräumt. Indes welche Gerätschaften und wohin? Die meistenteils ledigen jungen Männer hängten beispielsweise offene Hoftore

Abb. 51: Walburgas Schrein in der St.-Walburga-Kirche in Meschede an der oberen Ruhr in Nordrhein-Westfalen

aus und versteckten sie, schleppten Gartenmöbel auf den Kirch- oder Dorfplatz oder hievten umherstehende Heuwagen auf die Scheunendächer.

Manchmal nutzten die Jugendlichen die Freinacht auch dafür, Ereignisse aus dem Ortsleben oder die verantwortlichen Lokalpolitiker zu karikieren. So wurden Ortsschilder mit Spottnamen überklebt oder am Verwaltungsgebäude Transparente mit frechen Versen angebracht.

Inzwischen wird die Freinacht leider sehr oft als Freibrief für Aktionen angesehen, die so gar nichts mit einer gesitteten Aufgekratztheit zu tun haben. Losgelöst von jedem kulturgeschichtlichen Bezugsrahmen und gepaart mit Halbwissen, entlädt sich der gute alte Brauch oft in bloßer Zerstörungswut.

Die Walpurgisnacht wurde vielfach künstlerisch gestaltet, u.a. von Johann Wolfgang von Goethe im Menschheitsdrama »Faust«, 1. Teil. Seine Ortsangaben »Harzgebirg. Gegend von Schierke und Elend« meinen zwei kleine Dörfer, um die herum sich bis zum Brockengipfel unwegsames Gelände befindet. Es irrlichtert, Felsen, Bäume und gespenstisches Nachtgetier sind ins Groteske, Dämonische verzerrt, und die festgefügte Erscheinungswelt löst sich in wirbelnder Drehung chaotisch auf. Angekündigt wird »Walpurgis« vom Teufel Mephistopheles in der Valentin-Szene »Nacht«:

> Ein bißchen Diebsgelüst, ein bißchen Rammelei.
> So spukt mir schon durch alle Glieder
> Die herrliche Walpurgisnacht.
> Die kommt uns übermorgen wieder.

Abb. 52: Mephisto und Faust inmitten der Hexendrängelei auf dem Brocken

Abb. 53: Entfesseltes Furientreiben

Und die das Prinzip des Bösen verkörpernde Gestalt war es auch, welche die »Walpurgisnacht« veranschaulicht:

> Das drängt und stößt, das ruscht und klappert!
> Das zischt und quirlt, das zieht und plappert!
> Das leuchtet, sprüht und stinkt und brennt!
> Ein wahres Hexenelement!

Seit langem ist die Walpurgisnacht ein europäisches Fest mit Tanz und Geselligkeit. Viele Walpurgisriten leben in bäuerlichen Maibräuchen fort.

Ziemer-knallen und aufgestellte Besen

Ein gerüttelt Maß von ihnen rankt sich um junge Paare, die symbolisch für die menschliche Gemeinschaft stehen. Der Gang zwischen zwei **Walpurgisfeuern** soll reinigen und Seuchen fernhalten – wird doch Walpurgis als Schutzheilige gegen Pest, Husten und Tollwut verehrt. Die auch heute noch in weiten Teilen Deutschlands entfachten **Hexenfeuer** sind Feuershows, die mutmaßlich auf diese Tradition zurückgehen. Mit der rigoros vollzogenen Christianisierung wurden auch sie als heidnisch verdammt. Die ursprüngliche Bedeutung, die nach Überzeugung von Volkskundlern und Kulturhistorikern auf matriarchalische Gesellschaftsstrukturen zurückgeht, in denen die Frau eine bevorzugte Stellung in Staat und Familie innehatte, ging verloren. Sie wandelte sich zu einem harmlos-ländlichen Jugendbrauchtum.

Abb. 54: Maifeuer in der Walpurgis-nacht mit einer brennenden Hexenpuppe

Für die Kelten (> 5.1) soll der 1. Mai einer der wichtigsten Tage ihres religiösen Jahres gewesen sein: Sie feierten den Beginn der Sommerzeit, in der die Erde wieder zum Leben erwacht. Wahrscheinlich kannten auch die Germanen (> 5.1) derartige Frühlingsfeste. Sie richteten sie mit Freudenfeuern aus und befragten die »weisen Frauen«, die **Hagazussen**, die in den »heiligen Hainen« angeblich auf der Schwelle zwischen der Menschen- und der Geisterwelt saßen, nach der Zukunft. Mit Beginn der Bekehrung zum Christentum wurde der »heidnische Hokuspokus« zu Treffen finsterer Mächte umgedeutet, und die Hagazussen wurden als Hexen (> 6.1) verunglimpft.

So wurde in der Nacht vom 30. April zum 1. Mai weiter um das Feuer getanzt – jetzt allerdings zur Abweisung der Weissagerinnen. Im Volksbrauchtum zogen die Menschen wie bisher lärmend durch die Straßen, jedoch nicht mehr, um den Frühling zu begrüßen, sondern um Geisterwesen zu verscheuchen.

Doch ganz so schnell geht das Davonjagen der Zauberinnen heutzutage nicht, ist doch das Heer der umgehenden, kreischenden, hüpfenden und dann und wann sogar umherfliegenden »verhexten« Damen in originellen Kostümen und grell geschminkt auf den Schauplätzen herzlich willkommen: Sie tanzen mit ihrem Herrscher, dem Teufel, in den Mai und nehmen ein Bad im Feuerzuber, wofür der Teufel höchstpersönlich als Bademeister amtiert. Zusammen mit den ihnen Gesellschaft leistenden Feuerspuckern, Besenbindern, Alchimisten, Stelzenläufern und grausigen Spukgestalten halten sie die Zuschauer mit himmlisch-höllischen Zuckungen und unergründlichen Merkwürdigkeiten in Bann und Atem.

Früher dagegen traf man zum Schutz vor den Hexen allerlei Vorsichtsmaßnahmen: Weiße Kreuze an Häuser und Stallungen zu malen oder geweihtes Salz auf die Türschwellen zu streuen (> 4.2), war ebenso üblich, wie den Hof durch ausgelegte Besen und Maibüsche abzuschirmen. Dabei wurden die Feger mit dem Reisig nach oben aufgestellt. Darüber hinaus zogen – wie in den Raunächten – auch zu Walpurgis mancherorts die jungen Männer Peitschen knallend durch die Straßen.

Seit 1890 begehen Millionen Menschen in mehreren europäischen Ländern und in den USA den »Weltfeiertag der Arbeit«. Sie folgen damit einem Beschluss des Internationalen Arbeiterkongresses von Paris 1889. Dort war zu einer »großen internationalen Manifestation« für den 1. Mai 1890 aufgerufen worden. Im Mittelpunkt stand die Forderung, »den Arbeitstag auf acht Stunden festzusetzen«. Heute kommen am 1. Mai allerdings viele Menschen zu Maifeiern zusammen, ohne den gesellschaftlich-historischen Zusammenhang zu kennen oder zu beachten.

An diesem Tage zelebrieren sie das Fruchtbarkeitsritual des Frühlings mit dem Tanz um den Maibaum. Die bunte Schönheitsfülle dieser Jahreszeit weckt die Sehnsucht nach Genuss und Freude. Überall wird traditionell, häufig schon seit dem 16. Jahrhundert, bereits zu Walpurgis frisches Grün (die Maie oder der Maien) aufgestellt. Meist gehören junge Birken als Symbol des Mais, des Frühlings und als Schmuck der Häuser zum *Maifest*, das mitunter schon im April begangen wird.

»Ich geh, ein Mai« zu hauen« heißt es in dem Volkslied »Maibaum« (Text und Melodie: aus Johann F. Thysius' Lautenbuch, um 1600).

In vielen Gegenden ist das traditionelle **Maibaumsetzen** Sitte. In Österreich, Bayern, Thüringen und in der Oberlausitz ist es ein Höhepunkt in vielen Gemeinden. Seit vielen Jahrhunderten holen die jungen Männer den Maibaum ein: einen stattlichen, oft bis zu 40 Meter hohen Nadel- oder Laubbaum, der am Vorabend oder Vormittag des 1. Mai (hier und dort erst zu Pfingsten) auf dem Anger oder Marktplatz in einer eindrucksvollen Zeremonie gesetzt wird – ausschließlich mit Muskelkraft.

Der **Maibaum** ist eine Birke mit großem natürlichen Wipfel oder eine von unteren Ästen und Rinde befreite Fichte oder Tanne, die zum Maifest auf dem Dorfplatz aufgerichtet werden, in die bunte Bänder eingeflochten sind und um die getanzt wird. Manchmal ist es auch nur ein Stamm, dem alljährlich ein neuer Kranz oder eine Krone aufgesetzt wird.

Die **Birke** wird von alters her als heiliger Baum angesehen, der wegen seiner weißen Rinde für die Fruchtbarkeitsfeste im Frühling die jung-

Aufgeputzte Birken und die Maibraut

fräulichen Göttinnen symbolisiert. In der griechischen Mythologie verkörpern die Göttinnen der Jungfräulichkeit Unabhängigkeit, weibliche Kraft, Aktivität und Beziehungslosigkeit. Es sind Athene (röm.: Minerva, Göttin der Weisheit und Kunstfertigkeit), Artemis (röm.: Diana, Göttin der Jagd, Keuschheit und des Mondes, die auch als Vegetations- und Fruchtbarkeitsgöttin verehrt wurde) und Hestia (röm.: Vesta, Göttin des Herdfeuers und Tempels).

Ob Fichte, Tanne oder Birke – sie alle gelten als Darsteller des Weltenbaumes und sind ein Zeichen für die Ertragsfähigkeit der Natur, die zu den Menschen gebracht wird. Deshalb nimmt es nicht wunder, dass sich in vorchristlicher Zeit rituelle Liebesakte auf den Feldern abspielten, die die menschliche Fruchtbarkeit auf den Ackerboden übertragen sollten.

Der **Weltenbaum** ist ein in der Mythologie vieler Völker verankertes Symbol der kosmischen Ordnung. Er steht als Weltachse (axis mundi) im Zentrum der Welt. Seine Wurzeln reichen tief in die Erde und die Wipfel berühren oder tragen den Himmel. Somit verbindet er die drei Ebenen Himmel, Erde und Unterwelt. Neben der Birke werden auch die Eiche, die Eibe und die Esche (in der germanischen Mythologie) mit dem Weltenbaum verbunden.

Vom Maikraut bis zum Maimädel

Die **Maikönigin** (Maibraut, Maigräfin) ist ein schönes Mädchen, das für die »monarchische« Würde erkoren und nach der Krönung auf dem Maifest zur Versteigerung feilgeboten wird. Nach dem **Mailehen**, wie diese Auktion in Franken heißt, gibt man sie dem Meistbietenden anheim, dem damit die Ehre des **Maikönigs** zuteil wird. Gebietsweise fällt die Dame dem bereits vorher auserwählten Maikönig zu. Mit dem Symbol ihrer Macht, dem Zepter, hält sie alles unter Kontrolle – auch die Feier im Wirtshaus.

Der **Tanz in den Mai** ist in weiten Teilen Deutschlands die moderne Form der alten Gewohnheit, den Beginn des Mais in der Walpurgisnacht mit Tanz und Gesang zu begrüßen. Neben reinen Tanzveranstaltungen wird gelegentlich der Brauch gepflegt, sich ähnlich wie zum Karneval (> 4.6) oder zu Halloween (> 9.1) zu verkleiden und Hexentänze aufzuführen.

Und freilich darf das **Hexenfeuer** (Hexenbrennen, Maifeuer) nicht fehlen, vielerorts ein Synonym für den Tanz in den Mai. Dazu wird

Abb. 55:
Maibaum-
stellen im
Berchtes-
gadener
Land

am 30. April ein Feuer angeschürt, mit dem man die bösen Geister vertreiben will. Meistenteils gehen von der Jugend gefertigte hölzerne Hexen in Flammen auf (> 6.2). Ist spät in der Nacht das Feuer etwas heruntergebrannt, findet in einigen Gegenden der **Maisprung** statt: Verliebte springen gemeinsam über die noch züngelnden Flammen (> 5.3).

Zur Feier des wiederkehrenden Frühlings trinkt man **Maibowle**, ein mit Maikraut (Waldmeister) angesetztes Mixgetränk.

In den Schweizer Alpen haben sich **Tanzbödeli** erhalten. Das sind Orte, an denen sich während der Calvinisierung (Johannes Calvin, französisch-schweizerischer Reformator, 1509–1564) trotz 150 Jahre währenden Musik- und Tanzverbotes die Jugend traf, um heimlich zu feiern. In unseren Tagen hat diese Tradition jedoch nur noch wenig mit Aberglauben oder Hexenverbrennung zu tun. Sie ist vielmehr zu einem derben Volksfest ausgewachsen, auf dem nicht selten in Verbindung mit erhöhtem Alkoholkonsum »unheimlich« gefeiert wird.

Im hessischen Marburg an der oberen Lahn wird das Hineinfeiern in den Mai alljährlich mit einem **Maiensingen** von Magistrat und Hunderten Menschen auf dem Rathausplatz arrangiert. Punkt Mitternacht wird losgeschmettert.

Das **Mailaufen** findet alle drei Jahre im oberbayerischen Antdorf (Landkreis Weilheim-Schongau südlich des Ammersees im Alpenvorland) immer am Sonntag nach dem 1. Mai statt, an dem auch ein neuer Maibaum aufgestellt wird. Teilnehmen dürfen nur ledige junge Männer und Mädchen ab 18 Jahren, die ihren Wohnsitz im Dorf haben. Der Teilnehmerzahl ist nach oben keine Grenze gesetzt, allerdings müssen es immer drei »Maiburschen« mehr sein als »Maimädel«, damit am Schluss drei übrig bleiben. Auf ein Trompetensignal hin sprinten die Mädchen um »ihren« Maiburschen, den sie nun bis zum Abend zechfrei halten müssen. Schließlich sind die Paare beim späteren öffentlichen Maitanz mit von der Partie. Die leer ausgegangenen jungen Männer kommen nicht umhin, am Nachmittag die Tanzpartnerin durch einen Reisigbesen zu ersetzen oder sich mit der Stalllaterne weiter auf die Suche nach einem Mädchen zu begeben.

Vereinzelt gibt es auch den **Maistrich**: In der Nacht werden weiße Linien mit Kreide oder Kalk bei heimlich Verliebten vom Haus des einen zu dem des anderen gezogen. Derart wird beider Innigkeit öffentlich gemacht. Andernorts werden Häcksel gestreut, anstatt weiße Linien zu ziehen.

7.1 **Himmelfahrt** und **Männerausflug**

Nach biblischer Überlieferung ist der gekreuzigte Jesus am Ostersonntag wieder auferstanden. 40 Tage lebte er danach noch einmal bei seinen Jüngern auf Erden und kehrte anschließend zu Gott zurück. Dieser Tag, an dem er in den Himmel hinauffuhr, ist **Christi Himmelfahrt**, die bei den Christen seit dem 4. Jahrhundert als eigenständiges Fest gefeiert wird. Himmelfahrt ist also immer am 40. Tage nach Ostern, wobei der Ostersonntag als erster und Himmelfahrt als 40. Tag gezählt werden. Auferstehung und Himmelfahrt sind zwei aufeinander folgende Stufen auf dem Weg Jesu Christi zum »Vater«. Die Hochschätzung der Zahl 40 und das Bestreben, eine Entsprechung zur 40-tägigen Fastenzeit zu haben, dürften dabei eine Rolle gespielt haben. Deshalb fällt der Himmelfahrtstag stets auf einen Donnerstag, der in Deutschland, Österreich und der Schweiz ein gesetzlicher Feiertag ist. Wann er kalendarisch ist, bestimmt das Datum des Osterfestes bereits seit dem 4. Jahrhundert. Der früheste Termin ist der 30. April, der späteste der 3. Juni.

Das Gegenstück zum Muttertag?

Himmelfahrt wird in der Liturgie der katholischen, orthodoxen und anglikanischen (die englische Staatskirche) Kirche als Hochfest (**> 4.2**) zelebriert.

Gottesdienste unter freiem Himmel

Drei Tage vor Christi Himmelfahrt finden in vielen Gebieten in der dem Papst unterstehenden Kirche die Bitttage mit **Bittprozessionen** statt. Diese feierlichen Umzüge mit Segnung um die Felder der Gemeinden oder von Ort zu Ort dienen der Fürbitte für eine gute Ernte.

Seit dem 16. Jahrhundert sind bildliche Darstellungen von der Auffahrt Christi belegt.

Das von seinem Sinn her nur schwer fassbare Fest (Jesus trennt sich vom engen Kreis seiner Jünger, um an der Seite Gottes allen Menschen nahe zu sein) hat wenig Brauchtum entwickelt. Aus der Barockzeit stammt die Unternehmung, eine an einem Seil hängende Christusfigur aus dem Kirchenschiff in das Gewölbe oder durch eine Luke der Kirchendecke auf den Dachboden hochzuziehen. Dann regnete es aus dem Gewölbehimmel Blumen oder Heiligenbildchen. Aus der Richtung, in welche die sich langsam drehende Figur schließlich blickte, soll im Laufe des Jahres schlechtes Wetter kommen. Hin und wieder wurde zusätzlich zur Himmelfahrt Christi deren Gegenstück veranschaulicht, nämlich das Reich des Bösen: Aus dem Kirchengewölbe stürzte dann eine Teufelsdarstellung herunter, die von der Gemeinde auch geschlagen wurde. Mit diesem **Himmel-** oder **Höllensturz** wurde die Herrschaft der abgründigen teuflischen Bosheit beendet, und Christus konnte den ihm zustehenden himmlischen Thron einnehmen.

Bis heute wird oft an diesem Tag die Osterkerze (> 5.3) endgültig ausgeblasen, die in der Osternacht entzündet und geweiht worden war, weil Christus nun nicht mehr leibhaftig unter den Jüngern weilt.

Üblicherweise wurde früher zu Christi Himmelfahrt in einigen Gegenden nur Fleisch vom Geflügel gegessen. Doch wird derlei Tradition heute nicht mehr allzu oft gepflegt.

Eine wieder aufgenommene Art des Feierns ist die »Grüne Kirche«. Bereits zu Beginn des 20. Jahrhunderts war es in vielen Orten Sitte, den Gottesdienst nicht im Inneren des Gotteshauses zu begehen, sondern im Wald oder an anderen geeigneten Plätzen im Freien.

Abb. 56: Sammlung des Herzogs Jean de Berry (1340–1416): Christi Himmelfahrt, 12./13. Jh.

Woher kommt der Vatertag?

Doch Himmelfahrt ist auch ein Tag für Wandertouren und Ausfahrten. Warum aber finden die Ausflüge ausgerechnet an diesem Tage statt? War Himmelfahrt schon immer *Vatertag*?

Himmelfahrt und das Feiern der Natur sind seit langem ein schöner Brauch, der wohl angeregt durch die Flurumzüge entstand: Im

Mittelalter nutzten die Gutsbesitzer den freien Tag, um die Gebietsgrenzen zu kontrollieren sowie ihre Ländereien zu vermessen und zu markieren. Strittig ist die Begründung dieser Konvention. Die einen sehen als deren Wurzel einen germanischen Rechtsbrauch, nach dem der Grundeigentümer einmal im Jahr seinen Besitz umschreiten musste, um den Anspruch auf die Habschaft aufrechtzuerhalten. Andere verweisen auf die Nachbildung des Ganges der elf Jünger zum Ölberg zum Zwecke der Aussendung.

Schon im Mittelalter waren diese Umgänge jedoch mancherorts zu Veranstaltungen verkommen, bei denen der Alkohol eine größere Rolle spielte als das Weihwasser. Daraus entwickelten sich im 19. Jahrhundert die feuchtfröhlichen Herrenpartien oder Schinkentouren, die sich umgangssprachlich-scherzhaft als Vatertag bis heute erhalten haben. Einerseits ist der Vatertag als Gegenstück zum Muttertag entstanden, der zu Beginn des 20. Jahrhunderts eingeführt wurde. Andererseits ist er die weltliche Entsprechung zu Himmelfahrt, an dem viele Männer gemeinsam Ausflüge machen (früher gewöhnlich ohne ihre Familien).

Der **Muttertag** wurde erstmals 1907 im US-amerikanischen Philadelphia offiziell als Festtag zelebriert. Zehn Jahre später gelangte er über die schweizerische Heilsarmee nach Europa. Seit 1922 sich in Deutschland ausbreitend, wird der (leiblichen) Mutter an diesem Tag nachdrücklich gedankt.

In den USA begeht man den Vatertag bereits seit 1916. Zum Feiertag wurde Himmelfahrt in Deutschland 1936. In der DDR war er ab 1967 kein freier Tag mehr. Dennoch wurde der Herrentag, wie er großenteils im Osten hieß, von den Männern ausgiebig begangen. Die Lkw-Fahrer schmückten ihre Wagen häufig mit Birkengrün oder mit Zweigen von Laubhölzern. Und mit bunten Bändern verschönerte »Kutschen der fröhlichen Leute« zuckelten über Land. Rad- und Fußwanderer mit schwarzem Zylinder, Spazierstecken, Klingeln und Glöckchen nahmen von Mutter Natur, den Dorfkneipen und Waldschenken Besitz.

Inzwischen gehören die reinen Männerausflüge mehr und mehr der Vergangenheit an. Der Männertag ist weitum auch in Deutschland – wie in Schweden und anderen europäischen Ländern schon seit langem üblich – vor allem ein Tag der Familie geworden. Gemeinsam geht es bei entsprechendem Wetter per pedes, mit Fahrrad, Bollerwagen oder Pferdegespann hinaus in die Natur. Im Grünen sind Picknicks am Waldesrand, geführte Sammlungen von Pflanzen für Tees, Salate und Suppen, (Früh-)Schoppen in Bergbauden oder Brunches in den Höfen der Ausflugslokale an der Tagesordnung. Meist finden sich hierzu trinkfeste und bestens gelaunte Männer und Frauen zum gemütlichen Beisammensein ein.

7.2 Pfingsten

Wie eh und je feiern die Deutschen das große Fest **Pfingsten**, und immer weniger können mit ihm etwas anfangen.

Abb. 57:
Pfingstrosen

Pfingsten, das »Fest des Heiligen Geistes«, wird schon im Neuen Testament genannt. Es sollte ein beschwingtes Fest sein, und das ist auch in den allerdings nicht sehr zahlreichen Pfingstbräuchen lebendig. Pfingsten (mhd. *phingesten*) ist religiösen Ursprungs. Im Judentum

wird es 50 Tage nach dem Passahfest als ein frohes Erntedank- und
Wochenfest, genannt Schawuot (»Wochen«), begangen. In den
christlichen Kirchen ist es der Schlusstag der 50-tägigen Osterzeit.
Die Bezeichnung ist vom griechischen pentekoste (der Fünfzigste)
abgeleitet und bezeichnet mithin den **50. Tag nach Ostersonntag**.
Er fällt somit frühestens auf den 9. Mai und spätestens auf den 13.
Juni. Rein rechnerisch ist Pfingsten auch der 10. Tag nach Himmel-
fahrt.

Es ist ein gewichtiges christliches Fest, das an die Herabsendung
oder »Ausgießung des Heiligen Geistes« über die Jünger Jesu (,Geist-
sendung«) und zugleich an die Gründung der Kirche erinnert: Nach
dem Neuen Testament wurde den Aposteln vor rund 2000 Jahren
der Heilige Geist eingehaucht. Die Jünger beherrschten plötzlich
viele Sprachen, und jeder konnte ihre Botschaft vom auferstandenen
Christus verstehen. Der Glaube an Jesus verbreitete sich, die erste
christliche Gemeinde entstand, und die Kirche war geboren.

Nach den Pfingstfeiertagen beginnt die Reihe der sogenannten Trini-
tatis-Sonntage (Dreieinigkeit, Dreifaltigkeit), dem seit 381 bekannten christlichen Dogma, das Gott als Einheit von drei verschiedenen
göttlichen Personen beschreibt: Vater, Sohn und **Heiliger Geist**.
Letzterer ist gleichsam die dritte »Person« der Gottheit, die die Kraft
und Gegenwart Gottes bezeichnet, durch die ein Mensch von Gott
bestimmt, erfüllt und getrieben wird.

Die Grundbedeutung des hebräischen und griechischen Wortes
für Geist ist »Wind«, »Atem« oder »Hauch«. Da der Atem ein Zeichen
des Lebens ist, ergibt sich die weitere Bedeutung von Leben oder Seele
im Sinne von »Geist«.

Gottes Gegenwart bei uns Menschen

Symbol des Heiligen Geistes ist seit dem Konzil von Nicäa 325
(> 5.1) die **Taube**. Zum Sinnbild des Friedens wurde die »Taube mit
dem Ölzweig« außerbiblisch vor 2000 Jahren durch den römischen
Staatsbeamten Plinius d. Ä. (23/24–79), der im Buch 12–19 seiner
systematisch angeordneten Enzyklopädie der Naturwissenschaften
»Naturalis historia« (Naturgeschichte/-kunde) den Ölbaum behan-
delt. Der Olivenbaum gilt als Lebensbaum, der Gottesnähe und göttliche Weisheit in sich birgt. Ölzweige sind bei den Juden und Christen
Zeichen des Friedens, der Sanftmut, der Liebe und der Versöhnung.
Das Alte Testament erzählt, wie **Noah** von Gott auserwählt wurde, weil

er als Einziger in einer von Boshaftigkeit verdorbenen Welt gerecht und ehrenhaft lebte. Gott bedauerte, die Welt erschaffen zu haben, und beschloss, das Böse auf ihr zu vernichten. Gemäß seiner Anordnung baute Noah ein großes Boot (die Arche, lat. = Kasten; das von Noah erbaute hausartige Schiff), in dem er mit seiner Frau, seinen Söh-

Abb. 58: Hans Baldung Grien (1484/85–1545): Die Sintflut, 1516

Abb. 59: Pablo Picasso (1881–1973): Die (Friedens-)Taube, 1949

nen Sem, Ham und Japhet und einem Paar jeder Tierart die **Sintflut** (ahd. = große allgemeine Flut; in den Sagen vieler Völker des Altertums eine durch göttlichen Zorn verursachte Flutkatastrophe, die alles Leben auslöscht) überlebte. Nach 40 Tagen und Nächten Regen, der die ganze Erde mit Wasser bedeckte und alles Leben auslöschte, landete Noah am Berg Ararat. Er sendete, wie in der Schifffahrt des Altertums üblich, eine **Taube** zur Orientierung aus, die mit einem frischen Olivenzweig im Schnabel zurückkehrte und so als Künderin vom Rückgang der Sintflut erschien. Die Erde war noch nicht bewohnbar, jedoch ein Fünkchen Hoffnung bestand.

Die Sintflutgeschichte wurde vermutlich in priesterlichen Kreisen im »babylonischen Exil« (6. Jh. v. Chr.) verfasst.

In aller Welt publik wurde die Taube durch den spanischen Maler Pablo Picasso (1881–1973). Als Motiv für das Plakat des Weltfriedenskongresses 1949 in Paris wählte er die im Januar desselben Jahres geschaffene Lithografie der Taube. Durch ihre millionenfache Verbreitung wurde die »Friedenstaube« zur populärsten Grafik Picassos. Seiner am 19. April 1949 geborenen Tochter gab er nach diesem Sujet den Namen »Paloma« (span. = Taube).

Da der Heilige Geist im Unterschied zu Jesus Christus ohne Antlitz ist, ist zu diesem Fest, wie zu Himmelfahrt, kaum ein nennenswertes Brauchtum entstanden.

Hier und dort finden Ritterspiele und Turniere auf Festplätzen statt, die deshalb solche Namen wie **Pfingstwiese**, Pfingstplan oder Pfingstanger tragen.

Besonders urtümlich sind der internationale Eppaner **Burgenritt** (Südtirol) und die **Pfingstritte** in Bayern. In ihnen, die meist mit einer Segnung der Tiere oder einer »Rossehrung« enden, ist noch etwas von der Wilden Jagd lebendig.

Das Vieh kommt auf die Weide

Einer der bekanntesten Pfingstritte findet am Pfingstmontag im ostbayerischen Bad Kötzting statt: ein feierlicher Umzug mit etwa 600 herrlich geschmückten Pferden, auf denen in der Oberpfälzer Tracht gekleidete Herren sitzen, die u.a. ein Holzkreuz mit der Aufschrift »Jesus von Nazareth / König der Juden« mit sich führen.

Vor allem im Bayrischen Wald gibt es den **Pfingstl**. Diese Hauptfigur der dortigen Pfingstspiele ist ein in Stroh, Birken- und Tannenreisig gehüllter junger Mann, der mit seinen »Knechten« von Haus zu Haus durch die Ortschaft zieht. Als Dank für den Vortrag von Scherzversen und das Vorbringen guter Wünsche empfängt die kleine Schar hauptsächlich Eiergaben, daneben kleine Sach- und Geldgeschenke.

Im Volksbrauchtum ist das Pfingstfest durch gesellige Vergnügungen, Frühlingsfeiern oder das **Heischen** (> 4.1) gekennzeichnet.

Die Redewendung »geschmückt/aufgeputzt wie ein **Pfingstochse**« meint einen übertrieben und zugleich geschmacklos gekleideten, »aufgedonnerten« Menschen. Der weit verbreitete Vergleich hängt mit einem Brauch der Vieh- und Weidewirtschaft zusammen: Zu Pfingsten (meist am Pfingstsonntag) wird in vielen Landschaften das Vieh zum ersten Mal auf die Weide getrieben, oder der erste Auftrieb wird mit festlichem Brauch wiederholt.

Bis zum »lieblichen Fest« (Johann Wolfgang von Goethe) wird zuweilen ein besonderes Wiesenstück unbenutzt gelassen, die »Pfingsthege« oder »Pfingstweide«. Unter lautem Jubel zieht das mit Grün bekränzte und Blumen geschmückte Vieh auf die Weide. Das erste (hin und wieder das letzte) Tier ist oft ein verschnittenes männliches Rind (Pfingstochse), seltener ein weibliches (Pfingstkuh).

Weil die **Pfingstrose**, für die es mindestens zwei Dutzend weitere, landschaftlich gebundene Bezeichnungen gibt, mit ihren großen, oft gefüllten weißen, gelben, rosafarbenen oder roten Blüten um Pfingsten ihre volle Blumenpracht erreicht, gab das Fest ihr auch den Namen.

Wenn die bunt geschmückten Maibäume überall auf den Dorfplätzen die Nadeln bzw. Blätter verlieren und der bunte Fahnenschmuck ausgewaschen ist, schickt man sich im Thüringer Holzland gerade erst an, den **Maibaum** zu setzen – seit 350 Jahren zu Pfingsten. Daran haben die Männer der Zimmermannszunft im Jahre 1659 sicher nicht gedacht, als sie in der Pfingstzeit mitten im beschaulichen Luftkurort Bad Klosterlausnitz erstmals einen Maibaum aufrichteten. Die Wälder des Holzlandes gaben nun den Gewerken und vielen Menschen das tägliche Brot. Dafür schätzten sie ihre Heimat und die Bäume. Wenn heute die jungen Männer mit blauen Schürzen und weißen

Hemden an den Pfingsttagen mit dem Maibaum aus dem Wald kommen und zum Bändersammeln durch den Ort ziehen, ist das ein fester Bestandteil des Ortsbildes, der das ganze Jahr über sehnsüchtig erwartet wird.

Auch andernorts findet man durchaus interessante Frühlingsbräuche zu Pfingsten: Kinder sammeln Blumen, um sie zu einem **Blumenbaum** zu binden, in Fortsetzung der mittelalterlichen Ritterturniere werden **Reiterspiele** (mit Kranzstechen) und **Schützenfeste** veranstaltet, deren König auch **Pfingstgraf** gerufen wird. In manchen Orten ziehen **Laubkönige** (Laubmänner) durch die Gassen.

Pfingstjungfer, Pfingstbraut oder Pfingstmädchen tituliert man das vom **Pfingstburschen** zum Fest geladene Mädchen – ähnlich den Gepflogenheiten zur Maifeier (> 6.3).

Natürlich spielte zu Pfingsten, wie vielerorts zu Ostern, das Wasser eine große Rolle. Wer es in der Nacht vor Pfingstsonntag schöpfte, konnte auf seine wundertätige Wirkung hoffen. Gesinde und Kinder bekamen kleine Geschenke, und allerwärts fanden Heiratsmärkte statt – Tanzvergnügungen vor allem für das unverheiratete junge Volk.

In Spanien pilgern zu Pfingsten Hunderttausende u.a. mit Pferden oder Ochsengespannen zu dem kleinen Ort El Rocío in der Provinz Huelva. Nach tagelangem Marsch dort angekommen, ehren sie die Heilige Jungfrau vom Morgentau.

7.3 Fronleichnam

Der Name **_Fronleichnam_** leitet sich aus dem Althochdeutschen ab. _Fron_ bedeutet Herr, Herrschaft, Herrschaftlichkeit, Herrlichkeit, Heiligkeit, später auch die »unentgeltliche Arbeit leibeigener und höriger Bauern für den Grund- oder Gutsherrn«. _Lihhamo_ (mhd. _licham_, _lichname_) ist der Leib, der Körper, das Fleisch, auch der tote menschliche Körper, die Leiche.

Der »Leib des Herrn«

Der religiös-christliche Gebrauch ist erhalten in »Fronleichnam« (mhd. _vronlicham_, eigentlich »der Leib des Herrn«), der Bezeichnung für das Kirchenfest am zweiten Donnerstag nach Pfingsten. Er wurde erstmals im Jahre 1246 im Bistum Lüttich gefeiert. Papst Urban IV. (vor 1200–1264) führte ihn 1264 als allgemeines Kirchenfest ein.

Mit dem Hochfest »des Leibes und Blutes Christi« wollen Katholiken an die Gegenwart Jesu im Sakrament der Eucharistie erinnern.

Abb. 61:
Fronleichnam
in Polen
(»Boże
Ciało«)

Der Name Fronleichnam leitet sich aus dem Althochdeutschen ab. Fron bedeutet Herr, Herrschaft, Herrschaftlichkeit, Herrlichkeit, Heiligkeit, später auch die »unentgeltliche Arbeit leibeigener und höriger Bauern für den Grund- oder Gutsherrn«. Lihhamo (mhd. licham, lichname) ist der Leib, der Körper, das Fleisch, auch der tote menschliche Körper, die Leiche.

Der religiös-christliche Gebrauch ist erhalten in »Fronleichnam« (mhd. vronlicham, eigentlich »der Leib des Herrn«), der Bezeichnung für das Kirchenfest am zweiten Donnerstag nach Pfingsten. Er wurde erstmals im Jahre 1246 im Bistum Lüttich gefeiert. Papst Urban IV. (vor 1200–1264) führte ihn 1264 als allgemeines Kirchenfest ein.

Mit dem Hochfest »des Leibes und Blutes Christi« wollen Katholiken an die Gegenwart Jesu im Sakrament der Eucharistie erinnern.

Während der Fronleichnamsprozession trägt ein Priester die Monstranz mit einer während der Eucharistiefeier konsekrierten Hostie durch die Straßen der Gemeinde. Die Gemeinde begleitet den »Leib Christi« (das Allerheiligste) mit Gesängen und Gebeten; Jesus Christus ist die Mitte ihres Glaubens und der Grund aller gemeindlichen Aktivitäten.

Monstranzen (lat. monstrare = zeigen) sind oft kunstvoll gearbeitete und aus Gold und Edelsteinen hergestellte Kelchgefäße mit einem Fenster, in dem eine Hostie ausgestellt wird.

Hostien sind die seit dem frühen Mittelalter gebräuchlichen Oblaten an Stelle des Brotes beim Abendmahl.

Die Anzahl der **Sakramente** (= Zeichen der Nähe Gottes) geheißenen zeichenhaften Riten ist je nach Konfession unterschiedlich: zwei in

Abb. 62:
Fronleichnam-
prozession

der evangelischen Kirche (Taufe und Abendmahl), sieben in der katholischen Kirche (Taufe, Firmung [die Jugendlichen im Alter von sieben bis zwölf Jahren in der Regel vom Bischof durch Handauflegung,
Salbung und Gebet gespendet wird], Hochzeit/Ehe, Priesterweihe,
Eucharistie [Altarsakrament], Buße und Krankensalbung).

Grüne Birken, Blumen und Kirchenfahnen schmücken den Weg der
feierlichen Prozession mit dem Allerheiligsten.

Fronleichnam ist gesetzlicher Feiertag in Baden-Württemberg,
Bayern, Hessen, Nordrhein-Westfalen, Rheinland-Pfalz, im Saarland,
in einzelnen Gemeinden Sachsens und in thüringischen Gemeinden
mit überwiegend katholischer Bevölkerung.

7.4 Johannisfeuer und Wunderblumen zum Sommerbeginn

Mit Flammen und Kräutern in die Sommer-frische

Im *Johannisfest* spiegelt sich auf besondere Weise das enge Verhältnis
der Menschen zur Natur wider, die in dieser Zeit ihre größte Kraft
und Pracht entfaltet.

Das **Johannisfeuer** wird am Vorabend des kalendarischen Som-
merbeginns entzündet, also am 20. Juni, weshalb es auch Sonnwend-
feuer heißt. Es ist der Zeitpunkt der Sommersonnenwende, an dem
die Sonne während ihres jährlichen Laufes den höchsten Stand erreicht (Sommerpunkt, Sonnenstillstand oder Sommersolstitium:
21./22. Juni). Anlässlich der »Umkehr der Sonne« wird das Johannisfeuer auf einer kleinen Anhöhe außerhalb der Ortschaft, auf dem
Dorfplatz oder im Pfarrgarten eröffnet – meist verbunden mit einem
fröhlichen Familienfest oder -gottesdienst.

Das Johannisfeuer soll u.a. die Luft reinigen und böse Mächte ab-
wehren, die Krankheiten, Viehschaden und misswüchsige Kinder her-
vorbringen. Es gehört zu den Jahresfeuern, die an bestimmte Tage des
Jahres gebundene Bräuche darstellen und mit dem Entfachen eines
Feuers verbunden sind. Die regional unterschiedlichen Termine gehen
z.T. auf alte Jahresanfänge (1. März, 1. Mai) oder auf den kirchlichen
Festkalender (Fasten-, Oster-, Johannis-, Martinsfeuer u.a.) zurück.

Der Name des Brauches spielt auf den Johannistag an, der drei
Tage nach der astronomischen Sommersonnenwende, am 24. Juni,
ins Haus steht. Es soll der Geburtstag von **Johannes dem Täufer** (Jo-

hannes: gr. und hebr. = »Gott ist gnädig«) sein. Nicht zu verwechseln mit dem vermutlichen Verfasser des Johannesevangeliums, Johannes dem Evangelisten, war Johannes der Täufer Bußprediger. Zeitgenossen hielten ihn für einen Propheten, der Jesus als Messias ankündigte. Er taufte Jesus im Jordan und wurde mutmaßlich 28. v. Chr. von Herodes I. (> 4.2) enthauptet.

In der Sagenwelt gilt der Johannistag als die »Nahtstelle zwischen den Welten«, an dem sich Himmel und Erde so nahe kommen wie an keinem anderen Tage des Jahres. Es war die christliche Kirche, die auf diesen Tag das Geburtsfest von Johannes dem Täufer legte. Auch im nämlichen Falle war das Datum kein Zufall, denn die Kirche wollte damit möglichst viele heidnische Bräuche »aufsaugen«, die an zahlreichen Orten mit dem Sommerpunkt zusammenhingen. Wie zumeist, kam es auch hier am Ende zu einer Vermischung vorchristlicher und christlicher Traditionen.

Bei vielen Völkern herrschte die Erwartung, dass in der Johannisnacht alle Kräuter und Wurzeln »Zauberpflanzen« und deswegen überaus gesundheitsfördernd seien, weshalb der Johannistag der Tag der **Kräuterweihe** ist.

Abb. 63: Von polnischen Kindern bunt geflochtene Blumenkränze, die am Johannistag (poln. Johannisnacht: »Noc świętojańska«) auf Flüssen leuchtend dahintreiben

Neun Kräutern spricht man eine überdurchschnittliche Heilkraft zu: Bärlapp, Beifuß, Eichenlaub, Farnkraut, Johanniskraut, Kornblume, Lilie, Mohn und Rittersporn. Mit ihnen wurden früher am Sonnenwendtag Speisen zubereitet. Außerdem flocht man die Kräuter zu Kränzen, hing sie im Haus auf oder legte sie sich unter das Kopfkissen.

Abb. 64: Rittersporn »Tempelgong«

Der Legende nach öffnet am Johannistag an vielen Orten die sagenhafte **Wunderblume** ihren blauen Blütenkelch. Sie soll Schätze aufzeigen und neue Hoffnung verbreiten. Schon unsere Altvorderen wussten, dass dort, wo der Blattkreis ihrer Blüte aufgeht, der eifrige Beobachter eine Kostbarkeit finden würde. Literarisch fand dieses Motiv als die »blaue Blume der Romantik« Eingang in die Literaturgeschichte.

Es gibt aber auch durchaus reale »Wunderblumen«, die am Johannistag ihre Staub- und Fruchtblätter entfalten. Ihnen werden heilsame Kräfte nachgesagt. Bekannt ist die vornehmlich in Muschelkalkbergen zu findende **Arnika** (lat. *Arnica montana*), eine krautige Heilpflanze mit würzig riechenden Wurzeln und gelben Blüten. Als Einreibemittel wird sie vielseitig verarbeitet, doch auch als »Zauberblume« ist ihre Wirkung im Volksglauben fest verankert. Einst dachte man, mit ihr Wölfe bannen und Donner vom Haus fernhalten zu können. So war es Sitte, dass die Bauern am Vorabend des Johannistages ganze Sträuße aus Arnika in ihre Getreidefelder steckten, um Schädlinge von der Ernte abzuwehren.

Vor allem das **Johanniskraut** (lat. *Hypericum perforatum*) ist ein Pflänzlein, um das sich so manche abergläubische Vorstellung rankt. Bekannt auch unter den Namen »Blutkraut« und »Hartenau«, sollen Kühe, die es fressen, rote Milch geben. In alten Tagen dichtete man daher den Tieren an, von bösen Geistern besessen zu sein. Schon im Mittelalter wusste der Arzt, Naturforscher und Philosoph Paracelsus (1493–1541), dass das Johanniskraut »wärmende Sonnenstrahlen« in depressive Gemüter bringt. Heute wird dieses Wissen von der Schulmedizin bestätigt.

Woran man auch glauben mag: Der Johannistag dürfte der rechte Tag sein, um durch die Welt zu wandern und kräftigende Kräuterchen für die gar nicht allzu ferne dunkle Winterzeit zu sammeln.

7.5 Schweizer Sommerfeste

Am Himmel über der Ostschweiz kann man sommers mehrere *Feuerwerke* bestaunen: Insbesondere am Bodensee, am Zürichsee und am Rheinfall zeigen Pyrotechniker aus aller Welt bei Seenachtfesten ihr feuriges Können.

Sprühende Funken und Feuerspringen

»Fantastical« nennt sich das Kreuzlinger **Seenachtfest**, das an einem Wochenende im August im Seegarten der im Nordosten der Schweiz

(Kanton Thurgau) gelegenen Kleinstadt stattfindet. Höhepunkt der Veranstaltung ist das große Feuerwerk am Samstagabend, bei dem sich die Kreuzlinger jedes Jahr mit ihren Konstanzer Nachbarn, die an diesem Tage ebenfalls ihr Seenachtfest feiern, einen freundschaftlichen Wettkampf liefern.

Auch am Zürichsee wird man an diesem Wochenende der Knaller, Kracher, Luftheuler und Leuchtkugeln teilhaftig: Der Bezirkshauptort am Südostufer des Zürichsees, Rapperswil-Jona, feiert im August sein Seenachtfest mit Flugschauen, Fallschirmspringerdemonstrationen, buntem Markt mit Gauklern, Musikanten und Ständen sowie natürlich geradezu kunstvoller Böllerei.

Schon lange gibt es die **Rheinfallbeleuchtungen**: Seit 1920 versammeln sich Schaulustige zur Feier des Schweizer Nationalfeiertages am 1. August am größten Wasserfall Europas, um sich am circa halbstündigen Lichtspektakel am Himmel zu erbauen.

8.1   Erntekrone und Hahn rupfen

Den Ursprung des **Erntedankfestes** (Erntedankes, Erntefestes) datieren Historiker auf vorchristliche Zeit. In Mittel- und Nordeuropa wurde Erntedank (Haustblot) zur Herbst-Tagundnachtgleiche am 23. September mit Erkenntlichkeitsgaben gefeiert. Mit dem Herbstopferfest zeigte man sich den Göttern für die Ernte erkenntlich, allen voran Freyr, Freya und Thor, und erhoffte sich Erntesegen für das bevorstehende Jahr.

Freyr (Frey, anord. = Herr) ist der Gott aus dem germanischen Göttergeschlecht der Wanen (anord. »vanir«) und Bruder der **Freya** (Freia, Freyja, Frea, Frigg, Frigga: anord. = Herrin, Dame), der Liebes- und Fruchtbarkeitsgöttin (> 4.1). Freyr wurde als Friedens- und Fruchtbarkeitsspender gesehen, der besonders im nordnordwestlich von Stockholm gelegenen Uppsala verehrt wurde.

Thor (nord. Donar) ist in der nordischen Mythologie der Sohn Wotans (> 12.4) und neben diesem die bedeutendste Göttergestalt. Er bekämpfte Unholde und Riesen, galt als Beschützer der bäuerlichen Arbeit und ist der germanische Gott des Krie-

Abb. 65: Freya, die sinnliche Göttin der Liebe, ritt in einem Streitwagen, der von Katzen gezogen wurde:

Abb. 66: Thor, ausgestattet mit übernatürlichen Kräften, und der Zauberwaffe Mjöllnir (»Malmer/Hammer«, »Blitz« oder »glänzende Blitzwaffe«)

ges und der Fruchtbarkeit. Sein heiliger Baum ist die Eiche, nach ihm ist der Donnerstag (engl. Thursday, svw. »Thor-Tag«) benannt.

Ähnliche Bräuche gab es u.a. in Israel, Griechenland und im Römischen Reich zu Ehren der Göttin des Getreides und der Ernte Ceres (gr. Demeter), nach der das Fest »Cerelia« hieß. Von dem Namen leitet sich das auch in unserer Zeit geläufige Wort »Zerealien« ab, das ein Sammelbegriff für Getreide und Feldfrüchte ist.

In Nordamerika wird die Erntedankfestlichkeit **Thanksgiving** begangen. Diese »Danksagung« ist das wichtigste Familienfest im Jahreskreis und erfolgt in den USA am vierten Donnerstag im November und in Kanada am zweiten Montag im Oktober.

Den Zeitpunkt des deutschen Erntedanktages – Sonntag nach dem 29. September – hatte der preußische König Friedrich II. (der Große, 1712–1786) 1773 per Erlass bestimmt. Einen einheitlichen Termin gibt es aber bis heute nicht. In der katholischen Kirche ist das Erntedankfest seit dem 3. Jahrhundert nachgewiesen. Die Deutsche Bischofskonferenz legte es 1972 auf das erste Oktoberwochenende fest. In den evangelischen Gemeinden wird es meist an Michaelis oder einem angrenzenden Sonntag gefeiert.

Abb. 67: Ceres, die Göttin der Ernte, ist umgeben von den Sternzeichen des Sommers: Zwilling, Krebs und Löwe

Michaelis ist ein am 29. September stattfindendes Fest zu Ehren des alttestamentlichen Erzengels Michael, der als Anführer der himmlischen Heerscharen den Satan (in Drachengestalt) bekämpft. Das Datum wurde im frühen 9. Jahrhundert nach dem Weihedatum einer römischen Michaeliskirche festgelegt. Seit 955 ist Michael Schutzpatron des Heiligen Römischen Reiches Deutscher Nation und später Deutschlands. Daher stammt die Bezeichnung »Deutscher Michel«. **Erzengel** sind im Alten Testament besonders hervortretende himmlische Wesen, neben Michael vor allem Gabriel und Raphael.

Abb. 58: Josse Lieferinxe (tätig ca. 1493–1503/08):
Erzengel Michael tötet den Drachen, Anfang 16. Jh.

Der Erntedank ist ein Fest nach der einst schwersten Arbeit des Jahres, dem Einbringen der Ernte. Früher war er eine sehr wichtige und gut begreifbare Veranstaltung, weil die Menschen unmittelbar von den Früchten ihrer harten Arbeit abhängig waren. Inzwischen gingen die direkten Bezüge zur Erzeugung der Lebensmittel nahezu gänzlich verloren, holt man doch die meisten Nahrungsgüter von den Einkaufsmärkten.

Dank für alles Lebensnotwendige

Trotzdem wird das Erntedankfest nicht allein in den Kirchen mit vielfältigen Aktionen gefeiert. Nachdem das Getreide mit dem letzten, mit Girlanden, Blumen oder aufgesteckten Maien geschmückten Erntewagen und ein Großteil der Hackfrüchte eingefahren sind, wird der Erntedanktag gemeinhin mit einem ökumenischen Gottesdienst eröffnet. Nicht selten wird hierbei die Kantate von Johann Sebastian Bach »Nun danket alle Gott« zu Gehör gebracht. Vor dem Altar sind Feldfrüchte, auch Wiesen- und Gartenerträge, hergerichtet, und mancherorts tragen Mädchen die **Erntekrone**, den **Erntekranz** oder die **Erntepuppe** vom Dorf- oder Marktplatz in das Gotteshaus.

Abb. 69: Kranz zum Erntedankfest am 3. Oktober 2010 in der Bethanienkirche Leipzig-Schleußig

Die auch »letzte Garbe« geheißene Erntekrone sind hübsch zusammengebundene, mit Blumen umflochtene Ährenhalme, in deren Mitte sich einst ein lebendiger oder toter Hahn befand. Er wurde kurz danach freigelassen oder abgebunden. Eine Binderin überreichte diese Erntebüschel oder Erntekränze dem Bauern, von dem sie das ganze Jahr über sichtbar im Haus verwahrt wurden. Bei der Übergabe sagte man stets ein Sprüchlein auf, verbunden mit einem Segenswunsch für den Bauern und seine Familie, etwa: »Hier bringen wir den Kranz, er ist gebogen und gezogen. Die Nachtigall ist durchgeflogen«. Viele

Überlieferungen deuten an, dass die Überbringung der Erntekrone an den Bauern oder Gutsherrn auf einem heidnischen Brauch basiert, der an Stelle der Opferung von Ackererträgen für eine Gottheit trat.

Wesentliche Elemente der Festlichkeit sind breit gefächerte Bauernmärkte und bunte Kulturprogramme.

Verbreitet war zum Erntefest u.a. das **Straußenschießen**, bei dem auf einen auf einer Fichte befestigten Blumenstrauß abgezogen wurde.

Besonders in der Rhön ist der Brauch beheimatet, jede zehnte Garbe als Naturallohn für die Schnitter auf dem Feld zu lassen.

Daneben fanden und finden noch heute **Reiter- und Geschicklichkeitsspiele** aller Art statt, bei denen Jugendliche untereinander wetteifern. Wenn man auch den Hahn als Symbol des Wachstumsgeistes, der nach altem Glauben nach dem Abernten seine Bedeutung verliert, allgemein nicht mehr zu deuten vermag, sind die Bräuche um ihn sehr beliebt. Zu ihnen zählt neben dem **Stoppelreiten** das **Hahn**

Abb. 70: Der »Erntekönig«, Sieger des Wettreitens auf einem abgeernteten Roggenfeld

rupfen in der sorbischen Lausitz, für das auf einem abgeernteten Feld eine mit Eichenlaubgirlanden umwundene Pforte errichtet wird, an deren Quersteg ein toter Hahn befestigt ist. Er ist in solcher Höhe angebracht, dass die unter ihm durchreitenden Männer äußerstes Geschick und viel Mut aufbringen müssen, um Kopf und Flügel des Hahns zu erwischen. Derjenige, dem es gelingt, den Kopf abzureißen, ist erster König. Diejenigen, die jeweils die Flügel bekommen, sind zweiter und dritter König. Einige zu erhaschende Trostpreise bleiben für die übrigen Reiter. Aus dem Kreis der Mädchen müssen die drei Sieger mit verbundenen Augen ihre Königin ergreifen. Alle drei Paare erhalten Ehrenkränze. Das Fest klingt bei Geselligkeit und Tanz aus.

In letzter Zeit ereignen sich vornehmlich in karitativen Einrichtungen immer mehr **interkulturelle Erntedankfeste**, zu denen neben christlichen z. B. muslimische Bräuche zum Erntedank ein buntes Programm bilden.

8.2   Weihung des Gotteshauses

Hauptfest
der Land-
bevölkerung

Die **Kirmes** (Kirchweihfest, mhd. *kirmesse* = Kirche und Messe, Messe zur feierlichen Einweihung einer Kirche, mundartl. u.a. *Kirwe*, *Kirwä*, *Kerwe*, *Kärwe*, *Kerwa*, *Kilbe*, *Kirmse* oder *Kirta[g]*, sämtl. für *Kirchtag*, *Kirchmesse* oder *Kirchweihmesse*) war ursprünglich der Weihtag einer Kirche und dessen alljährliches Gedenkfest. Es geht auf den römischen Kaiser Konstantin I. (> 5.1) zurück, der schon im 4. Jahrhundert neu erbaute Kirchen mit einer Feier ihrer Bestimmung übergeben ließ. Die Bedeutungsentwicklung des Wortes verläuft von »Messe zur Kirchweihe« über »Gedächtnisfest am Jahrestag der Kirchweihe« bis zu »Volksfest, Jahrmarkt« am Gedächtnistag der Weihe.

Schon recht früh nahm die Dorfkirmes Formen weltlicher **Volksfeste** an. Bereits im 15. und 16. Jahrhundert hießen alle Lustbarkeiten Kirmes. Fastnacht nannte man auch Narrenkirmes, Kindtaufe Kindeskirmes, und noch in unseren Tagen laden Wirte zur Hauskirmes ein, wenn sie durch besondere Bewirtung Gäste heranziehen wollen.

Ehemals das größte Fest, ist sie noch heute eine der wichtigsten Vergnügungen der Landbevölkerung. Nicht unbegründet heißt es zuweilen, sie habe die gleiche Stellung wie Ostern in der Lausitz oder Weihnachten im Erzgebirge. Friedrich Barthel (1903–1989), ein Volkskundler und Mundartforscher aus dem vogtländischen Falkenstein, soll auf seine Frage nach den drei hohen Festen im Jahr von einem Bauernjungen zur Antwort bekommen haben: »Fosend, Sauschlachten und Kirwä«.

Auch bei den Erwachsenen stand das Fest in höchstem Ansehen. So teilten sie das Jahr in zwei Hälften, in eine vor und eine nach der Kirmes. Noch heute gibt es in vielen Dörfern zwei Kirmessen, die oftmals mit Jahrmärkten verbunden sind: eine Lenz- und eine Herbstkirmes. Letztere hat sich durchgesetzt, zu einer Jahreszeit, in der das ländliche Arbeitsjahr zu Ende geht. Die Hirten beenden ihren Dienst und werden ausgezahlt. Scheunen und Keller sind randvoll gefüllt, die Tiere reif zum Schlachten: Schweine, Hammel und Ziegen, dazu Hühner, Gänse und Kaninchen. Man lässt den Teich ab und fischt Karpfen oder holt Forellen aus dem Bach. Von den Bäumen ist das Obst gepflückt: Birnen, Äpfel, Pflaumen, ganz dazu geeignet, den Kuchen zu belegen. So hatte die **Herbstkirmes** auch ihre Bedeutung als Erntefest, selbst dann, wenn es den Erntedank zusätzlich gab.

Von Anfang Oktober bis Ende November, wenn also der Ernteertrag unter Dach und Fach ist, fand sich die liebe Verwandtschaft zur jeweiligen Kirchweih ein, um einmal nach Herzenslust zu essen. Manche arme Familie konnte sich jedoch keinen Kirmesbraten und -kuchen leisten, sondern malte sich lediglich oft musikalisch aus, wie man dereinst im »Bauernhimmel« Kirmes feiern würde. Deshalb wurde zur Kirmes schon immer viel gesungen.

Früher feierten die **Kirmesgesellschaft** und deren Gäste den Jahrestag der Kircheinweihung mit Jahrmarkt und Tanz durchweg drei Tage lang. Heutzutage spielt sich zwar alles häufig am Sonntag ab, doch sorgen da und dort die Kirmesburschen mitsamt ihren Kirmesdamen und dem Burschenvater (Kirmesvater) dafür, dass die Geselligkeit bereits am Freitagabend anhebt und sich mit Vor-, Nach- und Jugendkirmes mitunter vier Tage hinzieht – mit Kirmesbaum oder mit bunten Bändern geschmückten Fichten, ökumenischem Kirchweihgottesdienst (manchmal im großen Festzelt), Turmblasen und dem Einzug der Kirmespärchen in die Dorfschenke.

Nach altem Brauch wird oft am Samstag mit einem persönlichen Ständchen für alle Dorfbewohner, die einen kleinen Obolus für die Unterstützung des örtlichen Kirmesvereins entrichten, musikalischem Frühschoppen, sportlich-unterhaltenden Spielen und dem traditionellen Kirmestanz am Abend fortgefahren. Der Sonntag beginnt mit einer Vormittagsmusik, der sich das Treffen von Jung und Alt im Ortspark anschließt. Hier wird am Nachmittag die Kirmes und damit das dreitägige Tanz-, Trink- und Essvergnügen unter Tränen und Seufzern zu Grabe getragen. Manchmal gibt es am Montag oder sogar noch am Dienstag Nachfeiern, dazu gedacht, die Reste des Kirmesmahles aufzubrauchen.

Abb. 71: Kirmestanz auf dem Dorfanger von Oberdorla (Vogtei)

Mancherorts verstecken sich vor Kirmesbeginn die **Mädchen** und müssen von den Jungen gesucht werden. Dafür steigen die Jungen am zeitigen Montag über Leitern in deren Schlafzimmer und **rauben** sie.

Die größte »**Stadtkirmes**« Deutschlands findet Ende August/Anfang September in der in der Unstrutaue gelegenen Stadt Mühlhausen statt (»Mühlhäuser Kirmes«). »Schmücket das Fest mit grünen Zweigen«

sangen die Mühlhäuser zu ihrer ersten Kirmes 1877. Wurde einst an einem Tage gefeiert, hat sich das Lieblingsfest nun auf zwei Wochen mit 30 Kirmesvereinen und 40.000 Besuchern ausgeweitet.

Zu dessen ältesten Kirmesgemeinden gehört der »Vogteier Platz«, der von Beginn an mit kurzer Unterbrechung jedes Jahr die Kirmes im traditionellen Sinne feiert: mit dem Aufstellen des **Kirmesbaumes**, mit Kirmeskreisen, Markttreiben, dem Lumpenball zur kleinen Kirmes, Kirmestanz, dem großen **Kirmesumzug**, einem Kirmes-Orgelkonzert und abschließendem Feuerwerk. Zunehmend werden in letzterem historische Bilder vorgeführt, etwa die »Preußen in Mühlhausen«, die »Sage von der Breitsülze« oder »die Hexenverbrennung«. Nicht ganz historisch belegt und deshalb mit einem Augenzwinkern sind ebenso die Wikinger, die Kannibalen oder der Scheich Sulaiman zu Gast.

Wenngleich heute das Kirmesdatum in vielen Landstrichen auf die Sommermonate fällt, sind dennoch die üblichen **Kirmesgerichte** vielfach »Herbstgerichte«. Sofern Feld, Stall, Wald, Teich und Garten entsprechende pflanzliche und tierische Produkte sowie Obst und Gemüse hergeben, wird gleichermaßen zu den »Sommerkirmsen« mit in Butter schwimmenden Festtagskarpfen und Entenbraten Mahlzeit gehalten. Denn ab dem Spätsommer werden in der Jahreszeit des Pflückens und Erntens die Teiche abgefischt, die flüggen Enten geschlachtet und meist noch eine Kirmessau dazu. Auch Wild wird gereicht.

Abb. 72: Ausgehöhlte Rübengeister

Abb. 73: Kürbisfratze

9 Halloween, der 11.11., 11.11 Uhr und die Martinslegende

9.1 Jahresende

Halloween entstand auf den Britischen Inseln in der Keltenzeit (> **5.1**). Schon die frühen »Tapferen«, »Edlen« oder »Helden« – so die Bedeutung des Wortes »Kelten« – kannten ein Fest, das sie »Samhein« nannten. Vor rund eintausend Jahren fiel das Ende des Sommers auf den 31. Oktober – auf einen Tag, der zugleich der letzte Tag des Jahres war. Mit riesigen Feuern wurde die warme Jahreszeit verabschiedet und in die kalte Jahreszeit gestartet. Gleichzeitig sollten mit den Lohen in der »Nacht des Grauens« die bösen Geister vertrieben werden.

Die alten Kelten und ausgehöhlte Kürbisse

Das populärste Symbol des Halloween ist ein ausgehöhlter, mit Geisterfratzen geschnitzter und durch eine im Inneren steckende brennende Kerze erleuchteter Kürbis (oder eine Rübe). Dieses Zeichen symbolisiert das Irrlicht; schließlich muss auch etwas Grusel dabei sein.

Der Bezug zu einigen Ritualen der Erinnerung an die Verstorbenen ist ebenso vorhanden wie zu den katholischen Feiertagen Allerheiligen und Allerseelen (> **10.2**), zu Silvesterbräuchen (> **13.2**) und Erntefesten (> **8.1**). Dieser Zusammenhang zeigt sich im Namen, der entstanden ist aus »All Hallow's Eve« oder »All Hallow's Evening«, was »Allerheiligenabend« heißt, also den Vorabend von Allerheiligen meint.

Katholische irische Einwanderer brachten ab 1830 die Mischung aus keltischen Bräuchen und christlichen Festen mit in die Vereinigten Staaten. Dort entwickelte sich Halloween zu jener Geselligkeit, die am Vorabend von Allerseelen, also am 1. November, mit Festessen, Geisterpartys und Geschenken für die Kinder zelebriert wird.

Von Amerika, wo der grimassierte Kürbis »Jack-O'-lantern« (»Nachtwächter«) heißt, fand Halloween seinen Weg zurück in die Alte Welt. Seit den 1990er Jahren wird es auch in Deutschland gefeiert.

Gewiss hat der Halloween-Boom, wie das für nahezu jede Vergnügung gilt, auch mit Geschäftstüchtigkeit zu tun. Eine Festivität mehr steigert schließlich den Umsatz. Bestimmt kommt auch die urmenschliche Lust hinzu, sich zu verkleiden und anderen Streiche zu spielen. Denn sich zu kostümieren, unerkannt ausgelassen zu feiern und einmal laut und schrill sein zu können, wird gern genutzt. Aber nicht alles wird gern gesehen. Der Karriere zuliebe muss manches versteckt werden. Vielleicht steckt auch in Halloween wie in manchen anderen Bräuchen die Neugier auf Übersinnliches.

Wenngleich die Nähe zu christlichen Feiertagen unübersehbar ist, scheinen die christlichen Feste mehr Nachdenklichkeit als ausgelassene Feiern hervorzubringen. Schade eigentlich. Freude, Feste und Wunder, Mysterien und Geheimnisse – gehören sie nicht auch zur christlichen Religion? Vielleicht denken wir am 31. Oktober auch einmal an Martin Luther, an seine Lebensfreude, die Freiheit des Glaubens und die Freude darüber, dass Veränderungen möglich sind – auch in der guten alten Kirche.

9.2   Karnevalsauftakt und Martini

Weshalb eigentlich wird am 11. November die Karnevalsaison eröffnet? Wieso werden an diesem Tage weite Teile des Landes närrisch, lassen zumindest in den Faschingshochburgen die »echten« Karnevalisten« alles stehen und liegen und stürmen die Rathäuser?

Freilich, an irgendeinem Tag muss die Narretei ja anfangen. Und was bietet sich für den Beginn der »schönsten Zeit des Jahres« besser an als eine Rundum-Schnapszahl, die ausgeklügelter nicht sein kann: *11.11.,11.11 Uhr.* Diese Erfindung des 19. Jahrhunderts ist für den Auftakt zum Karneval (> 4.6) mit Narrenwecken, Absetzung des Bürgermeisters, närrischer Ratssitzung, Proklamation des Prinzenpaares und Prinzenball bestens geeignet, da keiner dem anderen sein wahres Gesicht zeigt – wie leider so mancher im Alltag eine Maske trägt.

So hat sich der Fastnachtsauftakt durchgesetzt – wohl, weil für den Umtrunk 11.11 Uhr eine geradezu christliche Zeit ist und die Repräsentanten sowie das Motto der anhebenden Tollerei vorgestellt werden.

Martin teilt den Mantel

Angesichts der schmalen Kost nach der Fastnacht schlemmten die Römer noch einmal kräftig, ehe Papst Gregor I. 590 das Fastenverbot erließ. Die Genussfreude war damit jedoch keineswegs geschmälert. Um den Schein zu wahren, brauchte man für die Schwelgerei einen

Grund. Den lieferte Martin von Tours (316 oder 317–397), ein im heutigen Ungarn geborener Soldat, der sich gegen den Willen seiner Eltern 328 der christlichen Religion zuwandte und mit 15 Jahren in römische Heeresdienste eintrat. Als späterer mild- und wundertätiger Einsiedler und angeblicher Freund des Rebensaftes zog er durch die Lande. Ab 371 oder 372 Bischof von Tours, zeigt ihn die häufigste bildliche Darstellung nach einer Legende als römischen Reiter mit einem frierenden Bettler zu Füßen, mit dem er den Mantel teilt. Das soll sich 334 vor den Toren von Amiens (an der Somme) zugetragen haben. Dieses Motiv findet sich an vielen Sakral- und Profanbauten, und eine große Zahl von Kirchen ist Martin geweiht.

Mit seinen Klosterbrüdern soll er freigiebig Arme und Kranke unterstützt, Unterdrückte zu ihrem Recht verholfen und sich mutig dem Befehl des Kaisers widersetzt haben, in den Krieg zu ziehen, um Menschen zu töten. Man kürte den 11. November, den Tag der Grablegung Martins und seiner Verehrung, zum *Sankt Martinstag*, und ein Grund zum Feiern war gefunden.

Besonders im Osten Österreichs, in den benachbarten Teilen Ungarns, der Slowakei und im Thüringer Kernland wird am 11. November traditionell die **Martinsgans** verzehrt. Denn ab dem 12. Jahrhundert musste Martin auch für die germanische Opfergans herhalten. Es soll im Volksglauben just am 11.11. gewesen sein, dass Martin sein Bischofsamt antrat, vor dem er sich drücken wollte. Sein Pech war, dass er sich im Gänsestall verbarg, das Federvieh gar zu auffällig schnatterte und ihn dadurch verriet. Nach kirchlicher Version geht die Martinsgans auf die Bescheidenheit des Heiligen zurück. Martini wurde gleich noch zum allgemeinen Zinstag ernannt: Korn- und Weinernte waren abgeschlossen, und das Schweineschlachten begann.

Abb. 74: Der heilige Martin

Darüber hinaus wurde Martin zum Schutzpatron der Reisenden und Armen, der Bettler und Reiter, im weiteren Sinne auch der

Von
Laternen-
umzügen
und
Martins-
singen

Flüchtlinge, Gefangenen und Abstinenzler – nicht zuletzt natürlich zum Schutzherrn von Gänsen und Gänsezüchtern.

In Deutschland gehört Martin neben Nikolaus zu den besonders volkstümlichen Heiligen.

In vielen Parochien (Kirchspielen, Amtsbezirken von Geistlichen) wird der Martinstag nach alter Weise am 10. November begangen. Der Zeitpunkt wurzelt in der kirchlichen Gepflogenheit, nach der der nächste Tag bereits bei Einbruch der Dunkelheit beginnt. Deshalb wurde vielerorts der 10. November zum Martinsabend mit Martinsfeier und Martinssingen, obwohl erst der nächste Tag Martinstag ist.

In zahlreichen Regionen gehen sie dem Brauch des **Martinssingens** nach. In den Dörfern und etlichen Städten ziehen die Kinder singend von Haus zu Haus und erhalten dafür kleine Gaben. In Kirchorten reitet oft auch der Geistliche als heiliger Martin verkleidet auf dem Pferd an der Spitze des **Martinsumzuges**.

Die meist vormittäglichen **Martinsmärkte** zwischen Frühgottesdienst und abendlicher Martinsfeier werden regional von der katholischen und evangelischen Kirche im interkonfessionellen Geist gemeinsam organisiert. Chöre, Bläser, Theateraufführungen und auch die im Gatter schnatternden Gänse sorgen für eine stimmungsvolle Atmosphäre, und zahlreiche Marktstände bieten alles, was mit diesem Anlass verbunden ist.

Das sind insbesondere die schmackhaften, begehrten und zu Abertausenden über die Bäckerladentheken wandernden **Martinshörnchen**, die in ihrer Form den Broten ähneln, die zur Zeit Martin Luthers gegessen wurden. Woher sie kommen, weiß keiner so recht. Die einen sagen, es sei Martin von Tours, dem das Gebäck gewidmet ist. Andere finden, den Ursprung hätte es in der vergeblichen Türkenbelagerung Wiens 1683: Aus dem nach rechts gewendeten Halbmond entwickelten die Franzosen über Umwege das Croissant, aus dem dann das Hörnchen wurde. Es wird außerdem für wahrscheinlich gehalten, dass es die Form des Hufeisens des Pferdes von Wotan hat, von jenem germanischen Gott (**> 12.4**), dessen Mantel Martin von Tours trug, den er mit dem Bettler teilte.

Neben den Hörnchen sind u.a. die natürlich kammartig gebildeten **Martinskämme** im Angebot.

Viele karitative Vereine informieren über ihre Arbeit und verkaufen Waren für einen sozialen Zweck.

Da Martins Leichnam in einer Lichterprozession mit einem Boot nach Tours überführt wurde, feiern vor allem die Kinder ein **Laternenfest**: »… und unten leuchten wir«.

> Dabei werden zwar die alten Handlaternen mitgeführt, jedoch nicht in ihrer ursprünglichen Form. Vor gut 100 Jahren wurden die Öllaternen zunehmend durch die aus China importierten Papierlaternen, die **Lampions**, ersetzt. Dort sind die vom Militärstrategen und Kriegshelden Kong Ming (181–234) erfundenen viel leichteren Leuchten bereits seit 2000 Jahren Tradition und dienen als Glücksbringer und Nachrichtenübermittler.

Das Laternenfest mit den Martinsumzügen und den heutigen Leuchtkörpern gleicht meist einem wogenden Lichtermeer.

In evangelischen Gebieten verbindet sich der Martinsbrauch auch mit dem Gedenken an den Reformator Martin Luther, der am 10. November geboren und am folgenden Tag getauft wurde.

Zur **Martinsfeier** in Erfurt beispielsweise, dessen Schutzpatron Martin von Tours ist, finden sich bis zu 30.000 Christen und Nichtchristen, Erwachsene und deren aufgeregte Schützlinge ein, die selbst gebastelte Laternen, aufgefaltete leuchtende Papiermonde oder bunt geringelte Lampions tragen. Sie ziehen zum Domplatz, um an der gegen 17.50 Uhr beginnenden ökumenischen Feier mit Glockengeläute, Denkandacht, Kirchenliedern, Fürbitten, Posaunenblasen, Abendsegen und dem Martinsspiel der Kinder (Spielszenen mit Martin von Tours und Martin Luther: »Jeder hilft, so gut er kann, macht nun die Laternen an«) teilzunehmen.

Nach der Feier klingeln die jungen Martinssänger mit ihren Laternen an vielen Türen, singen Lieder und ermuntern die Erwachsenen zum Austeilen von kleinen Geschenken, die ihnen mit Süßigkeiten, Früchten oder Geld gewährt werden. Überdies findet in Anlehnung an das Martinsfest oft ein »Fest der guten Taten« statt – eine Sammelaktion, bei der nach dem Motto »wie Martin teilen« (Kleider-)Spenden für bedürftige Menschen beigesteuert werden können.

So erinnern tausende Lampions an den heiligen Martin, an Martin Luther, an die Zeit, in der die Nächte noch dunkel waren, und an praktizierten Gemeinsinn.

In der Großgemeinde St. Michael-Eppan, die sich im Tiroler Etschtal, dem burgenreichsten Gebiet Europas, erstreckt, wird alljährlich im November an fünf Wochenenden das altherkömmliche »Martini Fest- und Freischießen« veranstaltet. Berühmt zwar für seine Weine, labt man sich jedoch nicht nur hier im fruchtbaren oberitalienischen Land am **Martinsfeuer** oder zum **Martinsschmaus** am Blut der Reben. Die alte Lebensregel »Post Martinum bonum vinum« (»nach Martini guter Wein«) ist bis auf den heutigen Tag in allen Gegenden Deutschlands gebräuchlich, in denen Wein gebaut wird. Der am Martinstag getrunkene Wein, der **Martinstrunk**, soll nämlich den Männern Kraft und den Frauen Schönheit verleihen.

10 Besinnungsfeste und Totengedenktage im Herbst

Das Gedenken der Verstorbenen ist ein uraltes Bedürfnis. Nicht nur des regnerischen und stürmischen Wetters wegen gilt der November als Trauer- und Totenmonat. Die im vorletzten Jahresmond liegenden Trauerfeste tragen gleichfalls zu einer niedergedrückten Gemütsverfassung bei. Wenn das Absterben in der Natur offensichtlich wird, blickt man zurück auf die Dahingegangenen und ruft sich das bevorstehende eigene Ableben ins Gedächtnis. Doch wird einem auch klar, dass sich hinter dem vergehenden Leben in der nicht vom Menschen geschaffenen Umwelt ein erneutes Aufblühen verbirgt. Das Leben verschwindet nicht, sondern verändert sich. Im christlichen Glauben ist das zentrale Bild dafür die Auferstehung Jesu Christi von den Toten.

Eine Form, in der sich die Hinterbliebenen ihrer Hingeschiedenen erinnern, ist das **Schmücken der Gräber** mit Blumen und das **Entzünden von Kerzen**. Man muss kein Christ sein, um in diesem Brauch etwas Tröstliches zu finden. Die Juden etwa legen bei jedem Besuch am Grab eines nahe stehenden Menschen ein Steinchen auf das Grab als Hinweis auf ein liebes Erinnern. Und nichts ist schlimmer für sie als eine Ruhestatt ohne Steinchen darauf. Mit dem Licht ist es ähnlich.

10.1 Reformationstag

Zur Erinnerung an den Anschlag der 95 lateinsprachigen Thesen Martin Luthers an die Schlosskirche zu Wittenberg 1517, mit dem der Theologieprofessor einen akademischen Meinungsstreit über theologische Grundsatzfragen herbeiführen wollte, wird am 31. Oktober das *Reformationsfest* begangen.

Die **Reformation** ist die durch Luther, den schweizerischen Seelsorger Ulrich Zwingli (1484–1532) und Johannes Calvin (> 6.3) ausgelöste

Thesenanschlag zur inneren Umgestaltung

Bewegung zur Erneuerung der Kirche. Die abendländische Kirchen-
einheit wurde gesprengt, und vom Papst unabhängige, evangelische
Kirchen (protestantische, reformierte Kirche) entstanden.

Dieser evangelische Feiertag fand zuerst 1667 in Sachsen statt. Gesetzlicher Feiertag ist er in Brandenburg, Mecklenburg-Vorpommern,
Sachsen, Sachsen-Anhalt und Thüringen. In anderen Bundesländern
kann schulfrei sein, oder evangelische Schüler(-innen) werden für die
Dauer des Gottesdienstes vom Unterricht freigestellt.

Abb. 76: Martin Luthers Thesenanschlag an die Tür der Schlosskirche zu Wittenberg

Der Gottesdienst zum Reformationstag findet gewöhnlich am Abend des 31. Oktober statt. Er dient weniger dem Gedächtnis des Thesenanschlages als vielmehr der Lehre von der Rechtfertigung des Sünders allein durch Glauben, die für Luther Auslöser und Kern der Reformationsbewegung war.

10.2 Gedächtnisfeste – Allerheiligen und Allerseelen

Der darauf folgende Tag hingegen ist in Baden-Württemberg, Bayern, Nordrhein-Westfalen, Rheinland-Pfalz und im Saarland ein gesetzlicher Feiertag, den die abendländische Kirche seit dem 9. Jahrhundert einheitlich am 1. November zum Gedenken an alle Heiligen begeht. Deshalb heißt er **Allerheiligen**. Das Fest geht möglicherweise auf Papst Gregor III. (unbek.–741) zurück, »als er in St. Peter eine Kapelle zu Ehren aller Heiligen, auch der Nicht-Märtyrer, errichten ließ«. Heilige sind nicht nur diejenigen, die kanonisiert (heiliggesprochen) worden sind, sondern jedwede Menschen, die bei Gott weilen (**> 11.2**). Folg-

Sich der Endlichkeit des Lebens bewusst werden

Abb. 77: Grablichter und geschmückte Gräber zu Allerheiligen (»Wszystkych Świętych«)

lich ist Allerheiligen die Gedächtnisfeier für sämtliche Verstorbenen, die bereits zur »Anschauung Gottes« gelangt sind. In der anglikanischen Kirche findet dieses Gedenken am 8. November statt.

Allerheiligen ist ein »stiller Feiertag«. Tanzveranstaltungen und laute Musik sind verboten. In Süddeutschland ist ein Allerheiligengebäck äußerst beliebt: aus Hefeteig geflochtene Zöpfe.

Abb. 78: Polnischer Friedhof zu Allerheiligen

Am ***Allerseelentag***, dem Tag nach Allerheiligen, gedenken die Christen ihrer Toten. Also all jener stillen und namenlosen, von denen keine Legende erzählt und keine Kirchengeschichte berichtet. Die Hilfe der Lebenden für die Verstorbenen steht an diesem Tag im zentralen Geschehen.

Es war Abt Odilo von Cluny, der im Jahr 998 die Allerseelenfeier für den 2. November festgelegt hatte. Das Dekret Odilos ist noch bis heute erhalten. Bald wurde der Allerseelentag auch außerhalb der Klöster gefeiert. Für Rom ist er seit Anfang des 14. Jahrhunderts bezeugt. Ursprünglich beging man allerdings Allerheiligen und Allerseelen an einem einzigen Tag.

Nach altem Volksglauben stiegen die Armen Seelen an diesem Tag aus dem Fegfeuer zur Erde auf und ruhten sich für kurze Zeit von ihren Qualen aus. Aus diesem Grund stellte man manchmal genau wie zu Allerheiligen etwas Essbares auf das Grab. Die armen Seelen haben bis Mittag Zeit, um wieder ins Fegefeuer zurückzukehren. Die Kinder besuchten die Gräber, um im Gras eventuell kleine Münzen zu finden, welche die Verstorbenen hinterlegt haben sollen. Davon kauften sie sich die so genannten Seelenbrezeln. Arme-Seelen-Geher sammelten in manchen Dörfern ovale Seelenbrote ein. Die Gräber bespritzte man mit Weihwasser, um die Qualen der Seelen in der heißen Hölle zu lindern. Man achtete zudem darauf, dass auf Gräbern von Selbstmördern keine Kerzen entzündet wurden, weil es hieß, deren Kinder würden dadurch auch zu Selbstmördern.

An Allerseelen werden Messfeiern abgehalten, Prozessionen zum Friedhof gemacht wobei auch die Priestergräber besucht, die Gräber geschmückt sowie die »Ewigen Lichter« angezündet werden.

10.3 Volkstrauertag, Buß- und Bettag und Totensonntag

Der *Volkstrauertag*, in Deutschland eingerichtet im Jahre 1919 und seit 1952 nationaler Trauertag, findet am vorletzten Sonntag vor dem 1. Advent statt. Er ist keine kirchliche, sondern eine staatliche Feier, die dem Gedenken der in beiden Weltkriegen Gefallenen und der Opfer des Nationalsozialismus, zunehmend der in den Kriegen vergewaltigten Frauen sowie der bei Auslandseinsätzen der Bundeswehr getöteten deutschen Soldaten gewidmet ist.

Der Buß- und Bettag ist ein evangelischer Feiertag am vorletzten Mittwoch des Kirchenjahres, also am dritten Tag der Woche vor dem Ewigkeitssonntag.

> **Buße** (ahd. buoz[a], mhd. buoz[e]) bedeutet Sühne, Abhilfe, Geldstrafe oder Wiedergutmachung. Sie besagt die Abwendung von der Sünde durch Reue und den ernsten Willen zur Aufarbeitung. Im Neuen Testament steht sie für die Umkehr zu Gott.

Er wird als Tag der Besinnung auf frühere Notzeiten begangen, auch als Prüfung des eigenen Gewissens vor Gott. In vielen Gemeinden gibt es an diesem »stillen Tag« Gottesdienste, in denen Bedenken und

Totengedenken und Gräberbesuch

notwendige Selbstkorrektur angemahnt werden. Gesetzlicher Feiertag ist er seit 1995 nur noch in Sachsen.

In den deutschen evangelischen Kirchen werden die Verstorbenen am ***Ewigkeitssonntag*** (Totensonntag) geehrt. Seit 1816 ist er auf den Sonntag vor dem 1. Advent festgelegt und folgt mithin immer dem Buß- und Bettag. Es war König Friedrich Wilhelm III. von Preußen (1770–1840), der seinerzeit anordnete, den letzten Sonntag des Kirchenjahres als Feiertag zur Erinnerung an die Dahingegangenen zu begehen. An diesem Tag ist es üblich, die Friedhöfe zu besuchen und die Gräber zu schmücken. An ihm wird neben dem Andenken an die Entschlafenen auch zu einem bewussteren Umgang mit dem Leben ermutigt.

Abb. 79: Caspar David Friedrich (1774–1840):
Friedhof im Schnee, 1826

Heute steht offiziell der Aspekt des Ewigen Lebens stärker im Vordergrund der Liturgie an diesem Tag.

So unterschiedlich diese Feste und deren Gepflogenheiten im Einzelnen auch zelebriert werden – sie beinhalten meistens den Kirchgang von oft dunkel gekleideten Gläubigen mit dem Verlesen der Namen der Verstorbenen im vergangenen Kirchenjahr, den Gang zum Friedhof an die für den Winter hergerichteten, mit Blumen, Kränzen, Gestecken und Lichtern geschmückten Gräber (manchmal in einer Pfarrprozession), das Gebet am Grab für den Verstorbenen und die Gräbersegnung im katholischen Raum.

Weihnachten erleben wohl die meisten als die beeindruckendste aller stimmungsvollen Zeiten im Jahreskreis. Die vier Dezemberwochen bis zu der Botschaft, die vor zweitausend Jahren verkündet wurde und seitdem die Menschen bewegt, sind für viele die faszinierendste Zeit im Jahr. Die kärntische Volksweise »Guten Abend, schön' Abend, es weihnachtet schon« drückt das Gefühl der Wärme und Behaglichkeit ebenso aus, wie die Parodie »Advent, Advent, die Bude brennt« des Liedes »Advent, Advent, ein Lichtlein brennt« (Verfasser unbek., Weise: Hans Wolfgang Poser, 1917–1970) vom Weihnachtsstress in der Phase der »märchenstillen Herrlichkeit« berichtet. Ob unsereiner von Innerlichkeit und »frommem Zauber« umfangen oder von Hastigkeit und Konsumrausch geplagt ist: Je nach Zeitstrecke und Region ist das uralte Abenteuer in der Phase des »kleiner werdenden Sonnenbogens« geprägt von wunderbaren Bräuchen.

Abb. 80: Advent – »Es ist für uns eine Zeit angekommen ...«

11.1 Zur Geschichte des Advents

Der christliche Weihnachtsfestkreis beginnt mit der vierwöchigen Vorbereitungszeit des Advents und reicht bis zum Dreikönigstag am 6. Januar.

Sich einstimmen mit Diät?

Advent (lat. *adventus*) heißt Ankunft und bezeichnet den Beginn des Kirchenjahres vier Wochen vor dem Fest. Es ist die in den christlichen

Kirchen mit den vier Adventssonntagen erhaben begangene Zeit der Erwartung der Ankunft Christi in der Welt.

Schon im 6. Jahrhundert wurde vom Papst Gregor I. die Advents-liturgie in ihren Grundzügen festgelegt. Papst Pius XII. (1876–1958) erklärte in seiner Enzyklika (päpstliches Rundschreiben) »Mediator Dei« (»Vermittler Gottes«):

> »Das liturgische Jahr, von der Frömmigkeit der Kirche genährt und begleitet, ist nicht eine kalte, leblose Darstellung längst vergange-ner Dinge oder eine einfache, bloße Erinnerung an Ereignisse aus ei-ner frühen Zeit. Vielmehr ist es Christus selbst, der in seiner Kirche fortlebt und der da den Weg seines unermesslichen Erbarmens wei-tergeht, den er selbst in diesem sterblichen Leben, als er Wohltaten spendend dahinging, begonnen hat in der liebevollen Absicht, dass so die Menschen mit seinen heiligen Geheimnissen in Berührung kä-men und sozusagen in ihnen lebten.«

So wird das Kirchenjahr zum »Christusjahr«.

Der strenge Bußgedanke im Advent hat sich nie so durchgesetzt wie in der österlichen Bußzeit. Zu groß war wohl die Vorfreude auf das kommende Fest, das dem Herzen des Volkes näher steht als alle ande-ren des Kirchenjahres. Zu viele Feste beliebter Heiliger, wie der Got-tesmutter, Barbara (> 11.2), Nikolaus (> 12.4) oder Lucia (> 12.14) drängten den Sühnecharakter zurück.

Mit dem ersten Advent beginnt also das Kirchenjahr, das liturgische Jahr. Es ist der Sonntag, der auf den 30. November folgt oder diesem am nächsten kommt. Hier wurde das **Rorate** gefeiert, eine Frühmesse zu Ehren Marias. Diese Messen begannen mit »Rorate coeli«, d. h. »Tauet Himmel« oder »aus den Höhen«.

Der Advent endet vor dem ersten Gottesdienst vor Weihnachten. Des-halb zählt der Tag des 24. Dezember noch zum Advent, die christliche Gemeindeversammlung am Heiligen Abend hingegen bereits zum Weihnachtsfest. Die vier Wochen sollen symbolisch auf die 4.000 Jahre hinweisen, die die Menschheit nach kirchlicher Rechnung auf die Ankunft des Erlösers warten musste. Die liturgische Farbe des Advents ist Violett (> 4.6); am dritten Adventssonntag, der einen eigenen Namen hat und »Gaudete« (»Freut Euch!«) heißt (Gaudete-Sonntag), ist sie Rosa.

> Durch die Übernahme gallischen Brauchtums (> 5.1) war die Advents-
> zeit zur Buß- und Fastenzeit geworden. **Rosa** als aufgehelltes Violett
> gilt in der römisch-katholischen Kirche als Zeichen der Freude dar-
> über, dass die Hälfte dieses Zeitabschnitts der Gewissensprüfung
> und Besserung erreicht ist. Der Farbton wird ansonsten im Sinne von
> »optimistisch«, »erfreulich«, »positiv« benutzt (vgl. »rosige Zeiten«,
> »durch eine rosa[rote] Brille sehen«).

11.2 Andreasnacht, Barbaratag und Thomasorakel

In die Adventszeit fallen der Andreas-, Barbara- und Thomastag.

Der katholische *heilige Andreas* war ein Apostel Jesu, der mit seinem Bruder Simon Petrus zu den ersten Jüngern Jesu gehörte. Er trägt ähnliche Züge wie der heilige Nikolaus (> 12.4). Nach einer Legende wurde er am 30. November 60 gekreuzigt. Das Kreuz, an dem Andreas den Tod erlitten haben soll, hatte ein x-förmiges Format, das heute als Andreaskreuz bekannt ist.

Das Andreasfest wird am 30. November begangen – zu Ehren des Heiligen, der in der Volksfrömmigkeit als Künder der Zukunft lebte.

Der Heiligen zu Ehren

> Früher nahm man an, dass sich künftiges Schicksal bevorzugt an ei-
> nigen Tagen des Jahres offenbare, den sogenannten **Lostagen**. Zu
> diesen Terminen zählt neben der Johannisnacht (> 7.4), den Zwölf
> heiligen Nächten (> 12.13) und Silvester/Neujahr (> 13.2, 4.1) vor
> allem die Nacht vor dem Andreastag.

Da Andreas als Schutzpatron der Liebenden und Eheleute gilt, ist nach der im Volk lebendigen Ansicht die **Andreasnacht** zum 30. November bestens geeignet, jungen Menschen einen Blick auf ihren künftigen Ehepartner zu gestatten. Deshalb bestanden die Bräuche am Vorabend des letzten Novembertages oft in Liebesorakeln, mit denen die Zukunft befragt wurde (> 12.13, 13.2). Dazu dienten das Pantoffelwerfen (> 12.14), das Schütteln von Bäumen oder Gartenzäunen (> **12.13**), die Beachtung ungewöhnlicher Lichterscheinungen, der auffällige Klang des Hundegebells und Hühnergackerns, der Hahnenschrei (> **12.13**) und die Deutung »dämonischer Stimmen« aus dem Dunkel.

Die *heilige Barbara* (gr. *bárbaros* = fremd, nichtgriechisch) ist eine historisch nicht fassbare Märtyrerin, die zwischen 236 und 305 am Marmarameer gelebt haben soll und zu den 14 Nothelfern der katholischen Kirche zählt.

> Die **Nothelfer** sind Heilige, mithin Menschen, die besonders nahe bei Gott stehen und seit dem 14. Jahrhundert in besonderen Bedrängnissen um Beistand angerufen werden. In der evangelischen Kirche gelten sie als Vorbilder.

Heimlich zum Christentum übergetreten, soll Barbara nach der Legende in einen Turm gesperrt und von ihrem empörten heidnischen Vater zum Tode durch Enthaupten verurteilt worden sein. Er vollstreckte selbst an ihr die Strafe und wurde für solchen Frevel sogleich vom Blitz erschlagen. Von da an rief man die bald heilig gesprochene Barbara als Patronin gegen Blitz und Donner an. Auf Grund dessen ist Barbara die Schutzheilige der Feuerwehrleute und der Artillerie. Außerdem verlangt man nach ihr als Stütze im Sterben.

An ihrem Gedenktag, dem 4. Dezember, werden Zweige von winterharten Gehölzen geschnitten und als **Barbarazweige** ins Wasser gestellt. Damit sie zu Weihnachten austreiben, verwendet man gern Geäst von Obstbäumen, besonders von Kirschbäumen, jedoch auch von Winterjasmin, Zaubernuss, Forsythie oder Hasel. Stehen die Barbarazweige am Heiligabend in voller Blüte, sollen im nächsten Jahr auch die Obstbäume reiche Frucht tragen, die Liebe blühen und eine Hochzeit zu erwarten sein.

Der Barbarabrauch ist vielfach poetisch gestaltet worden, so in einem Gedicht des bekannten Lyrikers und Autors von Kinderbüchern Josef Guggenmos (1922–2003):

> Am vierten Dezember
> Geh in den Garten am Barbaratag.
> Gehe zum kahlen Kirschbaum und sag:
> Kurz ist der Tag, grau ist die Zeit.

Der Winter beginnt, der Frühling ist weit.
Doch in drei Wochen, da wird es geschehn:
Wir feiern ein Fest, wie der Frühling so schön.
Baum, einen Zweig gib du mir von dir:
Ist er auch kahl, ich nehm ihn mit mir.
Und er wird blühen in seliger Pracht
mitten im Winter in der Heiligen Nacht.

Und allemal wird der Barbaratag mit Dutzenden von Wettersprüchen bedacht, etwa:

Barbara im weißen Kleid,
verkündet gute Sommerzeit.

Oder

Geht Barbara im Klee,
kommt das Christkind im Schnee.

Oder das Gegenteil:

Wie der Barbaratag,
so der Christtag.

Der *heilige Thomas* (gr. = der Ungläubige) war einer der zwölf von Jesus zur Verkündung seiner Lehre ausgewählten Jünger, der die Auferstehung Jesu infrage stellte (»ungläubiger Thomas«). Der Apostel glaubte erst an sie, als er die Hand auf Christi Wunden legen durfte. Ihm soll die längste Nacht und der kürzeste Tag des Jahres zugeteilt worden sein, weil er am längsten an Christus zweifelte, also am längsten in der dunkelsten Nacht des Unglaubens verharrte.

Am Thomastag, dem 21. Dezember und der ersten der Zwölf Nächte, begegnet man vielen Bräuchen, die man in der Silvesternacht wiederfindet. Heiratslustige Mädchen bleiben bis Mitternacht auf, um dann in das Wasser oder in den Spiegel zu schauen und so das Gesicht des Zukünftigen zu sehen.

Auch Christen haben diesen Tag immer mit großem Nachdruck gefeiert, mit Nachtwachen, mit Versuchen, in Gebeten die Zukunft zu ermitteln, oder mit Segenswünschen für die Nachbarn.

In Bayern wird das **Thomasorakel** als Wettervoraussage ausgeübt: Am Thomastag werden Gerstenkörner in einen Blumentopf mit gehaltvoller Erde gestreut und dieser in die warme Stube gestellt. Nach

Abb. 81: Michelangelo Merisi da Caravaggio (1571–1610):
Der ungläubige Thomas, um 1600

Weihnachten liest man von der Gerste ab, wie das Wetter im nächsten Jahr wird. Jeder Tag nach Weihnachten entspricht einem Monat im Jahr. So meint man, z. B. Feuchtigkeit, Trockenheit, starkes Wachstum oder frühes Gilben am Getreide enträtseln zu können.

11.3 Der Adventskalender

Heute ist ein Brumm-kreisel drin

Wesentliches Kennzeichen der weihnachtlichen Vorbereitungszeit sind mancherlei, teilweise auf germanische Glaubensvorstellungen zurückzuführende volkstümliche Bräuche. Besonders weit verbreitet ist die Sitte der Adventskalender, -kränze, -lieder und -gesänge. Im bayrisch-alemannischen Raum sind es zudem Maskenumzüge (> 12.7)

Die Ursprünge des beliebten *Adventskalenders* lassen sich bis in das 19. Jahrhundert zurückverfolgen. Die wohl früheste Form eines selbst gebastelten Adventskalenders stammt aus dem Jahre 1851. Ehemals im protestantischen Umfeld gefertigt und benutzt, entstand er in der uns heute bekannten Form jedoch erst Anfang des 20. Jahrhunderts. Dafür gedacht, insbesondere die Kinder auf das Weihnachtsfest einzustimmen, wurden in religiösen Familien im Dezember 24 Bilder nach und nach an die Wand gehängt.

Einfach, jedoch nicht weniger effektvoll, war die Variante, an die Wand oder Tür Kreidestriche (»Strichkalender«) zu malen, von denen die Kinder täglich einen wegwischen durften. Oder es wurden Strohhalme in eine Krippe gelegt, jeden Tag einen bis Heiligabend.

Während die Motive des Bildhintergrundes und die Herstellungsweise wechseln, bleibt die Anzahl der Kästchen, hinter deren aufklappbaren Türchen sich Bilder oder kleine Überraschungen verbergen, mit 24 konstant: die Tage vom 1. Dezember bis zum Heiligen Abend.

Als Erfinder des Adventskalenders wird der schwäbische Pfarrerssohn Gerhard Lang (1881–1974) angesehen. Er druckte 1903 oder 1904 in München die erste Fassung. Sie bestand aus zwei Blättern, von denen auf dem einen Zahlen und auf dem anderen Engel aufgebracht waren. Für jeden Tag wurde ein Engel ausgeschnitten und auf eine Zahl geklebt. Innerhalb weniger Jahre wurde dieser Adventskalender überaus populär. Nach 1920 fand er auch international große Anerkennung.

Abb. 82: Gertrud Caspari (1873–1948):
Die Himmelstreppe, Adventskalender 1932

Von Beginn an war der Adventskalender als Handelsartikel entworfen und kommerziell genutzt. Die auf Gewinn bedachte Auslegung führte mit dazu, dass christliche Motive in den Hintergrund und nicht selten Comicfiguren an deren Stelle traten. Im Dritten Reich ersetzte man die christlichen Darstellungen zunehmend durch Märchenfiguren, die germanisch-mythische Götter und Dämonen versinnbildlichen sollten. Dann setzte der Zweite Weltkrieg dem Höhenflug des Adventskalenders wegen Papierknappheit und des Verbotes, Bildkalender herzustellen, ein jähes Ende.

Der erste Adventskalender der Nachkriegszeit kam 1949 auf den Markt. Etwa seit 1958 gibt es ihn mit Schokolade, Bildchen und kleinem Spielzeug gefüllt. Längst ist er auch mit Musik im Umlauf. Seit einiger Zeit werden virtuelle Adventskalender im Internet angeboten, die jedoch keineswegs den traditionellen Typ verdrängten.

Weitere Formen des Adventsweisers sind die Adventskerze und die Weihnachtsuhr.

Die **Adventskerze** war mit einer 24er Markierung versehen und durfte jeden Tag bis zur nächsten Anzeichnung abgebrannt werden.

1902 veröffentlichte die Evangelische Buchhandlung in Hamburg den wohl ersten gedruckten Adventskalender in Form einer **Weihnachtsuhr**. Diese zählt die Zeiteinheiten nach unten und zeigt beispielsweise in der Mittagszeit des 7. Dezember an: »Es sind nur noch 17 Tage, 5 Stunden, 19 Minuten, 46 Sekunden bis zum Heiligen Abend, 17.00 Uhr«.

11.4 Adventsschmuck

Damit es festlich aussieht

Wohl kein anderes Fest verführt so sehr zum Putzen und Schmücken wie Weihnachten. Auf Behaglichkeit und adventliche Stimmung will kaum jemand verzichten. Farbenfrohe Weihnachten – was gibt es nicht alles für Dekorationsideen: Adventssterne, Rauschgoldengel und Knusperhäuschen, duftende Adventspost, Papiertannenbäumchen und Papierservietten mit stilvollen, gefühlsduseligen und grotesken Weihnachtsmotiven, Sternengirlanden aus Karton, gemusterte Zitronen oder Orangen und putzige Kerzenhalter.

Auch wenn inzwischen so mancher Adventsputz nicht mehr (nur) aus natürlichen Materialien, sondern aus Kunststoffen besteht – sie dürfen auf keinen Fall fehlen: grüne Zweige.

Der Adventskranz und andere Gebinde

Auf einen grünen Zweig kommen

Das *Tannengrün* im Dezember ist – wie viele Bräuche in der Winterzeit – vorchristlichen Ursprungs. Seit alters her wirkt es als Analogiezauber. Es symbolisiere das Leben und bringe Glück, weil man ihm schützende Kräfte zusprach. Deshalb schmückte man die Häuser mit grünen Zweigen, befestigte sie zum Schutz gegen Böses an der Haustür, verkleidete Fenster, Ställe und Häuser oder hängte sie in der Wohnung auf. Besonders Fichten- und Tannengeäst galten als Sinnbild des Lebens. Man verschaffte sich etwas Grün(end)es, um ein grünes Jahr zu bekommen.

> Ein **grünes Jahr** ist ein gutes, sprießendes, also Frucht bringendes Jahr. Wer »auf einen grünen Zweig« kommt, der »macht seinen Weg«, dem ist Erfolg beschieden. Andernfalls fehlt ihm die günstige Fügung des Schicksals.

Grüne Bäume oder Ästchen sind nach wie vor ein anschauliches Zeichen vieler festlicher Gelegenheiten – ob Ostern oder Pfingsten, ob Kommunion, Konfirmation oder (grüne) Hochzeit. Oft gibt man grüne Zweige den Weihnachtsgeschenken bei. Aber auch der nadelholzähnlichen Eibe, dem immergrünen Buchsbaum, der Mistel und der Stechpalme (Ilex, mit oft dornig gezähnten Blättern) wurden besondere Stärken zugesprochen. Zunehmender Beliebtheit erfreuen sich Thuja (Lebensbaum, Zypressengewächs mit holzigen Zapfen) und Zeder, vor deren Hintergrund sich die verschieden ausgeprägten Hagebutten, die feuerroten, orangefarbenen oder gelblichen Früchte von Feuerdorn und Vogelbeere, die lebhaft rotviolett gefärbten beerenartigen Früchte der Schönfrucht (Liebesperlenstrauch), die silberweißen, fedrigen Früchte der Clematis (Waldrebe) oder die lockeren eiförmigen Schuppenfrüchte des Hopfens gut abheben.

Für die attraktive Raumgestaltung werden desgleichen **Gräser** mit einer großen Bandbreite an Formen und gelblich-weißen Farbtönen verarbeitet: straffe Ähren, flaumige Büschel oder lockere Rispen. Hinzu kommen **Zapfen**, deren Formenvielfalt an winzigen Lärchen-, kräftigen Kiefern- oder schlanken Tannenzapfen gern genutzt wird.

Vier Sonntage umfasst die Adventszeit, und in der Regel zeigen vier Kerzen auf dem *Adventskranz* das näher rückende Weihnachtsfest an.

> Im ostkirchlichen Bereich ist entsprechend der dort üblichen längeren Adventszeit (sechs Adventssonntage) der Adventskranz teilweise mit **sechs Kerzen** bestückt.

An Sonntagen, diesigen Nachmittagen und langen Winterabenden sorgt er für stimmungsvolle Stunden. Fast überall ist er zu finden: in den Wohnungen, Kirchen, Kindergärten, Schulen und Büros. Er ist **das** Attribut für die Adventszeit wie der Christbaum für das Weihnachtsfest. Bei allen modischen Varianten ist seine Grundsymbolik geblieben: die Kranzform als Zeichen für die Wiederkehr und die Vollkommenheit, die Kerze für das Licht im Dunkeln, das Immergrün für das ewige Leben.

Der Adventskranz geht auf den evangelischen Theologen Johann Heinrich Wichern (1808–1881) zurück. 1833 bezog Wichern bei Hamburg ein altes Bauernhaus, in dem er verkommene Kinder und Jugendliche aufnahm. Als sie sich im Winter immer wieder erkundigten, wie viele Tage es noch bis Weihnachten seien, leistete der Gründer des »Rauen Hauses« Hilfestellung. Er fertigte 1838 oder 1839 den ersten Kranz mit vier größeren roten und – für die Werktage – 19 kleinen weißen Kerzen, steckte sie auf ein Wagenrad oder einen großen Holzring und hielt seitdem »Kerzenandachten« ab. Bei jedem Morgengebet wurde eine Kerze angezündet. Später wurde der Holzkranz mit Tannenzweigen, Bändern und Äpfeln geschmückt.

Bereits in der Antike war der mit vier Kerzen geschmückte Kranz als Siegeszeichen und Symbol für den Kampf der Christen gegen das Dunkle des Lebens bekannt. Es wird vermutet, dass der Vorgänger des Adventskranzes in Thüringen entstand. Dort gab es »Reifbäume«: Eine gewisse Anzahl von Reifen wurde zunächst mit Moos oder Geflecht und Papier umwickelt. Anschließend wurden die Reifen in Form einer Pyramide um eine Achse angeordnet und befestigt.

Dieser vorweihnachtliche Brauch war noch bis zur vorletzten Jahrhundertwende weithin unbekannt, bis er zu Beginn des 20. Jahrhunderts begann, in der uns heute vertrauten Ausführung Einzug in die Familien zu halten.

Heute wird der Adventskranz ganz verschieden gestaltet. Die Floristen spüren zu jedem Weihnachtsfest neue Trends auf und setzen sie um: kühle Eleganz, Silber, Gold und Weiß oder futuristische Farben wie Stahl, Titanblau, Anthrazit und Schwarz, »Magic-Orient« in warmen Safran- und Granattönen, der »Country-Look« in Chablis-, Karamell- und Nugatfarben oder die »Hobby«-Dekoration mit opulenten goldenen, roten und violettfarbenen Tönen.

Traditionell wird er allerdings nach wie vor in den Farben Grün und Rot gehalten. Er besteht gewöhnlich aus gebundenen Tannenzweigen, oft geschmückt mit Schleifen, Kugeln, Sternen, Glocken, Perlen, Nüssen, Tannenzapfen, kleinen Figuren oder sonstigem Glitzerzeug und in der Regel mit vier roten Kerzen. So bevorzugen ihn drei von vier Bundesbürgern.

Abb. 83: Adventskranz in winterlichem Weiß; Abb. 84: Englischer evergreen wreath aus Lorbeer

Adventssträuße und -gestecke gibt es in vielerlei Ausführungen

Eine stilvolle Alternative zum mitunter schnell verwelkenden und nadelnden Tannengrün sehen viele in einer weihnachtlichen *Tischdekoration aus Glas*, die bei Kerzenschein stimmungsvolle Licht- und Spiegelreflexe entstehen lässt. In leuchtenden Farben strahlen z. B. gläserne Adventskränze, Adventsteller mit Winter- und Weihnachtsmotiven oder kleine Engel.

In der traditionsreichen Farbglashütte im südthüringischen Schiefergebirgsstädtchen Lauscha, dem Geburtsort des gläsernen Christbaumschmucks, werden die Kunstwerke von Glasmachern nach alter Tradition und streng gehüteten Rezepturen bei 1.400 Grad Celsius per Hand in Formen gegossen. Die hübschen Geschenke aus massivem Glas verzaubern seit langem viele Weihnachtszimmer.

In ganz Europa kennt und schätzt man den klassischen Winterblüher als weihnachtliche Dekorationspflanze oder liebevolles Mitbringsel beim Adventsbesuch: den **Weihnachtsstern** (Adventsstern, Christstern, Poinsettie). Er stammt aus Lateinamerika und heißt in seiner mexikanischen Heimat »Flores de Noche Buena« (»Blume der Heiligen Nacht«). Dort ist er weniger als Topfpflanze zu finden, sondern als meterhoher Gartenstrauch. Seit etwa 100 Jahren leuchtet der Weihnachtsstern vor allem zur Weihnachtszeit in europäischen Räumen. Seine Hochblätter zeigen eine lebhafte Färbung in Nuancen von rot, hellrot, lachsrosa, gelb und cremeweiß.

Abb. 85:
Weihnachts-
stern

Neue Züchtungen präsentieren sogar eine gesprenkelte Farbgebung und gezackte oder gewellte Blätter. Die zahlreichen Farben und unterschiedlichen Größen des Weihnachtssterns ermöglichen einen vielseitigen Einsatz als Dekorationsobjekt.

Nicht nur in England wird den Häusern mit **Mistelzweigen** Glanz verliehen. Weil das mit weißen Beeren versehene »Hexenkraut« mit seinen zahlreichen Arten im Winter die grünen Blätter behält, galt es bereits bei den Römern als Sinnbild des Lebens. Es zählt zu den Glücksbringern und spielt deshalb zunehmend auch in den weihnachtlichen deutschen Landen eine Rolle: Wer in der Weihnachtszeit unter dem meist über dem Hauseingang oder der Wohnzimmertür aufgehängten Mistelzweig hindurchgeht, darf sich nicht wundern, wenn er von jemandem geküsst wird. Das soll Glück im neuen Jahr bringen.

Auch evergreen wreaths (immergrüne Kränze) hängen nicht bloß an englischen Zimmerwänden. Als Material populär ist hierfür der »Echte Lorbeer«, der bei den Griechen als Zeichen des Sieges und Ruhmes galt.

Zur Advents- und Weihnachtsbeschmückung gehören gleichfalls vielerlei Schnitz-, Drechsel- und Laubsägearbeiten, Weihnachtsgestelle, Figuren und Collagen (Klebebilder aus verschiedenen Materialien). Auf Schritt und Tritt trifft man im »Weihnachtsland Erzgebirge« auf sie, doch verbreiten Weihnachtspyramiden und Schwibbögen, Nussknacker und Lichterengel, Bergmannleuchter und Spielleute, Mettengänger mit Laternen und Spielzeughändler, Reisigträger und Räuchermänner überall heimelnde Freude.

Gegen Ende des 15. Jahrhunderts wird das aus dem Lateinischen pyramis kommende Wort »Pyramide« im Deutschen bekannt. Die ersten **Weihnachtspyramiden** gab es im 18. und 19. Jahrhundert in Norddeutschland als Ersatz für den Christbaum in waldarmen Gegenden. Sie sind Gestelle aus meist mehreren Stockwerken mit christlichen Motiven wie die Krippe, Kurrendesänger (kirchliche Chöre) oder Engelskonzerte und alltäglichen Figuren wie Bergleute, Rehgruppen im Winterwald oder Laternenkinder in verschneiten Dörfern. Angetrieben werden die verschiedenen sich im Kreis drehenden Pyramidenebenen von brennenden Kerzen, deren warme Luft aufsteigt und das waagerechte Rad mit schräg gestellten Flügeln gleichmäßig und ruhig bewegt. Dadurch drehen sich ebenfalls die Plattformen mit den Figuren.

An die Holzrahmen in Pyramidenform wurde später auch Tannengrün gesteckt. Daraus entwickelte sich eine enorme Formenfülle, etwa die Klausenbäume am Niederrhein und in Niederbayern, die Paradeisl (Paradeiser) in Altbayern und Österreich, die Reifenbäume im Erzgebirge und im Thüringer Wald und die Perchamiden in Berlin. Inzwischen stehen viele dieser Pyramiden in der Vorweihnachtszeit auf den Marktplätzen und schmücken die Adventsmärkte (> 11.5). Die

Abb. 86: Dreistöckige Bergwerkspyramide mit Pferdegöpel, Bergparade und Bergleuten

größte in Deutschland rotiert angeblich in der Hauptstadt der Deutschen Märchenstraße, in Kassel.

Die drinnen und draußen aufgestellten **Schwibbögen** (Schwebebögen), die aus dem Erzgebirge stammen, sind bogenförmig gewölbte Stellagen aus Holz, Plastik oder Metall. Sie sind mit kirchlichen und/oder weltlichen Figuren besetzt und mit natürlichen oder elektrischen Kerzen versehen. Früher stellte jedes Licht eine aus dem Berg zurückgebrachte Grubenlampe dar. War der Bogen voll erleuchtet, hieß das, dass alle Bergarbeiter der Familie gesund aus dem Stollen, in dem Silber- oder Eisenerz abgebaut wurde, heimgekehrt waren.

Alle **Nussknacker** haben eines gemeinsam: einen großen Mund, der jede Nuss knackt. Ansonsten gibt es sie in ganz unterschiedlichen Ausführungen.

Als deren »Vater« gilt der erzgebirgische Wilhelm Friedrich Füchtner (1844–1923). Er schuf um 1870 den berühmten Seiffener Nussknackerkönig – bis heute die Zentralfigur der Seiffener Handwerkskunst –, wenngleich die »Nussbeißer« in jener Zeit auch im Berchtesgadener Land (nach einer dortigen Quelle bereits seit 1650) und im thüringischen Sonneberg (seit 1735 als »Kinderwaare«) auftauchen.

Die Geschichte des Nussknackers als einfaches hölzernes Hebelwerkzeug, zangenartig angelegt, soll sogar bis in die Antike zurückzuführen sein. Das Prinzip des Hebelknackers hat sich vor allem bei anthropomorph (menschenähnlich) gestalteten Exemplaren erhalten, die seit dem 16. Jahrhundert in Mitteleuropa vorherrschen. Als Erzeugnisse des städtischen Kunsthandwerks und in allen bekannten Gebieten der Hausindustrie geschnitzt und bemalt, wurden sie seit dem späten 18. Jahrhundert vor allem in Thüringen und dem Erzgebirge auch gedrechselt. Die ersten Stücke um 1850 hatten noch aus Teig geformte Arme, Füße und Köpfe.

Oft genug handelt es sich um einen grimmig blickenden Gesellen mit einem Mund von beachtlichem Ausmaß und Fell- oder Baumwollbart. Schon bei Füchtner verkörperte er die Obrigkeit, an der sich die Spielzeugmacher auf symbolische Weise rächten: Sie ließen Soldaten, Gendarmen, Förster und sogar Könige Nüsse für sich knacken.

Die zur gleichen Zeit entstandenen **Räuchermänner** zeigen eher die gemütliche Seite der Volkskunst, die Mitte des 18. Jahrhunderts in den Zentren des erzgebirgischen Bergbaus entstand. Hier pflegten die Hersteller der Spielsachen den alten Brauch, zu Weihnachten Weihrauchkerzen zu entzünden, was mit der damals frisch aufkommenden Lust am Tabakgenuss verbunden war. Charakteristische Kennzeichen der hohl gedrechselten Männchen sind deshalb ein Pfeifchen und ein offener runder Mund, von dem aus die kleinen kegelförmigen Räucherkerzen ihren anheimelnden Wohlgeruch im ganzen Raum verbreiten. Während früher nahezu ausnahmslos Weihrauch- oder Tannenduft durch die Stuben zog, gelten heute zudem Kokos, Lavendel, Marzipan, Opium, Orange, das balsamisch-holzig riechende Sandel, Tabak Virginia, Vanille, Veilchen, Waldhonig und Zimt als weihnachtliches Bukett, das sich aus schmauchenden Bahnhofsvorstehern, Dienstmännern, Spielzeugmachern, Türken, »Waldleit« oder aus den Schornsteinen winterlich glitzernder Häuschen verduftet.

Abb. 87: (1) Spanbäume, (2) Schwibbogen mit Weihnachtsmann, (3) Nussknacker (König), (4) Räuchermann (Spielzeughändler), (5) Engel mit Joch, (6) Bergmann mit Joch

11.5 Der Weihnachtsmarkt

Kein Platz
auf
dem Platz

An einem Wochenende, an mehreren Wochenenden oder beginnend schon vor dem ersten Advent finden in der Adventszeit überall festlich illuminierte **Weihnachtsmärkte** (Christkindl-, Nikolaus-, Adventsmärkte) statt. Ihre Tore öffnen in vielen deutschen Städten Ende November. In zahlreichen liebevoll geschmückten Buden bieten Gewerbetreibende und Schausteller ihre attraktiven Erzeugnisse feil. Weihnachtliche Leckereien wie kandierte Früchte, Kastanien, Waffeln oder Zuckerwatte gehören ebenso zum breiten Sortiment des vorweihnachtlichen Einkaufsparadieses wie Baumschmuck, Weihnachtsgebinde oder traditionelle erzgebirgische Volkskunst.

Natürlich wird für das leibliche Wohl der durch die bunten Budenstädte Bummelnden mit einer reichhaltigen Auswahl an Schleckereien und Getränken bestens gesorgt.

Die Renner bei den trinkbaren Köstlichkeiten sind Glühwein, Punsch, Eierpunsch und die Punschvariante Feuerzangenbowle.

Glühwein ist eine heiß über Zitronen- oder Orangenscheiben gegossene Mischung aus Rotwein, Zucker, Nelken und Zimt, zunehmend versetzt mit Rum oder Amaretto.

Wenn uns mit einer dem Glühwein ähnlichen Mixtur aus Rotwein, Rum, Orangen und duftenden Gewürzen wie Anis oder Zimt wärmer ums Herz wird, dann kann es sich nur um **Punsch** handeln. Es ist kein Wunder, dass der Ur-Punsch und seine Bezeichnung aus Gefilden kommen, in denen die Gewürze wachsen – aus Indien. Auf Hindi heißt der Punsch »pantsch« und steht für die Zahl »fünf«. Denn aus genau fünf Grundbestandteilen wird das Mischgetränk in Indien zusammengebraut: aus Rum oder Arrak mit Wasser oder Tee, auch Wein, und Zucker sowie Zitrone.

Der **Eierpunsch** aus Weißwein, Hühnereigelb, Orangen- und Zitronenschalen wird nicht gekocht, sondern lediglich trinkgerecht erhitzt.

Feuerzangenbowle (Krambamboli) heißt ein aromatisches alkoholartiges Punschgetränk, für das Rotwein, Rum, Zitronen, Orangen, Zimtstangen, Gewürznelken und ein Zuckerhut verwendet werden.

Ein Kaffee mit Stollen oder anderes Weihnachtsgebäck (**> 12.12**) steigern ebenso die vorweihnachtliche Stimmung wie ein Mann, der einfach nicht fehlen darf: Zur Freude besonders der Jüngsten taucht der Weihnachtsmann (> 12.4) mit allerlei Überraschungen auf, auf den sich die Kinder mit einem Weihnachtsgedicht oder -lied längst vorbereitet haben.

Der Brauch lebt noch immer oder wieder auf, dass auf dem neben dem Weihnachtsmarkt stattfindenden **mittelalterlichen Markt** oder **Adventsbasar** historisch gekleidete alte Meister verschwundene oder kaum noch bzw. nur regional ausgeübte Handwerkskünste aufleben lassen. Ob Besenbinder, Bürstenmacher, Färber, Filzer, Gewand- und Rüstmeister, Glasbläser, Kerzenzieher oder Korbflechter, ob Laternenbauer, Löffelschnitzer, Riemenschneider, Seifensieder, Spinnerinnen, Zinngießer oder Zuckerbäcker – sie alle laden zum Betrachten und zum Erwerb ein. Gar mancher Besucher holt sich dort eine Anregung für seine Weihnachtspräsente. Überdies geben u.a. Märchen- und historische Krippenspiele sowie fahrende Händler, Gaukler, Kräuterfrauen und Spielleute den historisch-romantischen Weihnachtsmärkten ihr Gepräge. Diese stimmungsvolle Atmosphäre übt auf die Erwachsenen den gleichen Zauber aus wie zu ihren Kindertagen.

Wer den romantischsten, buntesten, längsten oder schlichtweg den beliebtesten Weihnachtsmarkt aufspüren wollte, wird arg in Bedrängnis geraten: Bremen, Düsseldorf, Görlitz, Halle oder Husum, Marburg, Osnabrück, Paderborn, Potsdam oder Regensburg, Saarlouis, Speyer, Stuttgart, Weimar oder Wismar? Viele deutsche Orte dürften dieses Prädikat für sich reklamieren – wohl auch Aue mit dem Raachermannlmarkt, Rothenburg ob der Tauber mit dem Reiterlesmarkt, Winterberg mit dem Wintermarkt und noch viele andere.

Der S-Bahnhof Mexikoplatz im Berliner Bezirk Zehlendorf erinnert an eine Filmkulisse aus Kaisers Zeiten. Dortmund bietet den mit 40.000 Lichtern behängten und der stattlichen Höhe von 45 Metern höchsten Weihnachtsbaum. Den ältesten Weihnachtsmarkt präsentiert Dresden (s.u.). Das friesische Städtchen Jever zaubert malerisch anmutende und verführerische Gerüche auf seinen Alten Markt. Die Hansestadt Rostock wartet auf 3,2 Kilometern mit dem längsten Weihnachtsmarkt auf. Das erzgebirgische Spielzeugdorf Seiffen bietet als Hauptstadt allen echten Weihnachtsschmuckes ein wahres Weihnachtswunderland. Und die etwa 270 Buden des Stuttgarter Weihnachtsmarktes weisen eine Frontlänge von 1,5 Kilometern auf einer Strecke von 500 Metern auf.

Kennt man einen, kennt man sicherlich viele. Doch da einige von ihnen deutschland- oder europaweit die bekanntesten sind, sollen sie folgend vorgestellt werden.

Die wohl älteste Nachricht von einem **Berliner** »Weynachtsmarket«, von denen es derzeit 55 gibt, stammt aus dem Jahre 1610. Mit knapp 40 Jahren noch recht jung, erfreut er sich in der Altstadt des Bezirkes Spandau wachsender Beliebtheit und ist inzwischen einer der größten Europas. In der Woche wird an rund 200 Ständen allerlei mundendes Ess- und Trinkbares feilgeboten, an den Wochenenden verdoppelt sich die Zahl der Hütten. Glanzpunkte sind eine Weihnachtskrippe mit lebendigen Tieren, eine Feuerzangenbowlen-Pyramide und ein extra stattfindender Kinderweihnachtsmarkt.

Abb. 88: Heinrich Zille (1858–1929): Weihnachtsmarkt auf dem Berliner Arkonaplatz, 1912

Der **Dresdener** Weihnachtsmarkt auf dem Altmarkt wird als Striezelmarkt erstmals 1434 in der Stadtchronik erwähnt und ist damit der mit Abstand älteste Weihnachtsmarkt weltweit. Nicht nur seine bald 600 Jahre während Geschichte, sondern auch ein Riesenstollen mit vier Tonnen Gewicht und die größte erzgebirgische Stufenpyramide der Welt, die bis in 14,61 Meter Höhe hinaufragt und mit 42 Figuren besetzt ist, locken unzählige Schau- und Kauflustige auf den Platz.

Als einer der größten in Deutschland gilt der **Erfurter** Weihnachtsmarkt, der in der Publikumsgunst ganz oben steht und 2008 sowie 2009 zum beliebtesten und schönsten Weihnachtsmarkt Deutschlands gekürt wurde. 2010 zum 160. Mal durchgeführt, wird er jedes Jahr von ca. 2,2 Millionen Menschen besucht. Auf dem Domplatz mit dem in warmes Licht getauchten Ensemble von Dom und Severikirche im Hintergrund, in der mittelalterlichen Innenstadt und auf dem Wenigemarkt

(Mittelaltermarkt) bilden die 220 herausgeputzten Holzhäuschen, über 400 Dekobäume, Märchenspiele, kulinarische Spezialitäten, Kunsthandwerk, Weihnachtsaccessoires und der traditionelle Stollenanschnitt mit der Stollenkönigin eine eigene Weihnachtsstadt. Besonders umschwärmt sind die Stände mit Thüringer Spezialitäten, wie der Thüringer Rostbratwurst und dem Erfurter Schittchen (> 12.12). In der Mitte des Weihnachtsmarktes ragt eine knapp 30 Meter hohe Lichterfichte empor; am Markteingang befindet sich eine zwölf Meter hohe erzgebirgische Weihnachtspyramide, die auf fünf Etagen Personen der Erfurter Geschichte und weihnachtliche Szenen darstellt. Eine weitere Attraktion ist die Weihnachtskrippe mit 14 nahezu lebensgroßen handgeschnitzten Holzfiguren sowie der Märchenwald.

In **München** wartet ebenfalls einer der ältesten Weihnachtsmärkte auf die Besucher. Der Christkindlmarkt auf dem Marienplatz und der Kripperlmarkt am Rindermarkt im Herzen der Stadt bieten neben zahlreichen Ständen einen 30 Meter hohen Weihnachtsbaum, bestückt mit 2.500 Kerzen. Kinder können ihre Post an den Weihnachtsmann in einem speziellen Postamt aufgeben oder in der Himmelswerkstatt zu Engeln werden.

Der Christkindlmarkt **Nürnberg** auf dem Hauptmarkt ist einer der bekanntesten Weihnachtsmärkte und begeistert jährlich über zwei Millionen Besucher aus Dutzenden Ländern. Bereits im Jahre 1628 wurde die »kleine Stadt aus Tuch und Holz« als »Kindles-Mack« ins Leben gerufen. Die rund 180 schön dekorierten Buden besitzen rotweiße Stoffdächer und halten ein reichhaltiges weihnachtliches Angebot bereit, wozu die berühmten Nürnberger Lebkuchen, Honig, Glühwein, Spielzeug, Christbaumschmuck und Rostbratwürste gehören. Die Partnerstände aus Ländern wie China, Schottland oder der Ukraine offerieren landestypische Spezialitäten und Geschenkartikel. Allgemein gilt der Nürnberger Christkindlmarkt als vorbildlich in Größe, Aufbau, Organisation und weihnachtlichem Angebot.

Auch im Ausland machen sich Weihnachtsmärkte mehr und mehr breit, wie etwa in **Dänemark**. Nicht ganz so stattlich wie in Deutschland, sind sie dafür typisch dänisch »hyggelig« – gemütlich.
Der angesehenste Julemarked befindet sich im Tivoli in Kopenhagen, in dem Miniaturdörfer mit Geschäften voller Geschenke, Gastwirtschaften mit Jule-Menüs (Weihnachtsgerichten), wunderschöne Szenerien mit erleuchteten Bäumen, das Dörfchen »Nissekobing«

(eine Ausstellung von Hunderten Weihnachtswichteln, dän. *Nisser*) und nostalgische Fahrgeschäfte eine bezaubernde Atmosphäre von Weihnachten der Vergangenheit und Gegenwart schaffen.

Doch lassen ebenso die hauptstädtische Altstadt, die Fußgängerzone Ströget sowie die Weihnachtsmärkte in der Hamletstadt Helsingör, in der Hippie-Freistadt Christiania, in der jütländischen Hauptstadt Århus, in der Christian-Andersen-Stadt Odense und auf der Insel Seeland – um nur einige weitere zu nennen – mit ihrem oft mittelalterlichen Flair eine festliche Julestimmung aufkommen. Neben dem märchenhaften Glanz der nordischen Weihnacht und vielen sonstigen Verlockungen weiß man hier Glögg (nordisch-aromatischen Glühwein: heißen Rotwein mit Aquavit und Gewürzen), Ris à l'amande (Reispudding mit gehackten Mandeln, Kirschsauce und einer »Glücksmandel«), Æbleskiver (dän. = Apfelscheiben, kleine Krapfen) und das starke dunkle Weihnachtsbier Julebryg mit der unverwechselbaren Lakritznote sehr zu schätzen.

11.6 Weitere alte Bräuche und Aberglaube in der Weihnachtszeit

Milch für die himmlischen Gäste

Aberglaube (> 4.3) gab es zu allen Zeiten. Zu bestimmten Ereignissen des Jahreslaufes traten fantastische Erklärungen von unerkannten oder unverstandenen Erscheinungen besonders häufig auf. Sie spielten nicht zuletzt in den langen Winternächten um die Wintersonnenwende eine große Rolle.

Schon in vorchristlicher Zeit fürchtete man sich vor den bösen Geistern der Raunächte, und die Ansicht von der Wunderkraft der Weihnachtstage hat christliche Vorstellungen damit vermischt. Reste des Aberglaubens sind bis heute erhalten.

Wer sich auf die Suche nach ihnen machen will, muss sich »warm anziehen«. Denn ungeachtet der um diese Jahreszeit mitunter bereits recht winterlichen Witterungsverhältnisse finden die meisten volkstümlichen Aktivitäten bei hereinbrechender Dunkelheit oder in den frühen Abendstunden im Freien statt. Jugendliche ziehen – je nach ortsüblicher Überlieferung – entweder singend oder lärmend durch die Straßen. Sie schießen und knallen mit Peitschen, werfen Erbsen, Steinchen oder Sand gegen die Fensterscheiben, rasseln mit Ketten oder machen mit dem Gebimmel von Kuhglocken und Schellen auf sich aufmerksam. Darüber hinaus sind sie im Dichten und Reimen geübt und erwarten für ihren kurzen, aber heftigen Auftritt von allen, denen sie ihre Aufwartung machen, eine angemessene Belohnung.

Geht man vom Volksmund aus, hat es zur Zeit der Wintersonnenwende von gespenstischen Gestalten, wilden Horden und Furcht einflößenden Dämonen nur so gewimmelt. Davon stammt das heute noch bekannte **Perchtenlaufen** ab (> 12.7).

> Diese **mysteriösen Gestalten** bestraften die Kinder mit der Rute, wenn sie nicht brav waren, und belohnten die emsigen. Früher schloss man die Haustür ab, damit die »Wilden Jäger« mit ihrer Anführerin Frau Holle, die man in Schwaben Pelzmärte und in Niederösterreich Budelfrau nannte, nicht herein konnten (> 4.1).

Um die Aufmerksamkeit der geheimnisumwobenen Perchten nicht auf sich zu lenken, mussten alle unnötigen Arbeiten wie Spinnen, Wäsche waschen, Schuhe putzen oder Haare schneiden unterbleiben. Die Häuser wurden mit Weihrauch versehen oder mit Weihwasser bespritzt und die Besen – wie zu Walpurgis – umgekehrt in die Ecke gestellt, um die Geister zu verscheuchen. Wer neunerlei Speisen aß, brauchte nicht Schaden zu erleiden, wer jedoch neunerlei Holz in den Händen hielt, konnte plötzlich alle Hexen sehen, gegen die man einen Brand in den Brunnen warf. Dem Vieh legte man gefährliche Gegenstände wie Messer in die Krippe, damit es nicht verhext wurde. Es bekam die doppelte Menge Futter, und die Bäuerin blies ihm ins Nasenloch, machte über ihm das Kreuzzeichen und stellte selbstverständlich einen Besen vor die Stalltür. Später wurde der Stall auch ausgeräuchert.

Dass heute nach Einbruch der Dunkelheit trotz des Scheppern mit allem, was nicht niet- und nagelfest ist, nicht alle zu Hause bleiben – dafür kann es für die Advents- und alle winterlichen Bräuche eigentlich nur eine Erklärung geben: Mutige Menschen setzen sich der Gefahr unter freiem Himmel aus und bieten dem Ansturm der heißblütigen Truppe und allen sonstigen Mächten der Nacht Paroli. Immerhin sollen Lärm und Spektakel aller Art seit alters her dazu geeignet sein, unliebsame Besucher und Einflüsse wirksam zu vertreiben.

So stehen bis heute auch die **Anklöckler** (Anglöckler) und **Klöpfelgeher** in durchaus alter Tradition. Sie gehen vornehmlich im größten Gau Salzburgs, dem Pinzgau (Bezirk Zell am See), im Advent meist donnerstags (Klöcklertag) zu den Bauern, verkünden die Geburt Jesu, wünschen Segen für Haus, Hof sowie Familie und tragen das Glücksbegehren in die Senioren- und Pflegeheime. Für Menschen am Rande der Gesellschaft sammeln sie Spenden.

Freilich werden die Botschafter der Weihnacht nicht mehr – wie in früheren Zeiten üblich – von den Landwirten genötigt, auch den Äckern und Feldern einen Besuch abzustatten und durch besonders hohe, Kraft raubende Sprünge und Geschrei den Saaten für das kommende Jahr Fruchtbarkeit zu bescheren. Glück- und Segenswünsche für das Gehöft gehören jedoch noch immer zum Repertoire der abendlichen Besucher. Letzteres mag durchaus als ein Relikt aus vorchristlicher Zeit gewertet werden, als unsere germanischen Vorfahren zu Ehren ihres Gottes Thor (> 8.1) ähnliche Fruchtbarkeitsriten pflegten. Dass solche Anstrengungen zum Wohle der Allgemeinheit stets ihren Preis haben, versteht sich von selbst. Und so werden auch die Klöckler und Klöpfler mit Gaben bedacht.

Die kirchliche Obrigkeit war wegen des offenkundig heidnischen Ursprungs wiederholt bemüht, dem ganzen Treiben Einhalt zu gebieten. Schließlich ging man jedoch auch hier dazu über, dem Brauch ein »christliches Mäntelchen« umzuhängen: Den Klöcklern wurde die Aufgabe zugewiesen, die bevorstehende Christgeburt anzukündigen und die Bevölkerung mittels christlicher Lieder darauf einzustimmen. Im Zuge dieses Bemühens verschwanden dann vielerorts die üblichen Masken und Verkleidungen. Allerdings sind auch diese eher beschaulich anmutenden Umzüge in der alten Volksreligion verankert, der zufolge die Mutter Gottes alljährlich im Advent über die Erde wandelt, um für sich und ihr Kind eine Beherbergung zu suchen. Damit die himmlischen Gäste auch mitten in der Nacht eine freundliche Aufnahme finden sollten, stellte ehemals die Hausmutter vor dem Schlafengehen eine Schüssel mit Milch auf den Stubentisch und legte einen Löffel dazu. Bereits zuvor hatte man die **Herbergsleuchte** angezündet.

Bei der **Herbergsleuchte** handelt es sich um ein rubinrotes Glas mit einer Schicht Brennöl auf dem Wasser, auf der ein in einem (Aluminium-)»Napf« gehaltenes Talglicht schwimmt.

Der Aberglaube speziell am 1. Dezember geht auf den Untergang von Sodom und Gomorrha zurück.

Abb. 89:
Anklöckler

Die beiden **biblischen**, am Südende des Toten Meeres gelegenen **Städte** sollen der Sünde und Lasterhaftigkeit anheimgefallen sein. Für das schmutzig geführte Leben wurden sie durch Gott an diesem Tage unter einem Regen aus Feuer und Schwefel begraben.

Damit es am ersten Dezembertag nicht wie in der sprichwörtlichen Redensart »zugeht wie in Sodom und Gomorrha«, also verderbt, soll man alles **Begonnene zu Ende** führen. Das müsse makellos geschehen, denn jede Fehlleistung hätte eine schlimme Vorbedeutung.

Abb. 90: Weihnachtsabend in einem Bürgerhaus 1836

Weihnachten wird überall als Fest der Liebe, der Erhabenheit, der Familie und natürlich der Geschenke begangen. Bei manchen Menschen unserer Zeit und unserer Breiten gilt es als das höchste christliche Fest, obgleich es dies nicht ist, sondern erst nach Ostern einzuordnen ist. Es ist kaum vorstellbar, dass es je anders war. Die meisten Deutschen zelebrieren Umfragen zufolge das Weihnachtsfest am liebsten ganz traditionell, u.a. mit Festessen und Christbaum. Erstaunlich ist, dass allen voran die jüngeren Generationen auf Familie, Besinnlichkeit und Harmonie setzen.

Diese glanzvolle Feierlichkeit arrangieren die meisten dort, wo sie sich heimisch fühlen. Doch wie und wo man auch der Muße Raum lässt, ob zu Hause im engsten Familienkreis oder in einer größeren Runde mit Freunden, ob beschaulich oder eher geräuschvoll: Immer begleiten uns wunderbar-fantastisch ausgeschmückte und volkstümlich-religiöse Erzählungen über ungewöhnliche, für den Betrachter nicht erklärbare Ereignisse. »Es begab sich aber zu der Zeit …«, beginnt im Lukas-Evangelium die Weihnachtsgeschichte. Wohl kaum ein Geschehnis ist derart von Legenden umwoben wie Weihnachten. Advent, Heiligabend und die Weihnachtstage bergen Riten und Erinnerungen, die unsere Einstellung zum Fest prägen und denen wir mit immer wiederkehrenden Gepflogenheiten Ausdruck verleihen. Umwoben von einem ungemein großen Bedeutungsreichtum, füllen Bräuche die Stunden der Weihnacht aus.

Forscher der verschiedensten Disziplinen, Völkerkundler, Geschichtswissenschaftler, Theologen und Sprachhistoriker, haben sich intensiv mit der winterlichen Sonnen- und Jahreswende befasst. Sie alle kommen mehr oder weniger auf heidnische Bräuche zurück, die von uns meist unbewusst mit christlichen verbunden werden.

12.1 Geweiht oder geheiligt? – Herkunft des Namens

Die längste Nacht des Jahres und damit der vorchristliche Jahresanfang ist Weihnachten, die **geweihte Nacht**. Im Mittelhochdeutschen finden wir *wīenacht* und *wīnaht* (um 1300), die zusammengezogen sind aus *diu wīhe naht* bzw. dem Dativ Singular *ze (der) wīhe naht*, eigentlich »heilige Nacht«. (vgl. »Weihe« = Feierlichkeit, feierliche Inbetriebnahme, oder »Weihrauch« = »heiliger Rauch«, aromatisches Räuchermittel). Welch ein Zauber geht von diesen vier Wörtern aus, mit dem wir die mit dem Heiligen Abend eingeleitete Fidelitas bezeichnen. Doch wie wird die geweihte Nacht zur heiligen Nacht?

Das althochdeutsche Wort *wīh* wird im Mittelhochdeutschen zunehmend vom Adjektiv *heilec* oder *heilic* verdrängt und kirchenlateinisch wie *sanctus* und *sancer* übersetzt, also mit »heilig« (vgl. »Heiligkeit« = heiliges Wesen, göttliche Vollkommenheit, Unantastbarkeit, oder »Heiligtum« = Gott geweihter, verehrungswürdiger Ort oder Gegenstand).

Die Sprachform »geweiht« hält sich beharrlich auch in unseren Tagen, wenn wir uns nur einmal die Titel einiger Weihnachtslieder und Weihnachtsgedichte anschauen.

Weihnachtslieder: »Fröhliche *Weihnacht* überall«, »Guten Abend, schön' Abend, es *weihnachtet* schon«, »Am *Weihnachtsbaum* die Lichter brennen«, »Morgen kommt der *Weihnachtsmann*«, »*Weihnachtsnachtigall*« oder »Süßer die Glocken nie klingen als zu der *Weihnachtszeit*«.

Weihnachtsgedichte und -geschichten: »*Weihnachten*« von Joseph von Eichendorff (1788–1857), »*Weihnachtslegende*« von Bertolt Brecht (1898–1956), »*Weihnachtslied*« von Theodor Storm (1817–1888) oder »Der *Weihnachtsmann* in der Lumpenkiste« von Erwin Strittmatter (1912–1994).

Daneben steht freilich die neuere Parallelform »heilig«, so

in dem **Kinderlied** »Du lieber, *heilger* frommer Christ« von Ernst Moritz Arndt (Text, 1769–1860) und Gottlob Siegert (Weise, 1789–1868), in »Stille Nacht, *heilige* Nacht« (> 11.9) von Joseph Mohr (Text, 1792–1848) und Franz Gruber (Weise, 1787–1868), in »Die *heil'gen* drei Kön'ge« von Heinrich Heine (1797–1856) oder in »Und wenn du folgst und artig bist, dann ist erfüllt dein Traum, dann bringet dir der Heil'ge Christ den schönsten Weihnachtsbaum« (aus »Der Weihnachtsbaum« von Hoffmann von Fallersleben).

In einer Reihe von Mundarten ist das Wort »Weihnachten« ganz ungebräuchlich. Es wird durch das weit verbreitete »*Christtag(e)*« oder wie im Westthüringischen durch »*Binachten*« (»bei Nachten«) ersetzt.

Geläufig jedoch und fast immer auf Christi Geburt verweisend ist die Bezeichnung in vielen fremden Sprachen:

Noël im Französischen, *Christmas* im Englischen, Χριστούγεννα (Christougenna) im Griechischen, *Natale* im Italienischen, *Kerstmis* im Niederländischen, *Boże Narodzenie* im Polnischen, *Natal* im Portugiesischen, *Кристмас* im Russischen, *Jul* im Skandinavischen, *La Navidad* im Spanischen.

12.2 Christi Geburt

Unser heutiges Weihnachtsfest ist eng verbunden mit der Festlegung von **Christi Geburt**. Warum die Ankunft des »Friedensfürsten« auf den 25. Dezember anberaumt wurde, ist nach wie vor unbekannt. Die Auslöser sind nie ermittelt worden, und auch die Bibel gibt hierüber keine genaue Auskunft. Wahrscheinlich ist, dass man zur Zeit der Christianisierung Weihnachten deshalb auf dieses Datum legte, weil dieser Tag in vielen Kulturen eine besonders wichtige Zeitspanne war und an ihm viele vorchristliche Feiertage zusammenfielen. So war der Übergang vom heidnischen Brauchtum zur christlichen Religion leichter zu gestalten.

Der Sonnengott und das freudige Ereignis in der Herberge

Am 25. Dezember, dem ehemaligen Tag der Wintersonnenwende, wurde im vorderasiatischen **Mithraskult** die Geburt des indoiranischen Rechts-, Licht- und Sonnengottes Mithras gefeiert. Dieser allwissende Hüter der Wahrheit kämpfte auf der Seite des Guten gegen die Dämonen des Bösen.

Aus Asien, Afrika und Europa

Der Name des Gottes der Vertragstreue, staatlichen Ordnung und des iranischen Kriegsadels **Mithras** bedeutet im Persischen »Vertrag«.

Mithra ist verwandt mit dem altindischen Gott **Mitra**, der als Hüter der menschlichen und kosmischen Ordnung galt. Als Stier tötender **Mithras** war er der römische Sonnen- und Mysteriengott (Erlösergott), der besonders im Heer verehrt wurde, weshalb seine Heiligtümer vornehmlich in Garnisonsorten entstanden.

Die geheimen Feiern fanden in unterirdischen Räumen statt und wurden durch Licht- und Toneffekte eindrucksvoll untermalt. Im Mittelpunkt des Kults stand die Tötung eines (Ur-)Stiers, aus dessen Fleisch, Blut und Gebein Mithras die Welt erschuf.

Unter dem Kaiser des Römischen Reichs Aurelian (214–275) wurden die rituellen Handlungen als »Sol Invictus« (lat. = der unbesiegte/ unbesiegbare Sonnengott) zur Staatsreligion erhoben.

Abb. 91: Die Sonnenmutter und Zauberin Isis mit dem Horuskind auf dem Schoße

Abb. 92: Der Gott der Unterwelt Osiris

Abb. 93: Der Gott des Lichtes und Bekämpfer des Bösen Horus mit der rechten Hand am Mund, einem Symbol für Stille und Verborgenheit

Isis (ägypt. *as(e)t* = Thron, Sitz), urspr. kuhköpfige Göttermutter, Schwester und Gemahlin des Totengottes **Osiris** (Serapis), ist als die altägyptische Liebes-, Mutter- und Totengöttin eine der wichtigsten Gottheiten im klassischen Altertum. Beider Gottheiten gemeinsamer Sohn ist der kinder- oder falkengestaltige altägyptische Himmels-, Sonnen-, Todes- und Königsgott **Horus** (Harpokrates, »der Ferne«). Nicht zuletzt wegen ihrer Gattentreue wurde Isis hoch verehrt, u.a. in zahlreichen Hymnen als Große Mutter, All- und Himmelsgöttin, Bringerin von Kulturgütern, Schicksalsbeherrscherin, aufmerksame Beschützerin der Familie, Göttin der Zeugung und Geburt, stillende Göttin und als Nothelferin. Isis wurde verbunden mit magischer Mutterschaft und Natur. Bei den Griechen bot sie Seeleuten Schutz, im alten Rom versah man sie mit Rosen. Als Mutter mit dem Knaben Horus auf dem Arm beeinflusste sie das christliche Marienbild.

Die Römer begingen an diesem Tag ihre verherrlichenden **Saturnalien** zur Lobpreisung des Gottes des Acker- und Weinbaus und unbesiegbaren Sonnengottes Saturn.

Mit **Saturn** ist nicht der altrömische Gott zu deuten, der später mit dem griechischen »Kronos« gleichgesetzt wurde, dem Geschlecht der Titanen angehörte, sich als Tyrann entpuppte und alle seine Kinder bei ihrer Geburt verschlang.

Nach einer bei den Römern sehr beliebten Legende erinnerte vielmehr die heitere Feier der Saturnalien an die glückliche Zeit der Herrschaft **Saturns** (Saturnia regna), die als »Goldenes Zeitalter« in das Gedächtnis der Menschen einging. Die Menschen lebten in Frieden und frei von Kümmernissen, die Erde brachte selbsttätig Früchte hervor, die Flüsse waren angefüllt mit Milch und Nektar, und von den Bäumen tropfte der Honig. Das ausgelassene, karnevalsähnliche Volksfest wurde alljährlich am 17. (später vom 17. bis zum 23.) Dezember gefeiert. Es war auch für Sklaven offen, die mit ihren Herren die Rollen wechselten, von ihnen bedient wurden und mit ihnen Öllämpchen und Tonfiguren als Geschenke austauschten.

Die heidnischen Kelten und Germanen zelebrierten im norddeutschen Raum bis nach Skandinavien das **Mittwinterfest.**

Es war die Zeit der Erderneuerung und das Fest der winterlichen Sonnenwende, das **Julfest**. »Jul«/ »jol«, (finn. »joulu«) ist im Gotischen der »November, der erste Julmonat« oder der »Monat vor der Julzeit«. Auch die häufig angegebene Bedeutung von »Rad« ist denkbar, mit der das Jahresrad gemeint ist, das in den Raunächten (> 3.2) stillsteht und anschließend eine neue Umdrehung beginnt. Noch heute werden brennende Wagenräder die Abhänge hinuntergerollt, um so die Felder fruchtbar zu machen.

Die üppigen, fröhlichen Feierlichkeiten mit viel Tanz, Gesang, Essen, Trinken und – um im neuen Jahr Fülle und Glück zu haben – gegenseitigem Beschenken lagen territorial unterschiedlich in der Zeit von Ende Dezember bis Anfang Januar, zumeist vom 25. Dezember bis zum 6. Januar.

Das Julfest währte also zwölf Tage und endete mithin an dem Tag, an dem nach späterer christlicher Auslegung die Heiligen Drei Könige in Bethlehem ankamen (> 4.2). Es war einerseits den Seelen der Verstorbenen gewidmet, die nach übernatürlichen Mutmaßungen umherzogen, um an den geistigen und kulinarischen Genüssen teilzuhaben. Neben den Bezeugungen für die Innenwelt der Toten wurden insbesondere im Norden Europas den Göttern Opfergaben dargebracht, namentlich Thor, Freyr und Freya (> 8.1).

So war das Fest des wiederkehrenden Lichtes zugleich ein Fruchtbarkeitsfest: In der längsten und dunkelsten Nacht des Jahres gebar die Göttin der Fruchtbarkeit einen Sohn, den Sonnengott, mit dem Licht und die Fähigkeit auf die Erde zurückkehrten, Nachkommen zu zeugen. Nach der Christianisierung wird der Name »Jul«, dessen Bedeutung unsicher ist, auf das christliche Weihnachtsfest übertragen.

Um alle diese Feierlichkeiten rankt sich mehrerlei **Geisterglauben**, der sich gerade in abgelegenen Gegenden wie den Alpen bis heute gehalten hat.

Neue Deutung – neue Botschaft: Gott wird Mensch

Da diese asiatische, ägyptische und römische Vergötterung mit großem Pomp ausgeübt wurde, versuchte Papst Hyppolit (Lebensdaten unbek.), sie zu beseitigen. Er verlegte das Fest der Geburt Christi bereits 217 mit dem Verweis auf den 25. Dezember, dass schon das Alte Testament den erwarteten Erlöser als »Sonne der Gerechtigkeit« bezeichne. Außerdem habe sich Christus selbst »das Licht der Welt« genannt, der als das »Wahre Licht, das jeden Menschen erleuchtet«, in diese Welt gekommen sei. Mit der Datierung des Weihnachtsfestes auf das Fest des »unbesiegbaren Sonnengottes« gaben die Christen den Heiden zu verstehen: Die Sonne ist gut, und wir freuen uns ihres immer neuen Sieges nicht weniger als ihr. Aber sie hat ja keine Macht aus sich selbst, sondern nur Kraft, weil Gott sie erschaffen hat.

So kündet sie vom tatsächlichen Licht, von Gott, dem Schöpfer aller Dinge. Deshalb feiern die Christen zu Weihnachten das Kommen des wahren Gottes: den Urquell allen Lichtes, nicht aber sein Werk, die Sonne, die kraftlos wäre ohne ihn. Das ist der christliche Sinn von Weihnachten: Es ist der Geburtstag Christi, die Wintersonnenwende der Weltgeschichte, die den Gläubigen in allen Auf- und Niedergängen des Lebens die Gewissheit gibt, dass die dunklen Mächte der Finsternis keine endgültige Macht besitzen.

Abb. 94:
Hans Memling
(zwischen
1433 und
1440–1494):
Die Geburt
Jesu Christi,
1480

Durchsetzen konnte sich das **Lichtfest** aber erst durch den Bischof von Rom (seit dem 5. Jh. ist der Titel des Bischofs von Rom »Papst«) Liberius (unbek.–366), sodass der Geburtstag Jesu erstmalig am 25. Dezember 354 in Rom offiziell gefeiert wurde. Zum Glaubenssatz wurde es auf dem 1. Konzil von Konstantinopel 381 (dem 2. ökumenischen Konzil) unter dem römischen Kaiser Theodosius I. (347–395) erklärt und das Christentum zur Staatsreligion erhoben. 391/392 wurden alle heidnischen Kulte verboten. Im 7. und 8. Jahrhundert setzte sich der Brauch, das Fest am 25. Dezember zu feiern, auch in Deutschland durch. Die Mainzer Synode erklärte 813 diesen Tag förmlich zum »festum nativitas Christi«. Mit ihm begann damals das Kalenderjahr. Im Verlaufe der Christianisierung der Menschheit hat das Weihnachtsfest seine heutige weltweite Verbreitung gefunden. Katholiken, Protestanten und ein Teil der Orthodoxie begehen Weihnachten am 25. Dezember nach dem gregorianischen Kalender. Ein anderer Teil der Orthodoxie, darunter die griechische, ist beim 25. Dezember nach dem älteren julianischen Kalender geblieben, der dem 6. Januar nach dem gregorianischen Kalender entspricht. Erst am 18./19. Januar feiern die Armenier die Geburt Jesu.

Offensichtlich falsch ist die Annahme, dass Christus im Jahre 0 geboren wurde. Der Zeitpunkt seiner **Geburt** liegt wohl vier bis zwölf Jahre vor Beginn unserer Zeitrechnung. Als Beweisgrund wird häufig angegeben, dass Christus auf die Welt kam, als der römische Senator und zeitweilige Statthalter in Syrien Quirinus (um 45 v. Chr.–21 n. Chr.) die erste Volkszählung durchführen ließ. Historiker datieren dieses Ereignis auf 7 bis 11 vor Christus.

Der **Geburtsort Jesu** befindet sich laut dem Verfasser des nach ihm benannten dritten Evangeliums und der Apostelgeschichte Lukas und dem Verfasser des ersten Evangeliums Matthäus in Bethlehem. Der amtliche Name für das hebräische »Bethlehem« ist »Beit Lahm« (arab. = Brothaus), gelegen an der Straße nach Hebron, sieben Kilometer südlich von Jerusalem. Dort steht auch die Geburtskirche, die 326 von Kaiser Konstantin I. errichtet wurde und eine der ältesten und noch erhaltenen Kirchenbauten ist. Alljährlich besuchen Tausende von Pilgern aus aller Welt zur Weihnachtszeit das Gotteshaus.

Die tatsächlichen **Umstände am Geburtstag** waren mutmaßlich
wenig erfreulich. In Einsamkeit, persönlicher Not und einer kargen
Unterkunft wird in einer politisch wirren Zeit Jesus geboren. Die
Weihnachtsgeschichte nach Lukas berichtet: »Es begab sich aber zu
der Zeit, dass ein Gebot von Kaiser Augustus ausging, dass alle Welt
geschätzt würde. Und diese Schätzung war die allererste …«.

Trotz der Mühsal der Erhebung über den Bevölkerungsbestand
war Weihnachten zu allen Zeiten ein fröhliches Fest, war doch Chris-

tus, der Messias, der kommende Erlöser, seitdem für viele nicht mehr
ein abstrakter Begriff, sondern ein Gott mit menschlichem Gesicht.
Wen wundert es, dass Weihnachten gerade darum und besonders für
die Kinder das größte Ereignis im Jahr ist. Und es ist nicht allein die
kirchliche Freudenfeier, sondern eine Festlichkeit der Familie mit ihrer Anziehungskraft und Gestimmtheit. Gerade in unserer heutigen
rastlosen und manchmal wenig ermutigenden Zeit bietet ihr besinnli-
cher Ablauf mit den alten, immer wieder schönen Bräuchen eine gute
Gelegenheit zum Nachdenken – zur Wiederentdeckung von Werten,
die es verdient haben, über das Jetzt hinübergerettet zu werden.

Abb. 95:
Die Geburts-
kirche
Jesu Christi

12.3 Der Heilige Abend

Wenn am Vorabend des Christfestes die erwartungsfrohen Kinder mit ihren Eltern nachmittags oder in der Abenddämmerung in die Kirche gehen oder sich im Fernsehen »Drei Haselnüsse für Aschenbrödel« anschauen, wenn später im Kreise der Familie die unter dem festlich geschmückten Weihnachtsbaum liegenden Christgaben den Bedachten Freudenröte auf die Wangen malen oder Tränen in die Augen treiben – dann befinden wir uns in einer Tradition, die schon unseren Vorfahren innerliche Stärkung und Zuspruch brachte.

Mit dem *Heiligen Abend* beginnt am 24. Dezember die eigentliche Feier, die jedoch nicht überall Heiliger Abend heißt, sondern – so

Abb. 96: Christnacht im Kirchensaal der Brüdergemeine Herrnhut

in Teilen des ostmitteldeutschen Sprachraumes (östlich der Saale) – Christheiligabend, Christkindchen(s)heiligabend oder Christnacht (mit der häufig auch nur der Heilig-Abend-Gottesdienst gemeint ist). Wie er auch lautet: Selbst nichtgläubige Menschen besuchen an diesem Abend den Gottesdienst mit Krippenspiel, die Christvesper oder die Mitternachtsmesse. Nach einer Mitte Dezember 2010 veröffentlichten Meinungserhebung begeben sich zu Weihnachten 43 Prozent der Deutschen in die Kirche, während ihr 53 Prozent fernbleiben. Die Teilnahme an der Christmette (Mitternachtsmesse) ist ein Brauch, der in vielen Familien gepflegt wird.

Unter **Christmette** verstand man ursprünglich das in der Heiligen Nacht gesungene Morgengebet der Kirche zum Weihnachtsfest. Volkstümlich ist darunter die weihnachtliche Mitternachtsmesse zu verstehen, die aber in einigen Gegenden auch schon am späteren Heiligen Abend oder erst in der Frühe des ersten Weihnachtstages vollzogen wird.

Einen tiefen Einschnitt erfuhr die einst sehr unterhaltsame Weihnachtsmesse, in deren Rahmen Maskeraden, Marionettenspiele, heitere Musik- und derbe Liedaufführungen inszeniert wurden, in der Reformationszeit.

12.4 Nikolaus, Knecht Ruprecht und Weihnachtsmann

Weihnachten ist ringsumher ein Fest des Schenkens und Beschenkt-Werdens. Doch wer bringt eigentlich all die mit heißer oder banger Sehnsucht erwarteten Gaben – der Nikolaus, Knecht Ruprecht, der Weihnachtsmann, das Christkind oder das »Goldene Rössl«? Oder vielleicht noch jemand anders?

Who's who?

Wie in vielen Heiligengeschichten vermischen sich auch beim *Nikolaus* Wahrheit und Fiktion. Immerhin ist er keine Märchen- oder Sagenfigur, es hat ihn tatsächlich gegeben. Als eine Heiligenerscheinung aus der orthodoxen byzantinischen Kirche wurde er zur Blütezeit von Byzanz um 1000 im damaligen Konstantinopel hoch verehrt.

Sein historisches Vorbild ist der aus einer wohlhabenden Familie im 60 Kilometer westlich des antiken Myra gelegenen Stadt Patara stammende Erzbischof von Myra (um 270–342/343) in Lykien (Kleinasien/Südtürkei), der am 6. Dezember starb, seinem Namenstag.

Es wird vermutet, dass Nikolaus von Myra nicht allein zum Urtyp des weltweit beliebten heiligen Nikolaus wurde, sondern gemeinsam mit seinem mildtätigen Namensvetter Abt **Nikolaus von Sion** (unbek.–564), Bischof in der antiken Stadt Pınara (südwestliches Lykien).

Südlich von Myra, in der modernen Provinzstadt Kale (früher Demre), steht über dem Grab des heiligen Nikolaus eine Basilika, die in by-

210

zantinischer Zeit gebaut, jedoch mehrfach zerstört wurde. Die heutige Kirche mit schönen Kreuzgängen und Freskenresten wurde vom Zaren Alexander II. (1818–1881) im 19. Jahrhundert aus Verbundenheit der Orthodoxie mit dem Heiligen errichtet. Am 6. Dezember findet hier ein internationales Sankt-Nikolaus-Fest in Form von Gedenkfeiern für den Heiligen der katholischen Kirche statt. Vorwiegend der ökumenische (christlich-islamische) Gottesdienst zieht viele Besucher an.

Mit 19 Jahren wurde Nikolaus zum Priester geweiht. In der westlichen Welt verniedlicht und gemeinhin als bloßer Kinderfreund etikettiert, der im roten Mantel und weißen Bart, mit einem von Rentieren gezogenen Schlitten Geschenke aus seinem Sack unter dem Weihnachtsbaum an die Kinder verteilt, als Schmuckfigur an Christbäumen hängt, als Lebkuchen gebacken wird, für nahezu alle Grußkarten herhalten muss und also gern mit dem Weihnachtsmann gleichgesetzt wird (s.u.), ist er im Osten der Idealtyp eines Bischofs – ein Geistlicher, der sich sozial engagierte, überall eingriff, wo Unterstützung benötigt wurde, und sein beträchtliches Vermögen an die Armen verschenkte.

Viele Legenden schildern den späteren Schutzheiligen Russlands und Schutzpatron der See- und Kaufleute, Bäcker, Jungfrauen und Kinder als Wundertäter und gütigen Freund der Kleinen. So soll er Seeleute aus der Seenot gerettet, die Einwohner seiner Stadt vor dem Hungertod bewahrt und entführte Kinder befreit haben.

Nach den Überlieferungen sei er oft abends, wenn es anfing, dunkel zu werden, eingemummt in einen dicken Mantel durch die Straßen von Myra gegangen und habe in die Fenster geschaut. Wenn er dann ein besonders braves Kind entdeckte, belohnte er es mit einem Geschenk, legte z. B. Süßigkeiten, vergoldete Äpfel, Nüsse oder auch Spielzeug vor die Türen der Armen oder kaufte Kinder von Piraten frei.

Eine Legende erzählt, wie Nikolaus einmal drei armen Schwestern half: Nachts warf er heimlich drei Goldstücke durch den Rauchfang. Statt auf den Herd, fielen die Münzen in drei Strümpfe, die am Schornstein zum Trocknen aufgehängt waren. Nach einer Version, die ich u.a. in der im südlichen Harzvorland gelegenen Burg Querfurt gefunden habe, soll er drei goldene Äpfel den drei Töchtern eines verarmten Edelmannes durch das Fenster zugeworfen haben, um sie vor dem Verkauf in ein Freudenhaus zu retten.

Diese als volkstümlicher Heiliger verehrte Verkörperung der Brüderlichkeit, Solidarität, Nächstenliebe, Toleranz, Hilfsbereitschaft und des Respekts zwischen den Menschen wird in der Kunst häufig im Gewand eines katholischen Bischofs mit Mitra (traditionelle bischöfliche Kopfbedeckung), Krummstab, aber auch mit Broten, Äpfeln und anderen Geschenken dargestellt. Sein Tod und die Verknüpfung der alten Sitte des Schenkens zur Zeit der Wintersonnenwende mit der Mildtätigkeit des Heiligen führten zur Assoziation mit Weihnachten. Sein Kult lebt im Nikolaustag weiter. Denn seitdem werden am 6. Dezember oder am Abend vorher Strümpfe an den Kamin gehängt

oder die geputzten Schuhe vor die Tür gestellt, damit sie der Nikolaus
mit Süßem oder sonstigen kleinen Geschenken füllt. Der Namenstag
des Heiligen wurde vielerorts schon im Mittelalter als Beschertag für
die Kinder begangen.

Abb. 98:
Nikolaus mit
zwei Knecht
Ruprechten

Der Nikolaus
in Italien

Wer zwischen dem 7. und 9. Mai in das geschichtsträchtige Bari reist,
dem Verwaltungszentrum der Region Apulien im Südosten Unteritali-
ens, kann nicht nur das sommerlich anmutende Klima am Mittelmeer
und intensive Blütenfarbenspiele genießen, sondern Zeuge eines tief
verwurzelten Glaubens werden. Hier thront im Spätfrühjahr ein **Rie-
senstandbild des heiligen Nikolaus** im Gewand eines katholischen
Bischofs mit Bischofsmütze, Hirtenstab und gelbem Mantel inmitten
der Hafenmetropole an der Adria. Doch warum steht diese Statue
hier, und warum versammeln sich im Mai um sie herum Gruppen von

Pilgern und Apuliern in traditionellen Kostümen? Dafür kursieren vornehmlich zwei Auffassungen.

Nach der einen wurden am 9. Mai 1087 Nikolaus' Gebeine aus Myra vor den Überfällen der Muslime von italienischen Kaufleuten **gerettet** und in die Hafenstadt Bari überführt.

Nach der anderen gab es einen Konkurrenzkampf zwischen Bari und Venedig, die beide die Gebeine des Heiligen unbedingt im Westen sehen wollten. Kaufleute, die von Bari ins Mittelmeer stachen, wussten, dass Nikolaus in Demre begraben liegt. Sie drangen an selbigem Tage in die Kirche ein, brachen das Grabmal auf und **entführten** die Gebeine des Heiligen nach Bari. In der Eile des Aufbruchs blieben einige Knochen unbeachtet, die heute in einem hölzernen Behälter im Archäologischen Museum von Antalya zu sehen sind.

Ob Bergung oder Raub – innerhalb von drei Jahren wurde in der Stadt am Adriatischen Meer über den Reliquien eine große Kirche gebaut, die San-Nicola-Basilika. Unbeeindruckt von dem seit über zwanzig Jahren vorgetragenen Ansinnen des türkischen Kulturministeriums, die sterblichen Überreste des Bischofs von Myra zurückzuverlangen, wird der Ankunft der Reliquien noch heute mit feierlichen Prozessionen gedacht.

Mit einem historischen Umzug beginnt alljährlich am 7. Mai das Fest zu Ehren des Nothelfers. Ausgangspunkt ist die Basilika San Nicola, deren Bau 1087 begann und in der seitdem die körperlichen Überreste des Schutzheiligen ruhen. Das Gotteshaus gehört zu den ersten großen Kathedralen der apulischen Romanik und ist das Wahrzeichen der Stadt. Begleitet von Musik und Gesang wird die Heiligenstatue zuerst durch die Altstadt, tags darauf zum Hafen und dann in einem festlich geschmückten Fischerboot auf das offene Meer geleitet. Am Abend kehrt die beleuchtete Figur zum Hafen zurück, um am 9. Mai, dem Jahrestag der Überführung der Gebeine, dem »Festa della Gente del Mare« (»Fest der Menschen des Meeres«) beizuwohnen. Mit dem Ritus der Entnahme des heiligen Manna (Himmelsbrotes) wird in der Basilika San Nicola die Heilige Messe zelebriert. Dem Manna von San Nicola, das angeblich aus den Knochen des Heiligen rinnt, wird eine heilende Wirkung zugesprochen.

Am nächsten Tag geht in den Gassen der Altstadt alles wieder seinen gewohnten Gang: Marktfrauen verkaufen Obst und Gemüse, Jungen spielen Fußball, und an den Tischen vor den kleinen Cafés sitzen ältere Herren, spielen Karten und genießen die warmen Sonnenstrahlen.

Wenn der heilige Nikolaus in früheren Zeiten die Kinder besuchte, kam er nicht allein. Bärtige und vermummte Poltergeister und andere finstere Gesellen begleiteten ihn. Diese lärmenden Kumpane – einer von ihnen ist im **Knecht Ruprecht** verkörpert – erinnern an den vorchristlichen Dämonenglauben: In einigen der unheimlichen Gestalten lebt Wotan weiter, der mächtige Germanengott.

Wotan (Wodan, altnord. *Odin*) ist der höchste germanische Gott mit weit verbreitetem Kult, verehrt als Urheber von Kultur, Kriegskunst, Weissagung, Runenzauber und Dichtkunst sowie als Führer des Totenheeres (vgl. den in Skandinavien, in den Niederlanden und in den englischsprachigen Ländern nach ihm benannten Mittwoch, engl. = Wednesday).

Gerade in den dunklen langen Dezembernächten fühlten sich früher die Menschen von unheilvollen Mächten bedroht.

Auch als Ruprecht, Bullerklas, Hans Muff, Hans Trapp (Elsass), Herrschekla(u)s, Herrscherruprecht, Kettenklaus, Klaubauf, Knecht Nikolaus, Krampus (Österreich), Nickel, Pelzmärte oder Pelzmärtel (Süddeutschland), Pelznickel, swatter Pitt, Rumpelklas oder Sackhans zog Knecht Ruprecht in pelzbesetzter Kleidung, meist mit einer Rute in der Hand und einem Sack voller Geschenke über der Schulter, von Tür zu Tür.

In der Schweiz heißt der Ruprecht (oder Nikolaus) Samichlaus, dem die Besucher in der ständigen Kinderausstellung des Historischen und Völkerkundemuseums der Ostschweizer Kantonshauptstadt und Kulturmetropole St. Gallen begegnen können.

Die in Holland anzutreffenden zwarte Pieten (Schwarze Peter) sind Männer und Frauen mit schwarzen Gesichtern, die mit immer neuen Einfällen die Frühaufsteher bei Laune halten und gemeinsam mit ein paar tausend Neugierigen auf den Sinterklaas (Nikolaus) warten.

Im Verlaufe der Entwicklung des Brauchtums wurde Knecht Ruprecht bisweilen dem Heiligen gleichgesetzt, dann aber vom Nikolaus getrennt. Schließlich rückte er zu einem selbstständigen Geschenkbringer auf, der den Kindern am Nikolausvorabend (5. Dezember), Nikolaustag (6. Dezember) oder am Heiligen Abend als Weihnachtsmann oder Begleiter des Christkindes (> 12.7) seine Gaben beschert.

Die Figur **Hans Trapp** geht auf den Hofmarschall der Kurfürsten von der Pfalz, Hans von Trotha (um 1450–1503) zurück, der im Volksmund auch Hans Trott hieß. Von Trotha hatte seine Bauern im 16. Jahrhundert dermaßen drangsaliert, dass er in Südwestdeutschland zum Kinderschreck geworden ist.

In manchen Gegenden kennt man den **Erbsbär**, der in den Kämpfen zwischen Sommer und Winter in einem Zottelgewand aus Erbsenstroh auftaucht und, flankiert von einem Engel und einem Teufel, von Hof zu Hof zog.

»Wart ihr alle brav?« Der *Weihnachtsmann* ist der unbestrittene »Promi« der weihnachtlichen Kinderbescherung. Doch ist er längst nicht so alt, wie es Knecht Ruprecht und der Nikolaus sind. Kulturgeschichtlich ist er aus der Gestalt des Knecht Ruprecht abzuleiten.

Eine Erfindung des Protestantismus

Im 16. Jahrhundert versuchten die Reformatoren ohne besonderen Erfolg, Sankt Nikolaus durch das Christkind oder den Christmann als Gabenbringer zu ersetzen. Das Christkind hat also kein biblisches Alter, vielmehr ist es eine Erfindung Martin Luthers. Weil er sich von den Katholiken, die ihre Kinder vom Nikolaus beschenken ließen, absetzen wollte, tauschte er ihn durch das elsässische Christkind aus, das am 25. Dezember Geschenke verteilt. Als die Katholiken den Brauch später übernahmen, übergaben die Protestanten den Bescherungsauftrag dem Weihnachtsmann.

Doch erst im 19. Jahrhundert kam auf dem Umweg über den amerikanischen Santa Claus der Weihnachtsmann nach Europa. Er entstand bei uns als eine Mischung aus Knecht Ruprecht, Nikolaus und heiligem Christ und erblickte als Grafik das Licht der Welt. 1847 schuf einer der besten Maler und Zeichner der österreichisch-(süd-) deutschen Spätromantik, Moritz von Schwind (1804–1871), mit einer Zeichnung den »Herrn Winter«, das Vorbild für den Weihnachtsmann. Er zeigte ihn als eine ideale Großvatergestalt im pelzverbrämten roten Kapuzenmantel, mit Rauschebart und Geschenksack. Auch Hoffmann von Fallersleben, der rund 200 Kinderlieder schrieb (u.a. »Alle Vögel sind schon da«), hat 1835 in seinem Lied »Morgen kommt der Weihnachtsmann« zu seiner Verbreitung beigetragen. Ein Star wurde er durch die Werbung von Coca-Cola in den 30er Jahren des vorigen Jahrhunderts.

In Süddeutschland hat sich allerdings diese Figur nie ganz durchgesetzt. Vor allem in Bayern und Teilen Mitteldeutschlands brachte und bringt mancherorts neben dem Weihnachtsmann noch immer das **Christkind** die Scherflein. »Christkind« ist ursprünglich der »Christus als neugeborenes Kind«. Doch mit der Entfaltung der Schenksitte erhält »Christkind« (auch »Christkind[e][l]« und »der Heilige Christ«) die Bedeutung von Weihnachtsgeschenk bzw. der Bringer von Weihnachtsgeschenken (> 12.7).

»Christ« (der Gesalbte) hält sich u.a. in solchen weihnachtlichen Benennungen wie Christabend, -baum, -fest, -kindlmarkt, -mette, -nacht, -stollen, -tag oder Christvesper.

In der Mitte des 19. Jahrhunderts wird verschiedentlich das **Goldene Rössl** (vereinzelt auch »Silbernes Rössl«) vermerkt, das bis dahin im oberösterreichischen Mühlviertel und im Böhmerwald die Weihnachtsgaben zugeeignet hat. Allem Anschein nach von der Spukwelt und der Geisteraustreibung und -beschwörung in den zwölf Raunächten (> 11.6) hergeleitet, wird im »Goldenen Rössl« ein sagenhaftes Wundertier gesehen, in dem der Kosmos wiederzuerkennen sei.

12.5 Weihnachtspostämter

Jedes Jahr spätestens im Advent, wenn die Wunschzettel geschrieben werden, beginnt das Rätselraten aufs Neue: Wo wohnt der Weihnachtsmann?

Wunschzettel an den alten Herrn

Eine Spur führt in den Norden der Welt am Polarkreis, in das am dünnsten besiedelte Gebiet Europas »am Ende« der bewohnbaren Mutter Erde. In jenem Landstrich, in dem das einzige Urvolk des Abendlandes, die Samen (Selbstbezeichnung, dt. Sumpfmenschen), sesshaft ist, liegt das *finnische Lappland*. Ebenda soll der Joulupukki, wie der Weihnachtsmann dort heißt, mit seinen Elfen, Wichteln und Rentieren zu Hause sein. Obwohl sich auch Turku, die älteste Stadt des Landes, an der Westküste und gar nicht im hohen Norden gelegen, als die Weihnachtsstadt Finnlands bezeichnet, residiert der Weihnachtsmann entweder auf dem Korvatunturi, dem »Ohrenberg« an der russischen Grenze, oder in der lappländischen Hauptstadt Rovaniemi. Hier, am magischen Polarkreis nahe dem 66. Längengrad, ist das Weihnachtswunderland mit seinem Santa-Claus-Office in Joulupukki Pajakylä, dem »Dorf des Weihnachtmannes« bei Rovaniemi, die größte Attraktion der Polarkreisregion Finnlands geworden.

Der Weihnachtsmann kann seine Gäste in zehn Sprachen begrüßen (natürlich auch in fließendem Deutsch und Englisch) und beantwortet zusammen mit den Postwichteln in grünen Jacken und roten Mützen jährlich rd. 500.000 Wunschzettel und Bittbriefe der Kinder aus aller Welt.

Wo das finnische Weihnachtsmanndorf auch sei: Die Anschriften lauten in jedem Fall: Weihnachtsmanndorf, 96930 Polarkreis – Lappland, Finnland, oder: Santa Claus, Joulupukin Pääposti in FIN-96930 Napapiiri.

Doch die Wunschzettel gelangen genauso in die **grönländische Hauptstadt Nuuk**, in der sich die weltweit größte Poststation des Weihnachtsmannes befindet. Im Dezember werden alle Briefe und Postkarten beantwortet, die sich das Jahr über im überdimensionalen roten »Postbrevkasse« angesammelt haben. Für alle, die sich das Warten auf Weihnachten verkürzen möchten, stellt das Weihnachtsamt ab erstem Dezember einen interaktiven Adventskalender ins Internet: www.santa.gl: »Santa lives in Greenland!«

Abb. 100: Im hohen Norden: Landschaft in der Provinz Lappland am nördlichen Polarkreis

Auch wenn es heißt, der bärtige Alte habe sich im hohen Norden niedergelassen, weil es dort den meisten Schnee gibt, müssen die Wunschzettel nicht unbedingt einen so langen Weg zurücklegen. Der Weihnachtsmann und das Christkind erhalten desgleichen in Deutschland jedes Jahr viel *Post von den Kindern*, in der sie nicht selten ihr Herz ausschütten.

In der größten Weihnachtspostfiliale Deutschlands im brandenburgischen **Himmelpfort** gehen bereits im Sommer die ersten Wunschzettel ein. Die fleißigen Helfer des Weihnachtsmannes beantworten die Kinderbriefe nicht nur in Deutsch, sondern in weiteren 17 Sprachen, so auch in Japanisch, Ostslawisch (z. B. Russisch) und Ostromanisch (Rumänisch). Rund 280.000 Briefe aus schier 130 Staaten kommen jährlich im Weihnachtsmannbriefkasten des kleinen Ortes bei Fürstenberg/Havel an (Adresse: Weihnachtsmann, Weihnachtspostfiliale, 16798 Himmelpfort).

Hunderte von Wunschzetteln treffen desgleichen in der warmen Jahreszeit in der Christkindpostfiliale im nordrhein-westfälischen **Engelskirchen** ein (Adresse: An das Christkind, 51766 Engelskirchen), das zu den durch die Deutsche Post geförderten acht Weihnachtspostämtern Deutschlands gehört. Die erste Zuschrift 2009, eine Urlaubspostkarte aus Fehmarn, erhielt die Engelskirchener Poststelle bereits im Februar. Briefe wurden selbst in den USA, in Russland und Österreich aufgegeben.

Die Wünsche sind vielfältig: So möchte Lukas aus dem sauerländischen Arnsberg, »dass so schnell wie möglich wieder Weihnachten ist, denn dann bringt das Christkind immer die leckere Schokolade«. Andere Kinder wünschen sich »Schulsachen, nette Lehrer und natürlich ganz viel Spielzeug«. Im Jahre 2009 standen Ritter, Dinosaurier, Polizisten und Piraten hoch im Kurs. Nach Angaben der Postsprecherin schlägt das Christkind seit 24 Jahren rechtzeitig vor Weihnachten sein Quartier in Engelskirchen auf und muss bis zu 145.000 Briefe aus 56 Ländern beantworten. Jeder Absender erhält eine weihnachtlich gestaltete Nachricht, auf deren Umschlag Marken mit weihnachtlichen Motiven und ein Sonderstempel aufgebracht sind. Ab Mitte November wird den Kindern liebevoll zurückgeschrieben.

Alle Jahre wieder ist ansonsten Hochbetrieb im Thüringer Weihnachtspostamt in **Himmelsberg** bei Sondershausen (Adresse: Weihnachtsmannbüro Himmelsberg, Zum Backhaus, 99706 Sondershausen) sowie in den anderen Weihnachtspostämtern und -außenstellen, die sich in 21709 Christkinddorf **Himmelpforten** (Niedersachsen), 31535 **Himmelreich** (Niedersachsen), 97267 **Himmelstadt** (Bayern), 31137 **Himmelsthür** (Niedersachsen), 49681 **Nikolausdorf** (Niedersachsen) und 66351 **St. Nikolaus** (Saarland) befinden.

In ihnen können die Kinder den Weihnachtsmann natürlich auch besuchen und ihm persönlich den Wunschzettel überreichen. Dass dabei Erinnerungsfotos für Oma, Opa und das dicke Familienalbum geschossen werden, versteht sich von selbst.

12.6 Der Weihnachtsbaum

Für die lange Geschichte des Weihnachtsfestes ist vor allem der *Weihnachtsbaum* (Buschbaum, Christbaum, Christbusch, Mettenbaum, Tannenbaum) ein kulturhistorisches Zeugnis. Aus den Glück bringenden Tannenzweigen entwickelte sich vor knapp 400 Jahren der geschmückte, lichterglänzende Weihnachtsbaum, in aller Welt das Symbol für die Weihnacht. Mit seinen brennenden Kerzen, seinem Schmuck und vielen an Zweigen und Ästen hängenden Gaben hat er im Laufe der Jahrhunderte sein Aussehen völlig verändert.

Den ersten mit Lichtern und Sternen geschmückten Tannenbaum zeigt ein Kupferstich des Malers und Grafikers Lucas Cranach dem

Diesen »Unfug« gibt es noch heute

220

Älteren (1472–1553) aus dem Jahre 1509. Um diese Zeit berichtet der Schriftsteller und Verfasser des »Narrenschiffs« Sebastian Brant (1458–1521) von Tannenbäumen, die um die Weihnachtszeit im Elsass aufgestellt wurden. Urkundlich erwähnt wurde die grüne Tanne erstmals im elsässischen Schlettstadt. Von 1521 datiert eine Eintragung in einem Rechnungsbuch der dortigen Humanistischen Bibliothek, die – ins Gegenwartsdeutsche übersetzt – lautet: »4 Schillinge dem Förster zu bezahlen, damit er ab dem St. Thomastag die Bäume bewacht«. Für das Jahr 1539 ist der Baumverkauf zur Weihnachtsfeier nachgewiesen.

Abb. 101: Porzellanteller mit Weihnachtsbaum als Motiv, hergestellt in der Porzellanmanufaktur »Royal Worcester«

Der Weihnachtsbaum ist in verschiedenen deutschen Gebieten seit Beginn des 17. Jahrhunderts überliefert und schmückte zuerst nur die Wohnungen des gehobenen Bürgertums. Als seine Vorläufer sind grüne Zweige anzusehen, die zur Jahreswende zuweilen an der Stubenwand oder -decke hingen: Nicht zuletzt aus Platzgründen wurde das Bäumchen an der Stubendecke befestigt, ohne Kerzen und mit der Spitze nach unten. Der Schmuck war Naschwerk heimischer Herkunft, wobei figürliches Gebäck, Äpfel und vergoldete Nüsse selten fehlten. Bis zum Dreikönigstag ließ man den Weihnachtsbaum hängen oder stehen.

Der folglich von Haus aus südwestdeutsche Weihnachtsbaum stand ab 1605 im Straßburger Münster. Ab 1642 trug der Festbaum auch Papierrosen, Äpfel, Nüsse, Knistergold und Zuckerwatte – jedoch keine Kerzen. Zwar soll der erste mit Lichtern geschmückte Tannenbaum im Jahre 1611 am Hofe der Herzogin von Schlesien, Dorothea Sybille von Brandenburg (1590–1625), gestanden haben. Doch wurden Lichter am Festbaum erst 1757 erwähnt. Wilhelm von Humboldts Ehefrau Caroline (1766–1829) zündete 1815 als erste Berlinerin Kerzen an einem Weihnachtsbaum an. Die Lichter, die wir auch auf dem Adventskranz und sonstigen Gestecken anstecken, kommen noch aus germanischen Zeiten. Zur Wintersonnenwende platzierte man Kerzen und Fackeln, deren Schein über die Dunkelheit des Dezembers hinweghelfen sollte.

Rasch verbreitete sich der Baum als Weihnachtsbekundung im 18. Jahrhundert, obwohl vielerorts eine »hohe obrigkeit« zunächst dagegen war. 1710 untersagten im Herzogtum Weimar die Behörden den Holzfällern, zu Weihnachten Bäume aus dem Walde zu holen. Und während des Siebenjährigen Krieges (1756–1763) versuchte die Mainzer Administration im Erfurter Gebiet, »diesen Unfug« auszurotten – ohne positives Ergebnis. Bereits 1774 erwähnt Johann Wolfgang von Goethe in seinem Briefroman »Die Leiden des jungen Werthers« den Weihnachtsbaum. Außerdem gibt es von ihm ein Gedicht aus dem Jahre 1822 mit dem Titel »Weihnachtsabend«, in dem der »leuchtende, Süßes spendende Weihnachtsbaum« beschrieben wird. Seit 1790 glänzte er auch regelmäßig in Friedrich Schillers Haus.

Etwa ab 1800 ist der Christbaum in gehobenen Züricher Familien zu finden.

Bis 1850 schmückte man ihn mit Glasperlen, bis um die Mitte des 19. Jahrhunderts in Lauscha erstmals Glaskugeln eigens für das Tannenbäumchen hergestellt wurden (> 11.4).

Die bei der Arbeit eines armen Glasbläsers zufällig entstandenen **Kugeln** bemalte dieser mit bunter Farbe, hängte sie am Heiligabend 1850 an den Tannenbaum und schenkte sie seinen Kindern.

Kurze Zeit später schufen die Thüringer gläsernen Weihnachtsschmuck auch in Gestalt von Perlenketten, Früchten und Vögelchen, allerdings nur für die Verschönerung des eigenen Christbaumes. Doch die zerbrechlichen Kugeln traten schon bald und rasant ihren Siegeszug um die ganze Welt an. Bereits 1880 wurden die ersten Stücke (neben Kugeln u.a. Sterne, Engel, Tannen- und Eiszapfen sowie Weihnachtsmänner) in die USA exportiert. Bis heute werden diese von Liebhabern ungemein geschätzten Kunstwerke hergestellt und im Ausland abgesetzt.

Bevor es Glaskugeln als Weihnachtsschmuck gab, fertigten die Kinder in vielen Regionen meist Weihnachtssterne und -ketten aus Buntpapier, während die Erwachsenen vornehmlich in Mitteldeutschland aus Brotteig »Schwabgeister« (Schwebegeister) in Gestalt von Engelchen kneteten und sie mit bunten Federn schmückten, die dann an den Zweigen »schwebten«. Seit jeher wird zudem mitunter die Baumspitze mit einem Engel »geputzt«.

Der Christbaum avancierte schnell zum Weihnachtssymbol der Evangelischen Kirche. In den katholischen Breiten Süddeutschlands stieß er deshalb zunächst auf Ablehnung. Die Katholiken hielten an ihrer Gepflogenheit fest, dem Aufstellen der Weihnachtskrippen. Erst Mitte des 19. Jahrhunderts kam der Christbaum in allen katholischen Ländern Europas in die Stuben. Da der Versuch der katholischen Kirche im Mittelalter misslang, den überkommenen Brauch zu verbieten, wurde später der Baumschmuck in christlicher Sicht gedeutet: Das immergrüne Nadelkleid versinnbildliche die ewige Lebenskraft durch die Geburt Christi und dessen Treue, das Zuckerwerk die süße Gnade Gottes und die späteren roten Kerzen das Blut, das Jesus Christus aus Liebe zu den Menschen opferte.

War der Baum zunächst noch mit Backwerk und Dörrobst dekoriert, kamen um die Wende vom 19. zum 20. Jahrhundert (erwähnt werden 1880 und 1910) Lametta und bunte Kugeln hinzu. Alles Goldene und das silberfarbene Lametta erinnerten an die Geschenke, welche die Weisen aus dem Morgenlande dem Kind zur Krippe brachten. Die Äpfel wiesen auf das Paradies hin.

Abb. 102: Weihnachtsbaum mit Engel als charakteristischem Zierrat in der mittelenglischen Region Worcestershire (s. o.)
Abb. 103: Christbaumschmuck aus Lauscha (s. u.)

Auswanderer, die im 19. Jahrhundert nach Amerika zogen, sorgten dafür, dass der Weihnachtsbaum auch in der Neuen Welt bekannt

wurde – und vorher in der alten. Die Thüringerin Adelheid von Sachsen-Meiningen (1742–1849), die im Schloss Elisabethenburg in der Theaterstadt Meiningen aufwuchs und sieben Jahre lang Königin von England war, importierte zur Freude ihrer zahlreichen Nichten und Neffen den deutschen Weihnachtsbaum nach Großbritannien.

Für ihn gibt es auch die Bezeichnungen **Christbaum**, wie er zuerst 1755 in einer Weimarer Forst- und Jagdordnung geheißen wird, und – speziell in Hessen – Zuckerbaum oder **Lichterbaum**. Heute entfaltet er in fast allen Häusern und Kirchen, auf öffentlichen Plätzen, Vorgärten und Hinterhöfen seine weihnachtliche Herrlichkeit.

Mit dem Weihnachtsbaum hielt bald der Brauch der Familienbescherung Einzug.

12.7 Die Bescherung

Sinn und Ursprünge des Bescherbrauches

Weihnachten ohne **Bescherung** ist kaum mehr denkbar. Deshalb begeben wir uns jedes Jahr aufs Neue auf die Suche nach passenden Geschenken. Einige Erdenbürger haben schon im Oktober alle kleinen Aufmerksamkeiten oder die häufig genug überreichlich ausfallenden kostspieligen Präsente fein säuberlich verpackt. Andere eilen noch am Vormittag des Heiligen Abends durch die Kaufhäuser, Supermärkte und Boutiquen. Wieder andere haben mit ihren Lieben vereinbart, ganz auf Geschenke zu verzichten. Welchen Sinn haben Weihnachtsgeschenke, und woher stammt der Brauch überhaupt?

Die Schenksitte hat vielerlei Quellen.

Nach christlicher Deutung findet sich die Wurzel in dem Bibelwort »Also hat Gott die Welt geliebt«, im Erlösungsgeschenk des himmlischen Vaters an die Menschheit in Gestalt seines eingeborenen Sohnes. Die Weihnachtsgeschenke seien jedoch auch eine Erinnerung an die Gaben, welche die Heiligen Drei Könige dem Jesuskind darbrachten. Beides soll in der Liebe weiterleben, mit der Weihnachtsgeschenke ausgetauscht werden – was darauf hinweist, dass es nicht um irdische Zueignungen geht, sondern um Sinnbilder für die Gottes- und Nächstenliebe, die wichtiger sei als das kostenträchtigste Geschenkpaket.

Eine angenehme Überraschung?

Das irdische Gegengewicht und auch der Wunsch nach üppigen Gaben steckt in der zweiten, nichtchristlichen Quelle des Gebens. Der Termin für Weihnachten deckt sich u.a. mit dem der Saturnalien (> 12.2). An diesem damaligen Jahresanfang wurden die römischen Beamten und Sklaven mit Geschenken belohnt. Jenseits der Alpen stellten die Dienstherren ebenfalls zum neuen Jahr abermals Knechte und Mägde ein, und das Gesinde wurde mit reichen Geschenken weiterverpflichtet.

Schließlich war es Usus, die Kinder zu beschenken. Das ging mit dem sich ausbreitenden Christentum von den Perchten (s.u.) auf die Heiligen über, vor allem auf Martin (> 9.2) und Nikolaus (> 12.4).

Wilde Damen

Die **Perchten** sind nach der bairisch-österreichischen Volksreligiosität die in den Raunächten umherziehenden Geister der Toten, die von maskierten Burschen vertrieben werden. Benannt sind sie nach ihrer Anführerin Frau Percht (Perchta, Berchta, wilde Berta: die »Leuchtende«, »Glänzende«), einer Frau Holle ähnlichen Schicksalsfrau, Wintergöttin und Seelenbegleiterin (> 4.1).

Im süddeutschen und Salzburger Raum, aber auch im Osten, in Südtirol und Slowenien, ist Frau Holle als das mystische Geschöpf Frau Percht bekannt. In der im Volksglauben und -brauch besonders bedeutsamen Zeit zwischen Weihnachten bzw. Thomastag (21. Dezember) und Dreikönigstag (6. Januar) erwartet man Frau Percht mit ihrem Gefolge (der Wilden Jagd oder den Heimchen) und stellt ihr deshalb Nahrung vor die Tür. Besonders Mehlspeisen, Getreide, Nüsse und Milch, aber auch Schmalzgebackenes wie Krapfen sind die Speise der Percht. Andernorts fordert sie Grütze, Fisch, Brot, Käse, Knödel (Klöße) oder eine Scheibe des Neujahrsbrotes. Außerdem trinkt sie gern Bier. Selbst auf dem Dach wird ihr und ihrer fliegenden Dämonenschar Essbares angeboten. Wer aber ihr und ihrem Gefolge auflauert, muss mit harter Bestrafung rechnen: Als Warnung vor zu großer Neugier züchtigt sie mit Blindheit, schenkt jedoch oftmals nach einem Jahr die Sehkraft wieder.

In einer Thüringer Sage wird berichtet, dass die **Perchtha** im Saaletal (Orlagau) ihren Wohnsitz hatte. Ihre unsichtbare Nähe verbreitete

Glück, Gedeihen und Heiterkeit über die ganze Flur. Sie war die Königin der **Heimchen**, dem Gefolge einer neckischen Elfenschar. Die Elfen (Elben, Alben), die in verschiedenster Gestalt erschienen, wurden gedacht als winzige kleine Erdgeister, als anmutige weibliche Naturgeister hilfreicher, jedoch auch unheilvoller Art.

Ähnlich ist das Treiben der dämonenhaften **Luzelfrauen**, die nach Überlieferungen im vor- und außerchristlichen Brauchtum vorwiegend im Norden, Osten und Südosten Mitteleuropas ihr (Un-)Wesen trieben. Luzelfrauen (Pudelfrauen, Pudelmütter, Luze oder Luzl) sind »Mittwinterfrauen«, perchtenartige Schicksalsfrauen, deren Brauch noch im Raum zwischen östlichem Alpenrand und Ungarischer Tiefebene sowie im südöstlichen Österreich lebendig ist. Im burgenländischen Unterwart lassen sich am Vorabend des Luciatages (> **12.14**) weiß vermummte und mit Kochlöffeln ausgerüstete Kinder und Jugendliche bei Bekannten und Verwandten blicken. Diese Luzelfrauen drohen den Besuchten, teilen Schläge aus, sprechen gute Wünsche und erhalten bei diesem **Heischegang** (> **4.1**) kleine Geschenke, meistens Geld. In Vorau (Oststeiermark) kommt am Abend vor dem Dreikönigstag bei Einbruch der Dunkelheit die »Pudelmutter«: Ein vermummtes, hexenähnliches Wesen »pudelt«, d. h., es wirft wahllos Äpfel, Nüsse und Süßigkeiten in die Stube

Abb. 104: Frau Perchta
Abb. 105: Gasteiner Schiachperchtenmaske
(schiach = hässlich, unansehnlich)

oder durch die Stubentür. Nach erhaltenem Obolus verschwindet es wieder.

So war dieser sehr alte Brauch mit dem Martinstag, öfter jedoch mit dem Nikolaustag verbunden, sodass es zu Weihnachten keine Geschenke mehr gab.

»... dann kommt zu uns der Heilige Christ«

Das Lied »Wenn Weihnachten ist, ... dann kommt zu uns der Heilige Christ« kennt jedes Kind. An die Stelle besonders des heiligen Nikolaus trat im Laufe der Zeit der Heilige Christ. Mit ihm ist zwar Jesus Christus gemeint, jedoch nicht in der Personifikation des neugeborenen Jesuskindes. Es ist vielmehr das *Christkind*, eine engelsgleiche Erscheinung, die uns »eine Muh, eine Mäh, eine Tschingterätätä, eine Rute, eine Tute« und noch mancherlei schenkt. Häufig wird es als ein blond gelocktes Mädchen mit Flügeln, Heiligenschein, in einem weißen Kleid und mit weißem Schleier vor dem Gesicht dargestellt. Es ist eine vornehmlich in Österreich, in katholischen Räumen Deutschlands, in der Schweiz und in Teilen Mitteldeutschlands verbreitete Symbolfigur des Weihnachtsfestes.

Abb. 106: »Pst, ich bin das Christkind«

Die Protestanten lehnten die römisch-katholische Form der Heiligenverehrung – und damit auch die Wertschätzung des heiligen Nikolaus – ab. Daher ersetzte wahrscheinlich Martin Luther im 16. Jahrhundert den Nikolaus durch den Heiligen Christ. Luthers Kinder beschenkte zwar noch im Jahre 1535 der Nikolaus, doch schon ein Jahzehnt später ist daraus der Heilige Christ geworden. Seitdem wanderte die Bescherung immer mehr zum Weihnachtsfest ab, wozu ganz offensichtlich die Ausbreitung des Weihnachtsbaumbrauches beigetragen hat. Denn zunächst hingen die Geschenke für alle an der Tanne oder lagen unter ihren Zweigen. In der Biedermeierzeit hängte man die Geschenke in kleinen Päckchen ganz hoch in den Baum, damit die Kinder sie nicht vorzeitig erreichen konnten.

Biedermeier ist die Bezeichnung für den Kunststil von 1815 bis 1848. Die Möbel sind durch Zierlichkeit, die Malerei durch eine gemütvolle, kleinbürgerliche Beschaulichkeit und die Literatur durch den Hang zu kleineren Formen (Novelle) und die Wiedergabe von Stimmungen und Sinneseindrücken gekennzeichnet.

In Deutschland gab es die Geschenke bis Anfang des 19. Jahrhunderts am Neujahrstag, bis ein preußischer Ministeriumserlass von 1843 als Tag der Bescherung den 24. Dezember festsetzte. Die Weihnachtspräsente waren oft hauseigene Naturalien wie Äpfel, Nüsse, Plätzchen, Kleidungsstücke und Spielzeug (Baukasten, Schaukelpferd, Schlitten), keineswegs teure Dinge. Früher wurde bei den Geschenken das Gesinde (Dienerschaft, Knechte und Mägde des Bauern) einbezogen, das zu Weihnachten überdies Gelegenheit zum Wechseln der Herrschaft hatte. Obligatorisch waren Naturalabgaben an Lehrer und Pfarrer sowie Patengeschenke.

Heute gibt es zu Sankt Nikolaus kleinere Geschenke, während die »große« Bescherung bis auf Ausnahmen (Niederlande, Teile Italiens) dem Fest (24. oder 25. Dezember) vorbehalten bleibt.

12.8 Die Weihnachtskrippe

Die in vielen Varianten bekannte *figürliche Darstellung des Weihnachtsgeschehens* mit dem in der Wiege liegenden Jesuskind leitet sich vom geistlichen Schauspiel des Mittelalters her.

Schon in den ersten Jahrhunderten nach Christi Geburt gab es **Krippenspiele**, die aber in Vergessenheit gerieten. Der Buß- und Wanderprediger Franz von Assisi (ital. Ordensstifter) war es, der am 24. Dezember 1223 im Wald des Klosterdörfchens Greccio im Herzen Italiens eine Weihnachtsmesse las, zu der er zum ersten Mal die Geburt Christi mit lebenden Menschen und Tieren nachspielen ließ.

> Die Bezeichnung **Krippe** (ahd. *krippa* [8. Jh.], mhd. *krippe*) für den anfänglich geflochtenen Futtertrog geht auf den steinernen bzw. hölzernen Futtertrog über. Auf der Darstellung der Heiligen Familie mit dem Jesuskind in der Krippe beruht der Gebrauch von »Krippe«, »Kinderkrippe« auf einer »Einrichtung zur Betreuung von Säuglingen und Kleinstkindern« (19. Jh.).

Die **Krippenkunst** ist ein Kennzeichen vor allem des katholischen Weihnachtsfestes und zeugt von tiefer Innigkeit, Andacht und Frömmigkeit. Man nimmt sich ihrer mit künstlerisch oft wertvollen Figuren seit Mitte des 16. Jahrhunderts besonders in Bayern, Tirol und Italien an. Krippen sind seitdem auch in spanischen Kirchen und Fürstenhäusern bekannt. Aus Süddeutschland stammen die großen Kirchenkrippen, von wo sie sich noch vor 1600 im gesamten katholischen Europa ausbreiteten. Die älteste erhaltene Kirchenkrippe ist die Domkrippe zu Augsburg, die im Jahre 1590 entstand.

Ab dem 19. Jahrhundert bevorzugte man für die Krippendarstellungen Fantasielandschaften oder orientalische Gegenden. In den vermehrt in den Alpen und im Riesengebirge stehenden Krippen (eine gibt es sogar mitten auf der Prager Karlsbrücke) befindet sich dann der Stall von Bethlehem in einer Ruine, ab und an sieht es aber auch wie auf einem vogtländischen Kleinbauernhof aus. Die herkömmlichen Krippenfiguren (s.u.) dürfen natürlich nirgends fehlen, doch gelegentlich bringen auch eine Blaskapelle, Trommler, Trompeter, Dudelsack- oder Harfenspieler der Heiligen Familie ein Ständchen. Und zu Ochs und Esel gesellen sich Lamas, Elefanten, Kamele, Hunde und selbst Schnecken.

Bereits seit 400 Jahren wird im oberbayerischen Altötting die Tradition der Weihnachtskrippen gepflegt. Eine mechanische Krippe aus dem Jahre 1928 ist ebenso zu bestaunen wie eine wertvolle Silberkrippe von 1824. In einer großen **Krippenausstellung** werden 50 Krippen im bayerischen, orientalischen und neapolitanischen Stil gezeigt, darunter eine beträchtliche Ebenseer Heimatkrippe (Marktgemeinde in Oberösterreich).

Auch im evangelisch geprägten Mitteldeutschland und in vieler Herren Länder ist die Weihnachtskrippe zuhause. Zahlreiche Expositionen gewähren einen Blick z. B. auf Papierkrippen, die es seit dem 17. Jahrhundert gibt. Zu bestaunen sind eindrucksvolle Steinkrippen, dreidimensionale Advents- oder Abreißkalender, Kalenderbücher oder Guckkästen ebenso wie die Bartholomäus-Krippe aus Rottenburg am Neckar von 1778 mit 94 Figuren oder die Guckkastenkrippe der Augsburger Brüder Engelbrecht aus dem Jahre 1712, mit Stoff- und Metallapplikationen und Kupferstichkulisse. Und manchmal passt die ganze Heilige Familie samt Stern, Hirten und Herde in eine einzige Streichholzschachtel. Das Geheimnis ihres großen Zuspruchs liegt in der Vielfalt, die jedes Jahr neu die biblische Weihnachtsgeschichte im Spiegel fremder Kulturen erzählt.

Im ganzjährig geöffneten Krippenmuseum »Maranatha« in Luttach am Eingang des Ahrntals sind viele Ausstellungsstücke in einem lebendigen Ambiente untergebracht. Alpenländische, mediterrane und orientalische Krippen, historische Krippen aus Europa, Miniaturkrippen diverser Herkunft und moderne Kunstkrippen sorgen dafür, dass die Schau für den Besucher zu einem einzigartigen Erlebnis wird.
Im Dezember bis zum 6. Januar verwandelt sich das malerische Weindorf St. Pauls nahe Bozen in Südtirols größte Krippenschau. Über 100 Exponate zeigen die große Tradition der Tiroler Weihnacht und das handwerkliche Geschick der letzten Jahrzehnte. Höhepunkt ist eine »lebende Krippe«, die mehrmals auftritt, während täglich die beleuchteten Fenster, Erker und Innenhöfe Krippen aus ganz Mitteleuropa beherbergen.
Der Welt größte Manifestation der Krippenbaukunst findet in der italienischen Provinzhauptstadt Verona statt. Jedes Jahr werden von Anfang Dezember bis Ende Januar in der dortigen »Arena«, einem Amphitheater aus römischer Zeit, mehr als 400 Krippen ausgestellt – organisiert von der Stadt Bethlehem und unter Schirmherrschaft der

Bei unseren
italienischen
Nachbarn

UNESCO. Die Werke stammen aus unterschiedlichsten Epochen und Ländern, die Figuren sind geschnitzt oder gemeißelt, mal lebensgroß, mal winzig klein. Berühmtes Wahrzeichen der Ausstellung ist der riesige leuchtende Stern, der die Piazza Bra erhellt. Mit seinem Schweif verbindet dieses überaus stilvolle Kunstwerk den größten Platz der Stadt mit der Arena.

Abb. 107:
Alpenkrippe:
Berg-
weihnacht
in Tirol

Im Laufe der Zeit wurde die Krippe immer weiter ausgestattet und den örtlichen Gegebenheiten angepasst. Anfänglich war die plastische Wiedergabe der Geburt Christi mit dem Jesuskind, Maria und Josef, Ochse und Esel und dem Stall mit dem Stern versehen. Alsdann ka-

Abb. 108:
Hand-
geschnitzte
Holzkrippe
aus dem
Riesen-
gebirge

men die das Jesuskind anbetenden Hirten mit ihren Tieren sowie der Engel auf einem aufragenden Berg hinzu, später die Magier mit Geschenken. Gelegentlich wurde auf dem Berg eine Heilige Stadt aufgebaut, die Bethlehem oder Jerusalem darstellen sollte. Die Hirten und Könige wurden mehr und mehr in der Landestracht gekleidet.

Über das **Jesus-Kind** ist nichts bekannt. Bezeichnenderweise kennt das älteste Evangelium (Markus) keinerlei Geburtserzählung. Lediglich im Lukas-Evangelium wird berichtet, dass er mit 11 Jahren beim Besuch des Jerusalemer Tempels eifrig mit den religiösen Kapazitäten seiner Zeit über Glaubensfragen diskutierte – zur großen Verwunderung aller Anwesenden. Vermutlich hat der Heranwachsende den Beruf seines Vaters Josef erlernt und wurde Zimmermann.

Auch über **Maria** berichtet die Bibel wenig. Sie erfährt von einem Boten Gottes, dass sie einen Sohn bekommen soll, mit dem Gott Großes vorhat. Später wird sie bei einem Besuch in aller Öffentlichkeit von Jesus brüskiert: Seine Glaubensschwestern und -brüder zieht er seiner leiblichen Mutter vor. Unter dem Kreuz harrt sie aus, als Jesus ihr seinen »Lieblingsjünger« Johannes anvertraut. Das Brauchtum der katholischen Kirche hat aus der einfachen Nazarenerin im Laufe der Jahrhunderte eine strahlende Königin, die gr. *Theotókos* (»Gottesgebärerin«) gemacht mit unzähligen, nicht in der Bibel erwähnten Attributen (Unbefleckte Empfängnis, Himmelfahrt, Himmelskönigin etc.)

Josef kam aus Nazareth. Auf Befehl des römischen Kaisers Augustus (63 v. Chr.–14), einem Adoptivsohn und Erben Cäsars, begab er sich mit Maria, seiner Verlobten, die ein Kind erwartete (Lukas 1,35), in Richtung Judäa, in seinen Geburtsort Bethlehem. Früher wurde er in Krippen etwas abseits gestellt, denn er überlegte, Maria zu verlassen, als er von ihrer Schwangerschaft hörte, in der Annahme, es sei das Kind eines anderen. Die Bibel berichtet nüchtern: Und der Heilige Geist kam über sie – Umschreibung dafür, dass Gott in Jesus so gegenwärtig war wie in keinem anderen Menschen. Der Volksglaube weiß, dass er kein einfacher Zimmermann, sondern ein erfolgreicher Baumeister war. Das Neue Testament sagt nichts darüber.

Ebenso gehörten **Ochse** und **Esel** zum Krippeninventar und sind auch heute in nahezu jeder Krippe zu finden. Das mag befremden, werden sie doch in keinem Bericht der Bibel von der Geburt Jesu auch nur eines Wortes gewürdigt. Und wohl noch mehr merkt man auf, wenn man erfährt, dass schon in der oben erwähnten Weihnachtskrippe des Franz von Assisi von 1223 ein Ochse und ein Esel standen, lebend noch dazu.

Dafür gibt es mehrere Gründe: Zunächst haben die Kirchenväter in der Antike bereits die Erzählung von Jesu Geburt in der Krippe mit einem Zitat aus dem Buch des Propheten Jesaja (1,3) verknüpft: »Ochs und Esel kennen ihren Herrn, aber mein Volk …« Zum anderen soll mit den Tieren bewiesen werden, dass Jesus in einem Stall zur Welt gekommen ist. Zum dritten haben die Tiere insofern eine symbolische Bedeutung, als der Esel für die Juden steht und der Ochse für die Heiden. Dass beide an der Krippe verweilen, soll darauf hindeuten, dass sowohl Judenchristen als auch die Anhänger außerbiblischer Religionen das Volk Gottes bilden. Viele deuten sie auch als Zeichen für die Kraft alter Götter.

Astronomen dachten lange, mit dem **Stern von Bethlehem**, dem Weihnachtsstern, ist der Halleysche Komet gemeint. Dieser Schweifstern ist nach dem englischen Mathematiker und Astronomen Edmond Halley (1656–1742) benannt, der 1705 die Wiederkehr des Halleyschen Kometen von 1682 für 1758/59 voraussagte. Der Komet ist ein mit bloßem Auge sichtbarer periodischer Komet mit einer Umlaufzeit von 76 Jahren. Doch auch ein explodierender Stern oder eine seltene Himmelskonstellation von Saturn und Jupiter kämen in Betracht. Diese vereinzelt vorkommende Begegnung von Saturn und Jupiter wurde von babylonischen Sterndeutern ermittelt und soll 7 v.

Chr. stattgefunden haben. Vielleicht handelt es sich um einen litera-risch-symbolischen Stern, wie er auch in anderen Geburtserzählun-gen bedeutender Persönlichkeiten der Antike Erwähnung findet (vgl. der römische Kaiser Augustus): »ein aufgehender Stern« eben.

Gab es die **Hirten** wirklich? Das Hirtendasein, ein damals verach-teter Beruf, war Land auf Land ab ein weit verbreiteter Broterwerb, oft für Männer, denen das wirklich harte Leben zwischen dem steinigen Galiläa im Norden und der rauen Halbwüste Judäas im Süden nichts ausmachte und die in der normalen Gesellschaft schlecht Fuß fassten. Allerdings wird von einigen Bibelexperten Bethlehem als Geburtsort angezweifelt – es könnte auch Nazareth gewesen sein.

Abb. 109: Sano di Pietro (um 1406–1481): Die Verkündigung an die Hirten, vor 1450

Die »frohe Botschaft« von der Geburt des Retters in der Stadt Davids wurde den verschreckten Hirten von einem **Engel** verkündet: »Fürch-tet Euch nicht! Siehe, ich verkündige euch große Freude, die allem Volke widerfahren wird!«.

Nach der Bibel sind **Engel** (ahd. *engil*, mhd. *engel*) die Boten Gottes, beispielsweise Michael, Gabriel oder Raphael, die immer bestimmte Aufträge von Gott ausführen. Im theologischen Sinne kann jeder Mensch ein Engel, ein Bote Gottes sein, wenn er – meist unwissentlich – einem anderen Menschen Gott nahe bringt.

Meistenteils werden diese Sinnbilder der Reinheit, Selbstlosigkeit und Schönheit als große, machtvolle Gestalten dargestellt.

Beweise für die einstige Existenz der **Heiligen Drei Könige** fehlen rundum. In der Bibel wird noch nicht einmal erwähnt, wie viele es tatsächlich waren. Aus den namenlosen Sterndeutern sind im Laufe der Jahrhunderte »Könige« geworden – anscheinend, um die Bedeutung ihres Besuches zu betonen. Erst im Mittelalter gab man ihnen Namen: Caspar, Melchior und Balthasar (**> 4.2**).

12.9 Lieder zur Weihnacht

»Oh Jesulein
süß«
und »Jingle
bells«

Kaum überschaubar sind die Beispiele in der Literatur, in der bildenden und darstellenden Kunst, die die Bedeutung des Weihnachtsfestes im Ablauf eines Jahres belegen. Die *Musik* spielt dabei eine herausragende Rolle. In vielen **Wiegen-** und **Hirtenliedern** wird die Freude über das Neugeborene besungen und der Wunsch der Menschheit nach Frieden und Geborgenheit ausgedrückt. Wohl deshalb drehen alle Jahre wieder die Menschen das Radio lauter, ganz gleich, ob die alten oder ob neue Lieder erklingen. Oder sie singen oder summen womöglich selbst vor sich hin. Weihnachtslieder begleiten einen ein Leben lang. Bei allen christlichen Völkern gibt es sie in großer Anzahl.

Die ältesten deutschen Weihnachtslieder wurden bereits ab dem 11. Jahrhundert aufgezeichnet. Die heute volkstümlichsten Weisen entstanden jedoch meist erst im 18. und 19. Jahrhundert.

Wenn es weihnachtet, entfleuchen unseren Mündern zweifellos nicht nur klassische oder moderne weihnachtliche Gesangsstücke, sondern ebenso Lieder von Eis und Schnee, vom Winter, der nicht enden will (und manchmal gar nicht richtig kommt), vom Schlittenfahren und Schneemannbauen. Zu ihnen gehören solche Ohrwürmer wie »Der Winter ist ein rechter Mann«, »Wenn es schneit« und »Der

Maler Winter« oder der von dem US-amerikanischen Songwriter und Komponisten James Lord Pierpont (1822–1893) stammende mitreißende Winterhit

> Jingle bells, jingle bells, jingle all the way!
> O what fun it is to ride in a one-horse open sleigh ...

Es war in der Adventszeit 1816. Im Weimarer Waisenhaus, dem »Lutherhof«, sahen die Schützlinge (Waisen und verwahrloste Kinder) des evangelischen Theologen und Begründers der Jugendsozial- und Kinderrettungsarbeit Johannes Daniel Falk (1768–1826) dem Weihnachtsfest bang entgegen. Was sollte es ihnen bringen? In den Napoleonischen Kriegen (1807/08–1812) hatten viele von ihnen ihre Eltern, ihr Zuhause verloren. Falk selbst trauerte um vier seiner sieben Kinder. In jenen Tagen ging ihm eine festliche und beschwingte sizilianische Volksweise, »O sanctissima«, nicht aus dem Kopf. Gern wollte er den Kindern sagen: Weihnachten ist eine fröhliche, Gnaden bringende Zeit. So dichtete er das den Waisenkindern gewidmete »Allerdreifeiertagslied«, in dem drei Feste des Kirchenjahres (Weihnachten, Ostern, Pfingsten) besungen werden. Jede Strophe beginnt mit den Worten »**O du fröhliche**« und schließt dann die Benennung der Festzeit an, also »Weihnachtszeit«, »Osterzeit« oder »Pfingstzeit«. Bis heute ist »O du fröhliche« in seiner Bearbeitung durch Falks Gehilfen Heinrich Holzschuher (1798–1847)) im Jahre 1829 als Weihnachtslied bekannt. Doch erst langsam setzte es sich nicht als »Allerdreifeiertagslied«, sondern als ein wunderschöner Weihnachtshymnus durch. Es erklang mit einem etwas anderen Text zum ersten Mal am Weihnachtsabend 1816 in Weimar:

> O du fröhliche, o du selige, gnadenbringende Weihnachtszeit!
> Welt ging verloren, Christ ist geboren:
> Freue, freue dich, o Christenheit!

Viele Weihnachtslieder gingen von Thüringen in alle Welt. Das älteste von ihnen, das im Landesmusikarchiv Weimar aufbewahrt wird, stammt aus dem 11. bis 14. Jahrhundert: »Sys willekomen, heire kerst« (»Sei willkommen, Herre Christ«). Es hat eine getragene, schwingende Tonfolge und ist in einer Erfurter Handschrift überliefert. Denkbar ist, dass es Kaufleute einst nach Mitteldeutschland brachten. Thüringen lag aber nicht nur am Schnittpunkt vieler Handelsstraßen. Es war auch Kernland der Reformation, nach der und der damit verbundenen Bildungsreform der Musikunterricht in Schulen eine große Rolle zu spielen begann. Die Kinder lernten, vom Blatt zu singen und zu spielen. In Adjuvantenmusiken, der musikalischen Ausgestaltung des Gottesdienstes durch Laien, wurden in Kirchen und zu Festen viele, sogar ziemlich schwere Musikstücke aufgeführt. Alte Kirchenchoräle, auch Volkslieder, wurden mit weihnachtlichen Texten unterlegt und in Gottesdiensten und bei Krippenspielen dargeboten.

Abb. 110:
Weihnacht-
liches Konzert
in der Kirche
St. Marien
Pirna

»Es ist ein Ros' entsprungen« war ein altes Kirchenlied mit 23 Strophen. Der in Creuzburg bei Eisenach geborene Michael Praetorius (1571 oder 1572–1621) gestaltete es um, kürzte es auf zwei Strophen und verfasste 1609 jenen vierstimmigen Chorsatz, der bis heute ertönt. Und er schrieb weitere Weihnachtslied-Sätze, u.a. »Wie schön leuchtet der Morgenstern« und eine doppelchörige Motette (geistliches Vokalwerk) zu einem Text von Martin Luther mit dem Titel »Ein Kinderlied auf die Weihenacht Christi«, dessen erster Vers lautet: »Vom Himmel hoch, da komm' ich her«.

Auch einen anderen Thüringer, Johann Sebastian Bach, faszinierte das Fest immer neu. Sein vierstimmiger Chorsatz aus dem 18. Jahrhundert »Oh Jesulein süß« wird bis heute gesungen. Aus dem Eichsfeld stammt aus der Zeit vor 1850 das dreistimmige Chorlied »Maria durch ein Dornwald ging«. Und die Thüringer reklamieren auch drei noch bekanntere Weihnachtslieder für sich: »Oh Tannenbaum«, »Alle Jahre wieder« und »Am Weihnachtsbaum die Lichter brennen«.

Der »Tannenbaum«-Verfasser Ernst Gebhard Salomon Anschütz wurde 1780 in Goldlauter bei Suhl geboren. Später war er Lehrer in Leipzig und gab ein bekanntes Gesangbuch heraus. 1824 wurde darin das Lied erstmals gedruckt. Die Melodie war jedoch alt. Sie geht auf Melchior Franck (1580–1639) und das Jahr 1550 zurück und war zuerst das volkstümliche Liebeslied »Ach Tannenbaum«, das für Treue und Beständigkeit warb. Anschütz soll auch »Alle Jahre wieder« vertont haben. Allerdings wird hierfür zumeist der Komponist von »Ännchen von Tharau« angegeben: der Tübinger Friedrich Silcher (1789–1860). Doch der Text stammt nachweislich von einem, dessen Gutenachtlied »Weißt du, wie viel Sternlein stehen« bis heute eines der beliebtesten Kinderlieder geblieben ist und im »Evangelischen Gesangbuch« steht: dem in Leina bei Gotha geborenen und später in Ichtershausen nahe Arnstadt als Pfarrer tätigen Lied- und Fabeldichter Wilhelm Hey (1789–1854).

Nichtdeutsches Liedgut sind u.a. die altböhmische Weihnachtsweise »Kommet, ihr Hirten« (um 1230), das englische Volkslied »Fröhliche Weihnacht überall« (um 1830), das alte Wiegenlied »Joseph, lieber Joseph mein« (nach der Melodie des lateinischen Weihnachtshymnus »Resonet in laudibus« [»Laut erschall in Lobgesang«]) aus dem 14. Jahrhundert, das Volkslied aus Kärnten »Guten Abend, schön Abend« (um 1830), das Lied aus Salzburg von 1819 »Still, still, still«, die

Volksweisen aus Portugal »Nun sei willkommen, Herre Christ« (11. Jh., s.o.) und »Herbei, o ihr Gläubigen« (um 1815) und das Volkslied aus der Schweiz »Es ist für uns eine Zeit angekommen« aus dem 19. Jahrhundert.

Für viele ist es in der Weihnachtszeit ein Muss, eine besonders festliche, besinnliche Musik zu vernehmen und sich solcherweise emotional auf das Fest einzustimmen. Neben etwa dem 1858 entstandenen »Oratorio de Noël« (»Weihnachtsoratorium«) des Meisters des französischen Klassizismus Camille Saint-Saëns (1835–1921) oder der reifen Altersschöpfung »Weihnachtshistorie« von Heinrich Schütz (1585–1672, entstanden 1662/1664 während eines längeren Aufenthaltes in Weißenfels an der Saale) ist es das »**Weihnachtsoratorium**« von Johann Sebastian Bach, das die Menschen immer wieder aufs Neue berührt und begeistert: »Jauchzet! Frohlocket!« Besondere Glanzpunkte sind die festlichen Besetzungen mit Trompeten und Pauken, die reich ausgeschmückten Schlusschoräle, die idyllische Pastoralstimmung in der als »Hirtenlied« bekannten Eröffnungs-Sinfonia der zweiten Kantate und ergreifende Arien wie »Schlafe, mein Liebster, genieß der Ruh«.

Und das Weihnachtslied aller Weihnachtslieder, das bekannteste in der Welt?

Es war Anfang des 19. Jahrhunderts, als der Hilfspfarrer Joseph Mohr den Arnsdorfer Dorfschullehrer und Organisten Franz Xaver Gruber nach Oberndorf im Salzburgischen (Österreich) holte, damit er den dortigen Chor leite. Mohr fand es zu eintönig, dass immer wieder die Musik Bachs die Gottesdienste bestimmte, und beauftragte Gruber, dass endlich volkstümlichere Weisen gespielt und gesungen werden sollten. Er selbst nahm ein Blatt Papier und schrieb ein Stück, das die Gemeinde »ansprechen werde«. Der Überlieferung nach sind 1816 in Mariapfarr im salzburgischen Lungau innerhalb von nicht mehr als einer Viertelstunde die drei Strophen von »**Stille Nacht, heilige Nacht**« entstanden.

Kurz vor Weihnachten oder am 24. Dezember 1818 überreichte der Hilfspriester seinem Organisten und Dirigenten der Kantorei »(s)ein Gedicht mit dem Ansuchen, eine hierauf passende Melodie für 2 Solostimmen sammt Chor und für eine Guitarre-Begleitung schreiben zu wollen«. Das ließ sich Gruber nicht zweimal sagen, und unverzüglich vertonte er den Text.

Als nach zahlreichen Berichten am Tage vor dem Heiligen Abend das alte Positiv (kleine Standorgel) der Pfarrkirche St. Nikolaus wegen seines schlechten Zustandes ausfiel, sang der Chor von Oberndorf dieses »Weyhnachtslied« zum ersten Mal öffentlich – bei der Christmette 1818.

Abb. 111: Oberndorf mit der alten, 1908 bis 1910 abgerissenen St.-Nikolaus-Kirche, in der 1818 »Stille Nacht, heilige Nacht« uraufgeführt wurde. An dieser Stelle steht heute die Stille-Nacht-Gedächtniskirche

Das Lied wurde fortan vor allem im Umfeld der Wirkungsstätten von Joseph Mohr und Franz Xaver Gruber aufgeführt. Seit dem Jahre 1866 ist es in einem Salzburger Kirchenliederbuch verzeichnet. Zuvor trugen es namentlich die Sänger der Familie Rainer über das Tiroler Zillertal (1819) an den Zarenhof in Petersburg (ab 1822) und in die Neue Welt (New York 1839) sowie die Händler- und Sängerfamilie Strasser nach Leipzig (1832).

Katholische und protestantische Missionare überlieferten den Weihnachtshymnus zur Jahrhundertwende in alle Kontinente. Er fand seinen Weg in die ganze Welt und wird ob seiner Schönheit rund um den Globus gesungen – in mehr als 300 Übersetzungen in sämtlichen Sprachen und vielen Dialekten, u.a.:

dänisch »Glade jul, delige jul«, englisch »Silent Night«, holy Night«, französisch »Douce nuit, sainte nuit«, italienisch »Astro del Ciel«, polnisch »Cicha noc, święta noc«, schwedisch »Stilla natt, heliga natt«, spanisch »Noche de paz, noche de amor« oder türkisch »Sessiz Gece, Kutsal Gece«.

Die »Stille-Nacht-Gesellschaft« in Oberndorf will die Aufnahme des weltberühmten Weihnachtsliedes als »Welt-Friedenslied« in die Liste des immateriellen Unesco-Weltkulturerbes beantragen (Stand vom Dezember 2010).

12.10 Die Weihnachtskarte

Vom Ladenhüter zum Kassenschlager

Auf der Karte prostet eine viktorianische Familie fröhlich dem Betrachter zu, darum herum ranken sich Efeu und Reben. Die eher unscheinbare Karte hat historische Bedeutung. Sie gilt als die erste **Weihnachtskarte** der Geschichte. Erfunden hat sie vor fast 170 Jahren, im Dezember 1843, der in London lebende Engländer Sir Henry Cole (1808–1882). Der Staatsbeamte und Kunsthändler wollte seinerzeit einem Freund einen Gruß zum Fest schicken und kam auf die Idee, generell Weihnachtsgrüße auf Karten zu versenden. Von dem Entwurf des Malers John Callcott Horsley (1817–1903) war er so begeistert, dass er gleich 1.000 lithografierte (im Steindruck wiedergegebene) und handgemalte Karten anfertigen ließ. Er verkaufte sie, doch der Preis von einem Schilling pro Karte war den meisten zu hoch. Die Karten blieben im Laden liegen.

Erst als Cole neben dem Weihnachtsgedenken auch Neujahrsgrüße (»… and a happy New Year to You«) auf die Karte drucken ließ, kam der Durchbruch. Die kostenbewussten Engländer sparten so immerhin eine weitere Karte zum Jahreswechsel. Von da an trat die Weihnachtskarte ihren Siegeszug um die Welt an.

Die massenhafte Verbreitung der **Christmascard** setzte um 1860 ein, als in Farbe gedruckt werden konnte. Auch in Deutschland tauchten die Karten im vorvorigen Jahrhundert auf. Bis zum Ersten Weltkrieg war es Sitte, »Wunschblätter« mit einem handschriftlichen Gruß oder einem Weihnachtsgedicht zu versehen. Mehr Kitsch als Kunst fand sich von jeher auf der Weihnachtskarte. Bis heute sind Engelchen mit goldenem Lockenhaar, Nikolaus, der Weihnachtsmann mit großem Jutesack und strahlende Kinder unter dem Tannenbaum, aber auch verschneite Wälder und Dorfkirchen, der Stern von Bethlehem und die Weihnachtskrippe die beliebtesten Motive. Im Mittelpunkt standen zumeist der glitzernde Weihnachtsbaum und die Geschenke.

Schon immer gab es aufwändige Modelle aus Seidenpapier und Faltkarten zum Auseinanderklappen. In Kriegszeiten waren auf den Karten Engel mit Stahlhelm und Soldaten mit dem Gewehr in der Hand unter dem Weihnachtsbaum abgebildet.

Wenn auch heute die Festwünsche mehr und mehr per Telefon, Telefax, E-Mail oder SMS schnell gesprochen oder getippt und per Klick abgeschickt werden, sind die in feiner Sonntagsschrift verfassten und zum Briefkasten getragenen Kartengrüße an liebe Freunde und Verwandte in der Zeit der näher rückenden Weihnacht noch lange nicht »out«. Dabei sind der Fantasie für selbst gebastelte Weihnachtsgrüße keine Grenzen gesetzt. An Tonkarten oder weihnachtlichen Motiven aus bunter Wellpappe dürften die Gegrüßten durchaus ihre Freude haben.

Wie viele Grüße die Deutschen zu Weihnachten versenden, ist nach Angaben der Post nicht eindeutig festzustellen. Aber das tägliche Aufkommen an Brief- und Kartensendungen erhöht sich in der Weihnachtszeit von normalerweise 65 Millionen auf mehr als 100 Millionen.

Ganz gleich, ob einfache oder aus drei zusammengesetzten Einzelbildern bestehende Klappkarten – Coles Text »Merry Christmas and a happy New Year« hat sich bis heute nicht verändert:

»God jul og godt nytår« (dän.), »Hyvää Joulua ja Onnellista Uutta Vuotta« (finn.), »Joyeux Noël et Bonne Année« (frz.), »Buon Natale e Felice Anno Nuovo« (ital.), »Prettige kerstagen en een gelukkig nieuwjaar« (niederl.), »Wesołych świąt i szczęśliwego Nowego roku« (poln.), »Boas Festas e um feliz Ano novo« (portug.) »С рождеством! С новым годом« »S rozhdestvom! S uovimgodom« (russ.), »God Jul och Gott Nytt« (schwed.), »Feliz Navidad y Próspero Año Nuevo« (span.), »Noeliniz ve yeni yiliniz kutlu olsun« (türk.)

oder eben in unseren heimatlichen Längen und Breiten »Fröhliche Weihnachten und ein glückliches neues Jahr«.

12.11   Der Festtagsschmaus

Würstchen,
Karpfen
oder
Gänsekeule

Zweifellos gibt es am Heiligabend und an den Festtagen ein *Festessen*. Früher bevorzugte man quellende, körner- und fettreiche Speisen, was dem Haus Wohlstand und Glanz verleihen sollte. Unentbehrlich war Stollen (Schittchen, Christscheit, Weck[en], Semmel, Schorn), der erst am Heiligen Abend angeschnitten werden durfte. Heutzutage stehen in vielen Familien besonders an den Weihnachtstagen die beliebte Gänsekeule, die schmackhaft zubereitete, recht kalorienreiche Gänsebrust oder gefüllte Gans auf dem Tisch. Die Tradition des **Gänsebra-tens** geht einerseits auf den Brauch der Martinsgans zurück (> 9.2), andererseits hat sie ihren Grund darin, dass dazumal die Menschen gerade im Winter den hohen Fettgehalt ihres Bratens schätzten. Und heute meinen viele, Weihnachten sei der falsche Zeitpunkt, Kalorien zu sparen. Man nehme ja nicht zwischen Weihnachten und Silvester an Gewicht zu, sondern zwischen Silvester und Weihnachten.

Abb. 113: Festlicher Weihnachtsbraten: Gefüllte Gans mit Thüringer Klößen und Apfelrotkohl

Das mag sein, dennoch ist die Weihnachtsgans nicht der Renner – wenigstens nicht am Christabend. Das Lieblingsgericht der Deutschen an diesem Tage sind Umfragen aus den letzten Jahren zufolge **Würstchen mit Kartoffelsalat**. Mehr als ein Drittel aller Haushalte serviert diesen Klassiker. Es folgen Gänsebraten mit 19 Prozent und Entenbrust mit 17 Prozent.

Der **Karpfen**, der in nicht wenigen Familien als Weihnachtsmenü serviert wird, erinnert daran, dass die Adventszeit eigentlich eine Fastenzeit ist und im Mittelalter der 24. Dezember der letzte strenge

Fastentag war. Lediglich Gemüse und Fisch wurden verzehrt. Deshalb ist noch heute das Mahl am Heiligabend gelegentlich fleischlos, nicht nur in Deutschland, sondern gleichermaßen in Ländern wie Italien, Polen, Russland oder der Ukraine. Bei uns halten zahlreiche Familien mit einem Fischgericht Tafel – und zwar mit einem besonders köstlichen. Dieses Schmeckerchen muss nicht unbedingt Zanderfilet mit Pilzkruste sein, sondern ist für viele ganz einfach Spiegelkarpfen, geschmacklich immer noch einer der besten Fische. Doch ob blau, gebraten, mariniert oder im Gemüsebett, ob in Rotweinsoße, mit dunkler Biersoße oder auf polnische Art – der Festtagskarpfen wird heute mehr und mehr zu Silvester oder am Neujahrstag verzehrt.

Durchgesetzt hat sich als Festessen Haus- und Wildgeflügel (eben auch Gans, ferner Ente, Pute, Fasan und Rebhuhn), Hauskaninchen und Wildbret (hauptsächlich Reh, Hirsch, Feldhase und Wildschwein). Ob mit Äpfeln und Nüssen gefüllte Gans, knusprige Orangenente mit Mandelbroccoli oder Putenkeulchen in Lebkuchensoße, ob Rebhuhn mit karamellisierten Weintrauben, Rehrücken in Wacholderrahm oder Hirschbraten mit Preiselbeeren auf pochierter Birne, ob Rinderfilet im Speckmantel, Schweinelendchen mit pikanter Chili-, Curry- und Pfeffersoße oder Riesengarnelen in Tomatenbutter – für das Weihnachtsmenü kann es gar nicht delikat genug sein.

12.12   Weihnachtsgebäck

Oh, es duftet
so gut nach ...

Weihnachten – das ist auch die Zeit der süßen Gaumenfreuden. Lange, flache Hefekuchen, Gewürzbrote mit getrockneten Pflaumen, Aprikosen und Walnüssen sowie Plätzchen in allen Varianten verschönern die Festtage. Weihnachtsgebäck gehört schon seit langem zum Fest. Ursprünglich sollten wahrscheinlich arme Menschen damit versöhnt werden.

Päpstlicher Butterbrief – der Christstollen

Es gibt kaum eine adventlich-weihnachtliche Kaffeetafel, auf der man nicht den *Stollen* findet. Das beliebte Backwerk hat eine lange Tradition. Doch es ist nicht ganz leicht nachvollziehbar, wo und wie seine Geschichte begann.

Das Weihnachtsgebäck haben nach seiner ersten urkundlichen Erwähnung **Naumburger Bäcker** bereits in der ersten Hälfte des 14. Jahrhunderts gefertigt. In der Stadt an der Saale war es der Bischof Heinrich von Naumburg (Lebensdaten unbek., Bischof von 1316–1334), der es zum festen Bestandteil der Festtage erhob. Der geistliche Würdenträger war ohne Zweifel ein Feinschmecker. Im Jahre 1329 gewährte er den ihm unterstehenden Bäckern das Innungs- und Zunftprivileg. Zum Dank sollten sie ihm und seinen Nachfolgern fortan »zur Feier der Geburt Christi zwei längliche Weizenbrote, Stollen genannt,« liefern. Dafür legte der Oberhirte auch gleich das Maß fest: Mindestens einen halben Scheffel Weizen mussten beide »Brote« enthalten. Nach heutigem Quantum sind das rund 15 Kilogramm. Verglichen damit ist das heutige Gewicht bescheiden: Die Stollen bringen gegenwärtig gerade einmal 250 bis 1.250 Gramm auf die Waage.

Dokumente belegen, dass ab dem Jahr 1426 die »christwegke« (»christwecke«) in dem am Fuße des Thüringer Waldes gelegenen **Arnstadt** verteilt wurde. Die Arnstädter, Erfurter und Umländler nennen ihren Stollen seitdem »Schittchen«.

Schittchen ist eine Bezeichnung, die sich von Scheit/Scheitchen (zugehauenes Holzstück) herleitet (vgl. Scheiterhaufen = aufgeschichteter Haufen Holz). Im zentralthüringischen Dialekt wurde der Stollen auch Christscheit oder Eierscheit(chen) genannt.

70 Jahre nach Naumburg zog der Stollen in Dresden ein. Seine Einwohner vertraten seit jeher den Standpunkt, dass Weihnachten und der »echte« oder »Original Dresdner Christstollen« eine Komposition aus Festlichkeit und Tradition darstellen.

Die **Geschichte des Dresdener Stollens** reicht bis in das Jahr 1400 zurück. Erstmalig 1427 am Sächsischen Hofe überreicht, wurde ihm die ostmitteldeutsche Bezeichnung für das meist in Zopfform bereitete Hefegebäck **Striezel** gegeben, die dem Dresdner Weihnachtsmarkt seinen Namen gab. Dieser heißt noch heute Striezelmarkt (> 11.5), auf dem zum ersten Mal 1.500 »Christbrote uff Weihnachten« verkauft wurden.

Nach kirchlichem Dogma durften die Striezel damals nur aus Mehl, Hefe und Wasser hergestellt werden, wie auch anderswo die Stollen anfangs magere Backwerke für das katholische Adventsfasten waren. Wasser, Hafer und manchmal ein paar Tropfen Rüböl (auch Rübsenöl: Öl aus den Samen von Raps oder der nahe verwandten Ölrübsen) – andere Zutaten kamen nicht in den Teig. Ab 1560 übergaben die Dresdener Bäcker ihrem Landesherrn zum Heiligen Fest einen dieser fade schmeckenden Weihnachtsstollen mit einer Länge von 1,50 Metern und einem Gewicht von 36 Pfund (18 Kilogramm). Acht Meister und ebenso viele Gesellen trugen ihn zum Schloss – der Beginn einer Tradition, die erst 1918 mit dem Untergang der Monarchie endete. »Scheußlich!«, befanden die gerade regierenden Häupter. Die Advents-Fasten-Ordnung erlaubte nun einmal das Gebäck nur ohne Butter, Milch oder Mandelkern, Zitronat, Orangeat und Marzipan.

Deshalb wandten sich 1450 Kurfürst Ernst von Sachsen (1441–1486)) und sein Bruder Herzog Albrecht (1443–1500) mit der Bitte an Papst Nikolaus V. (1397–1455), ob die Zeit nun dafür reif sei oder nicht, sie hätten gern Butter und Milch in ihrem Christstollen. Die vatikanische Bürokratie stellte jedoch die sächsischen Kurfürsten und Bäcker auf eine harte Geduldsprobe. Fünf Stellvertreter Gottes mussten das Zeitliche segnen, bevor sich im Jahre 1491 der ansonsten wenig ruhmreiche Papst Innozenz VIII. endlich erweichen ließ, das harte Butterverbot für den Stollen aufzuheben. Vor allem wohl, weil Rom damals regelmäßig knapp bei Kasse war, schrieb Innozenz zurück:

»Sintemal nun, dass euretwegen für uns vorgegeben, dass in euren Herrschaften und Landen keine Ölbäume wachsen und dass man des Öls nicht genug, sondern viel zu wenig und stinkend habe, dass man teuer zukaufen muss, oder solches allda habe, dass man aus den Rübsen Öl mach, das der Mensch Natur zuwider und ungesund, durch dessen Gebrauch die Einwohner der Lande von mancherlei Krankheit befallen. Als sind wir in den Dingen zu eurer Bitte geneigt und bewilligen in päpstlicher Gewalt, in Kraft dieses Briefes, dass ihr, eure Weiber, Söhne, Töchter und all eure wahren Diener und Hausgesinde der Butter anstatt des Öls ohne eine Pön frei und ziemlich gebrauchen möget.«

Der Heilige Vater hob also das Butterverbot auf und erlaubte in dem als **Butterbrief** in die Geschichte eingegangenen Schreiben, dass »mit gutem Gewissen und Gottes Segen« auch Milch und Butter für den

Stollen verwendet werden dürfen. Er verband den Erlass jedoch mit der Zahlung einer Buße als »Buttergeld«, die religiösen Werken, vornehmlich dem Kirchenbau, zufließen sollte. So konnten die Dresdener mit ihrem berühmten Christstollen zusätzlich Geschichte machen.

Seitdem verfeinerten die Meister das Dresdener Gebäck, und auch in anderen Gegenden konnten die Stollen gehaltvoller ausfallen. Knapp 200 Jahre später übertraf August II. (der Starke, Kurfürst von Sachsen und König von Polen, 1670–1733) alles bisher Dagewesene. Er ließ 1730 aus Anlass des Zeithainer Lustlagers, einer gigantischen Militärparade nahe Riesa, von der Bäckerzunft Dresdens einen Riesenstollen von 1,8 Tonnen für rund 24.000 Gäste backen. An dieses Ereignis erinnert das jährlich im Dezember in Dresden stattfindende Stollenfest.

Der Dresdener Christstollen hat seine heutige Qualität erst im 20. Jahrhundert durch den steigenden Wohlstand und die damit mögliche Verarbeitung edler und hochwertiger Rohstoffe erreicht, sodass er bald in alle Welt versandt wurde. Auch wenn es ein Grundrezept für die Herstellung des Dresdner Christstollens aus butterweichem Hefeteig und Rosinen, Mandeln und Zitronat, mit viel brauner Butter bestrichen und Puderzucker bestäubt, gibt: Jeder Bäcker- und Konditormeister hat sein vererbtes Familiengeheimnis. Hohes fachliches Können, erlesene Zutaten aus fernen Ländern und geheimnisvolle Gewürze verschmelzen hier zu einem meisterhaften Backwerk.

Abb. 114: In einer Dresdener Stollen- bäckerei

Der Name »Stollen« (»Stolle«) geht zurück auf das althochdeutsche *stollo* (mhd. *stolle*), was unseren heutigen »Stütze« oder »Pfosten« entspricht. Es handelt sich also um eine kurze dicke Stütze, deren Grundbedeutung auf den »Kuchen in Pfostenform« übertragen wurde.

Abb. 115:
Dresdner
Christstollen
bereit zum
Versand

Wir finden diese Bedeutung noch heute u.a. in »Stall/Stallung« (urspr. Standort, **Stelle**), »stellen« im Sinne von »an einem Ort zum Stehen bringen, auf- oder hinstellen« oder Stelle (Amt, Beruf, Grab, Wohnsitz, Zitat).

Da früher die Backwaren zur Weihnachtszeit nach christlichen Symbolen geformt waren, liegt der Schluss nahe, dass auch der Stollen hier seine Form herhat: In dem puderzuckrig-weißen Hefestück soll man sich das Abbild des in Windeln liegenden Jesuskindes denken. Diese Deutung orientiert sich an früheren künstlerischen Darstellungen, die das Christkind fest in weiße Tücher eingewickelt zeigen.

Ohne Pfeffer, aber mit Honig – Pfefferkuchen

Durch keine vorweihnachtliche Saison kommt man backfrei. In keiner werden Weihnachtsplätzchen nicht eigenhändig hergestellt.

Ob man sie selbst bäckt oder vom Bäcker um die Ecke holt: ***Pfefferkuchen*** (Lebkuchen, Lebzelten) sind unwiderstehlich. Das bewiesen schon Hänsel und Gretel, als sie am lebkuchendrapierten Hexenhaus knabberten. Das stark gewürzte, süße und oft mit Honig versetzte Gebäck darf auf keinem Weihnachtsteller fehlen. Doch in ihnen befindet sich kein einziges Körnchen Pfeffer, lediglich ein Sortiment fremdländischer Gewürzbeigaben, die man im 13. Jahrhundert »Pfeffer« nannte. Pfeffer steht hier stellvertretend für die Zutaten Muskat, Nelken, Zimt und Anis, die früher ebenso exotisch waren wie das kräftige Gewürz aus den Früchten des Pfefferstrauches. Kein Mensch dürfte je Plätzchen mit einer ordentlichen Prise dieses geschmacksintensiven scharfen Würzstoffes gegessen haben.

So kommt beispielsweise der Beiname **Gewürzinsel** der im Indischen Ozean vor der ostafrikanischen Küste liegenden Insel Sansibar nicht von ungefähr, werden doch hier bevorzugt Gewürznelken angebaut.

Urahn des Backwerks ist der **Honigkuchen**, der schon zu babylonischen Zeiten die Götter milde stimmen sollte. In den mittelalterlichen Klosterbäckereien nördlich der Alpen wurde der »lebekuoche« dann reichlich mit Ingwer verfeinert. Rund 700 Jahre ist es her, dass ein Ulmer Kloster den ersten uns heute bekannten **Lebkuchen** gebacken hat. Nicht nur Gewürze waren, sondern auch Honig war aufgrund der hauseigenen Imkereien zur Genüge vorhanden. **Oblaten**, ebenfalls ein klösterliches Produkt, gaben später der zähflüssigen Lebkuchenmasse Halt. Die Zutaten bestimmten weitere Namen des Gebäcks.

Oblaten sind hauchdünne Gebäckstücke oder Gebäckunterlagen aus ungesäuertem Weizen- oder Maismehlteig.

Das Gewerbe der Lebküchler (fränk.: Lebküchner, österr.: Lebzelter) war bereits Mitte des 15. Jahrhunderts ein angesehener Berufsstand. Kreativität zeigte die Lebküchlerei insbesondere bei den Reliefformen, den so genannten Modeln, die manchen Lebkuchen zum Kunstwerk machten. Sie waren – rund, oval und rechteckig – mit ihren biblischen Motiven, historischen oder volkstümlichen Szenen dem Zeitgeschmack unterworfen. Das Herz, beliebteste Modelform, blieb über die Jahre hinweg die Universalform.

Zehn Meter lang, vier Meter breit und 650 Kilogramm schwer ist der bislang weltweit größte Lebkuchen, der eine Nikolaus-Figur nachbildet und 2003 in Esslingen (Neckar) hergestellt wurde. Mindestens 25 Prozent Nüsse müssen in Lebkuchen stecken, die in Deutschland als »Elisenlebkuchen« bekannt sind.

Aber was bedeutet eigentlich das »Leb« vor dem Kuchen? Ganz einig sind sich die Gelehrten nicht, doch mit »Leben« hat es definitiv nichts zu tun. Die einen glauben, dass es vom lateinischen *libum* (Fladen) kommt. Andere führen es auf das germanische *laib* (Brot) zurück.

Die eigens zur Weihnachtszeit gebackenen **Spekulatius** sind ein flaches Gebäck aus gewürztem Mürbeteig. Diese butterig oder braun aussehenden Figurenformen zeigen oft das Bild vom Nikolaus mit der Bischofsmütze oder vom Knecht Ruprecht mit Sack und Rute. Da der heilige Nikolaus den lateinischen Beinamen *speculator* (Aufseher, Betrachter, Kundschafter, Schauender; vgl. spekulieren = beobachten, ins Auge fassen, spähen) führte, lässt sich der Name dieser knusprigen Plätzchen wahrscheinlich auf den Bischofstitel zurückführen. Eine andere Erklärung ist die Ableitung des Namens vom lateinischen *speculum* (Spiegelbild, Abbild), weil der Spiegel eine glatte Fläche ist, die ein Ebenbild des davor befindlichen Gegenstandes gibt.

»… denn Äpfel, Nuss und Mandelkern« – andere Backwerkklassiker

Nicht nur Pfefferkuchen, Spekulatius und Dominosteine (s.u.), auch Ausstecherle, Butterhörnchen, Donauschnitten und Gewürzschnitten, Kokosbusserln, Marzipanbällchen, Muskatzungen und Nussmakronen, Orangenstangen, Pfauenäuglein, Rumkugeln und Salbeimäuschen, Schneekristalle, Schokokugeln, Vanillekipferl und Zimtsterne setzen die Tradition *süßer Köstlichkeiten* fort. Die Klassiker aus Großmutters Backbuch gehören zum Weihnachtsfest einfach dazu. Der verführerische Vanilleduft etwa ist so eng mit Weihnachten verbunden, dass kaum einer an die exotische Herkunft dieses Aromastoffes denkt.

Eine in den Tropen wachsende Orchideenart liefert mit einer circa 20 Zentimeter langen Schote das begehrte Gewürz, ohne dessen Geschmack Plätzchen, Stollen, Waffeln und selbst Schokolade nicht ihren feinen Wohlgeruch hätten. Ganz bestimmt tragen die besonderen Eigenschaften der überseeischen Gewürze dazu bei, dass ein eher langweiliges Knusperchen zu einem weihnachtlichen Geschmacksknüller wird. Echte **Vanille** enthält über 40 Aromen, die positiv auf das Gemüt und sogar erotisierend wirken sollen. Zimt und Muskat attestiert man eine besänftigende Wirkung, Ingwer ein inneres Wärmegefühl, Hilfe gegen Übelkeit, Erkältungen und Muskelschmerzen.

Früher schmückten selbst gemachte Süßigkeiten nicht nur den Weihnachtsbaum. Sie waren auch willkommene Geschenke. Die hauseigene »Anfertigung der feinen Pfeffernüßchen und Zuckerkuchen, der Makronen-, Elisen- und Punschkuchen, des Marzipans und verschiedener Konfekte« – so der Titel eines Rezeptbuches aus längst vergangenen Tagen – war damals ein wichtiges Prestigeobjekt für die Hausfrauen. Auch heute möchte niemand die appetitlichen Plätzchen missen, aber die wenigsten wissen, dass diese Klassiker die Tradition der jahreszeitlich bedingten Festgebäcke fortsetzen. Ehemals waren diese vor allem Opfergaben. Daran erinnern bis heute Formen wie Kringel, ursprünglich als Sonnenräder gedacht, Hörnchen oder Kipferl, die das Dämonen abwehrende Zeichen der Mondsichel andeuten, und Brezeln, die Fruchtbarkeit symbolisieren (> 4.1).

Nicht mehr als 12,5 Gramm bringt der süße **Dominostein** (eigentl. »rechteckiger Spielstein«) auf die Waage, aber das schokoladenumhüllte Leichtgewicht ist in der Weihnachtszeit schwer gefragt. Ende der dreißiger Jahre des vorigen Jahrhunderts vom Pralinenhersteller Herbert Wendler in Dresden kreiert, gehört der bissengroße Würfel mittlerweile zum saisonalen Umsatzrenner der Dauerbackwarenindustrie. So produziert der Marktführer, die Aachener Printen- und Schokoladenfabrik Henry Lambertz in Aachen, nach eigenen Angaben jährlich ungefähr 700 Millionen Dominosteine.

Abb. 116: Weihnachtliche Leckereien

Dabei wurde das Schichtwerk aus braunem Lebkuchen, Fruchtgelee und Marzipan oder Persipan 1939 eher aus der Not geboren. Als mit Beginn der Kriegswirtschaft die Rohstoffe knapper wurden, kombinierte der damals 27-jährige Wendler in seiner kleinen Dresdener Pralinenmanufaktur braune Lebkuchen mit Sauerkirschgelee. Den mit Schokolade umhüllten Würfeln gab er den Namen »Dominosteine« und lieferte sie an Dresdener Fachgeschäfte. Erst nach dem Krieg wurde eine Lage Lebkuchen durch Marzipan ersetzt. Im Krieg völlig ausgebombt, musste Wendler 1948 wieder von vorn anfangen. Für die ersten Nachkriegs-Dominosteine wurden Roggenmehl und Sirup verwendet. Heute müssen nach den »Leitsätzen für feine Backwaren« die »feinen Dominosteine« neben einer oder mehreren Schichten braunen Lebkuchens mindestens eine Lage Fruchtmark und eine Schicht aus Marzipan oder Persipan besitzen. Dagegen dürfen bei den »feinsten Dominosteinen« lediglich Marzipan und Fruchtmark gestapelt werden.

Regionale Backwerksorten wie schwäbische Springerle (Anisbrötle), Stuttgarter Hutzelbrot (Schnitzbrot), Aachener Printen (lebkuchenähnliches Gebäck) oder Kölner Mutzen (Schmalzkuchen) sind bis heute beliebt.

Die Weihnachtsbäckerei macht freilich auch den Kindern Spaß. Leckere Bratäpfel mit Marzipanfüllung oder im Nikolaussack, Schneebälle aus Biskuit, Mandelkringel oder Nusseckchen zu backen und von den kleinen Gaumenreizen zu naschen – da schlägt jedes Kinderherz höher. Denn »Äpfel, Nuss und Mandelkern essen fromme Kinder gern« (aus »Knecht Ruprecht« von Theodor Storm) – und die unfrommen ganz gewiss auch.

Tafeln wie im Weihnachtsmärchen – Tischdekoration

Für die meisten Menschen gibt es kaum etwas Schöneres als ein Weihnachtsfest mit Familie und Freunden an einer liebevoll gedeckten und *geschmückten Tafel*. Die Tischdekoration zaubert hierzu die passende Stimmung herbei. Wenn Gold und Silber auf dem Festtisch funkeln und Kerzenlicht romantisch schimmert, sind alle wie verzaubert. Ob Tischdecken in warmem Bordeaux mit schimmerndem Golddekor oder mit Weihnachtssternmotiven in den klassischen Weihnachtsfarben Rot, Grün oder Creme, Servietten in pudrig wirkenden Pastelltönen oder winterlich-zart wirkende »Rockets« in Rot, Schwarz oder Silber, ob Kristallanhänger, Glasperlen, Silbersteinchen oder Porzellansterne in grünen Zweigen, Duftgirlanden und Glocken oder süße Platzanweiser als Dekoration zum Naschen – sie alle setzen festliche Akzente und bescheren mit passenden Accessoires traumhafte Weihnachten.

12.13 Sehnsucht in der Christnacht

In vielen deutschen Gegenden kannte man einst *viele Riten*, die außer zu Weihnachten auch in der Zeit der Zwölf heiligen Nächte oder zu Neujahr stattfanden: das Viehfüttern zu Mitternacht, das Streuen von Futter für Hühner in Reifen, damit sie ihre Eier nicht in fremde Grundstücke legen, das orakelhafte Schütteln von Erbzäunen, Bäumen oder das Horchen auf Kreuzwegen, um etwas über den Geliebten zu erfahren.

Orakel über Liebe und Reichtum

Am interessantesten erschienen von jeher die **Liebesorakel**. Gerade in der geheimnisvollen Zeit um Weihnachten glaubten die Mädchen, etwas über ihren Zukünftigen vernehmen zu können. So kehrten sie am Heiligen Abend ihre Stuben aus, trugen den Kehricht in den Hof, setzten sich darauf und warteten, bis der erste Hahn krähte. Aus der Richtung, aus der er sich hören ließ, musste der Bräutigam kommen. Gleichfalls ließ man Wasser gefrieren und ersah aus den Eisgestalten den zukünftigen Ehegatten (> 13.2).

Im Fichtelgebirge und im Frankenwald stellten sich die Mädchen am Christabend im Kreis um einen Gänserich auf. Das Mädchen, das vom Gänserich zuerst gezupft wurde, sollte im nächsten Jahr Hochzeiterin werden. Wenn ein Mädchen in der Christnacht zum Hühnerstall schleicht und dreimal anklopft, müsse sie auf die Antwort achten: »Schreit der Hahn, dann bekomm' ich einem Mann; fängt die Henne das Gackern an, denn muss ich warten auf den Mann«.

Jacob und Wilhelm Grimm berichten Ähnliches über thüringische Orakel, wonach sich die Mägde am Tag vor dem Heiligen Abend eine Semmel kauften »um einen Pfennig, das letzte Stößchen«. Davon schnitten sie etwas Rinde ab, banden diese unter den rechten Arm und gingen den ganzen Tag damit umher. Beim Schlafengehen in der Nacht zum Christfest legten sie das Rindenstückchen unter den Kopf und sprachen dabei: »Jetzt hab ich mich gelegt und Brot bei mir, wenn doch nun mein Feinslieb käm und äße mit mir«. 1657 will eine Magd des Morgens in der Semmelrinde ein Kreuz entdeckt haben. »Das Weibsbild soll bald darauf einen Soldaten zum Mann bekommen haben«, berichten die Grimms.

Aus Saalfeld stammt eine andere Geschichte: Eine alte Frau erzählte, dass andere ein Gefäß mit Wasser nehmen und es mit einem gewissen kleinen Maß in ein anderes Gefäß messen. Sie tun dies aber etliche Male und sehen zu, ob sie in den wiederholten Bemessungen mehr Wasser antreffen als zuerst. Daraus schließen sie, dass sie das folgende Jahr über zunehmen werden an Hab und Gütern. Befinden sie einerlei Maß, so glauben sie, dass ihr Schicksal stille stehe und sie weder Glück noch Unglück haben werden.

Auch aufgewickelte und in der Christnacht aus dem Fenster gehängte lange Zwirnsfäden sollten einen Blick in die Zukunft des neuen Jahres erlauben. Andere greifen zur Tür hinaus, rufen »Horch! Horch!« und haben, wenn sie die Hand hineinziehen, einige Haare des künftigen Liebsten darin. – Man muss nur fest daran glauben.

Ein anderes in der Weihnachtszeit vermutetes Wunder war der Glaube, in der Christnacht **unsichtbar** und **unverwundbar** werden zu können. Um Mitternacht, befand man, begännen die Tiere zu sprechen und Zukünftiges zu prophezeien. Aber wer sie hörte, der müsse sterben. Verstünde man es, in dieser Stunde den Teufel in einem Zauberkreis zu beschwören, so könne man viel Geld gewinnen. Eine in dieser Nacht gepflückte Christrose soll Kräfte gegen Pest und Süchte haben.

Die **Christrose** (Schneerose, Christwurz) ist ein in den Ost- und Südalpen heimisches Hahnenfußgewächs, dessen unzählige weiß- und rosafarbene, oft reizvoll gesprenkelte Blüten im Spätwinter und Vorfrühling erscheinen.

Ebenso ließe sich in der Weihnachtszeit allerlei **vorausdeuten**: Was man in den Raunächten träumt, würde sich im nächsten Jahr erfüllen. Träumt jemand von blauen Pflaumen, so stürbe ein naher Verwandter oder Freund. Das Wetter glaubte man mit Hilfe von aufgeschnittenen Zwiebeln oder Nussschalen prophezeien zu können.

Nach dem reichlichen Weihnachtsmahl musste man ein Speiserestchen und ein kleines Geldstück auf dem Tisch liegen lassen, um im kommenden Jahr mit Essen und dem Zahlungsmittel versorgt zu sein. Die Überbleibsel des Weihnachtsschmauses schüttete man einer erhofften guten Ernte wegen über die Bäume und Felder und gab dem Vieh davon. Die Kühe bekamen um Mitternacht Heringsmilch, damit sie im nächsten Jahr reichlich Milch geben sollten. Obstbäume umwand man mit Stroh und schüttelte sie, um ihren Ertrag zu steigern.

12.14 Weihnachtsbräuche aus aller Welt

Wenn auch viele Menschen auf der Welt das Weihnachtsfest nicht kennen, weil es nicht ihrer religiösen oder weltlichen Geisteshaltung zugehört, wenn es auch andere an einem anderen Tag feiern als wir: Auf einem beträchtlichen Teil der Erdkugel wird Weihnachten oder ein ähnliches Fest begangen.

In der Karibik wird getanzt

Doch andere Länder, andere Sitten. Das gilt immer und überall und freilich auch für die besinnlichen Tage im Dezember. Deshalb sei eine kleine Auswahl fremder Bräuche und Traditionen aus nahen und fernen Ländern vorgestellt.

Eines der Merkmale in weiten Teilen der *Beneluxländer* ist die frühe Bescherung am Nikolaustag. In Belgien (Flandern) und in den Niederlanden dreht sich alles um den kinderfreundlichen **Sinterklaas** (heiliger Klaus) und seinen Diener zwarte Piet (> 12.4). Am 5. Dezember stellen die Kinder einen Schuh vor den Kamin und legen eine Mohrrübe oder Heu für das Pferd des Nikolaus vor die Tür. Sinterklaas bringt Pfefferkuchen, Spekulatius und Schokoladenbuchstaben. Am Nikolausabend bereiten auch Erwachsene einander Geschenke. Häufig sind es Überraschungen, denen ein kleines Gedicht beigelegt ist.

»Sage mir bitte, woher mein Liebster kommt …«: Darf man den Überlieferungen glauben, so barg einst der Weihnachtsabend im *böh-*

mischen **Elbtal** (die Gegend um Nymburk und Podebrady in Mittelböhmen östlich von Prag) für die heiratsfähigen Mädchen der Bauernfamilien manch erregendes Geheimnis. Denn nach dem Abendessen warfen sie einen **Pantoffel über die Schulter**. Wies dessen Spitze zur Tür, würden sie bald die elterliche Geborgenheit verlassen. Sodann eilten sie in den Garten und rüttelten den Holunderbusch. Dabei erklang ihr Verslein: »Ich schüttele, schüttele den Holunder, / Du sollst mir sagen, Hund / von woher mein Geliebter kommt«. Herzklopfend erwarteten sie das Gebell aus dem »richtigen« Gehöft des Dorfes. Hatte der Frost die Teiche starr gemacht, zogen die Jungfern in kleinen Gruppen aus, um Eis zu hacken. Offenbarte der dunkle Spiegel des Wassers vielleicht das Antlitz des Freiers?

Nicht minder aufregend, wenn auch in ganz anderem Sinne, war der Heilige Abend für die Hausfrau. Trotz all der vielen Pflichten, die sie an den Vortagen am Herd, Backofen und Waschzuber (großer hölzerner Behälter mit zwei Handgriffen), im Stall oder beim Saubermachen erfüllen musste, durfte sie so manches andere Wichtige nicht vergessen. Weder das um die Tischbeine **gewundene Stroh** für eine ertragreiche Ernte noch die Axt zu Füßen der Tafelnden für deren gute Gesundheit, weder den umgestürzten Teller für die Toten noch den frischen Weihnachtsstrauß. Dem Federvieh war von jedem Essen ein Bröckchen zu bringen – der Knoblauch dabei dem Hahn. Der Brunnen könnte versiegen, würfe sie keine Weihnachtsstriezel hinein. Ins Feuer gehörten die Krümel vom Tischtuch, damit die Flammen nie erlöschen. Dem Manne oblag, eine eiserne Kette vor dem Hoftor auszubreiten, auf dass das Vieh nicht davonliefe. Und wehe, wer den anklopfenden Armen eine Gabe versagte.

Einige der alten Traditionen sind noch immer lebendig. So setzt man am Weihnachtsabend gern in Nussschalen steckende kleine Kerzen in das Wasser. Treiben sie zum Schüsselrand, werden die »großen« Kinder wohl über kurz oder lang eigene Wege gehen. Und freilich lassen die Mädchen noch immer die Pantoffeln fliegen.

Das Weihnachtsfest wird immer mehr von *China* entdeckt, zumindest dessen äußere Zeichen: mit weißem Pelz abgesetzte rote Mützen und der Weihnachtsbaum. Das offiziell atheistische Peking oder die größte Industrie- und Handelsstadt Chinas Shanghai mit ihren großen Ausländergemeinden sind in **Weihnachtsstimmung**: Die Angestellten an den Mautstellen der Flughäfen tragen rot-weiße Weihnachtsmann-

mützen, Schilder in den Städten wünschen allenthalben »Happy New
Year«, vor dem hauptstädtischen Olympiastadion funkelt ein etwa 30
Meter hoher Weihnachtsbaum, in Shoppingzentren verheißen weiße Engelchen-Skulpturen »Fröhliche Weihnachten«, vor den großen
Blumenmärkten sind Christbäume jeder Größe zu haben (echte und
die ewig verwendbaren aus Plastik), und im Angebot ist eine schier
unendliche Auswahl an Lichterketten, Fensterverzierungen oder
schönem und schaurigem Baumschmuck, dazu faltbare Knusperhäu-
ser und aufblasbare Weihnachtsmänner. Noch vor wenigen Jahren
feierten nur die Ausländer und die wenigen chinesischen Christen
das Fest. Damit ist es vorbei. Weihnachten ist schick in China, auch
wenn viele gar nicht wissen, worum es sich bei diesem Fest handelt.
Und so stimmen chinesische Chöre in Hotels und Einkaufszentren
chinesische Versionen von »Jauchzet, frohlocket« und »Es ist ein Ros'
entsprungen« an, um gute Stimmung zu schaffen. Das Pikante daran
ist, dass Weihnachtskonzerte amtshalber nicht erlaubt sind, weil sie
von den Behörden als religiöse Werbung betrachtet werden.

Die Weihnachtsbräuche in den *englischsprachigen Ländern* (Großbritannien, Irland, USA, Kanada, Australien und Neuseeland) sind
in England entstanden und von dort übernommen worden. Die
Adventszeit als Weihnachtsvorbereitungszeit, Santa Claus in der
abgewandelten Form des heiligen Nikolaus (der Nikolaustag am 6.
Dezember ist jedoch nicht bekannt), **Hausschmückung** und Bescherung, Feuer und Licht als Symbole für Wärme und ein langes Leben,
der »wreath« (Kranz) an der Haustür, »Plum pudding« oder »Christmas pudding« – das sind ähnlich den deutschen Traditionen Formen
der Festgestaltung, die sich aus Elementen römischer, nordischer, ger-
manischer und keltischer Rituale zusammensetzen.

In **England** werden die Räume mit Misteln, Stechpalmen, Lorbeer
und bunten Girlanden ausgestaltet. Gängig sind Engelsfiguren am Heiligabend zur Erinnerung an die Kundgabe der Geburt Christi durch die
Himmelsboten. Die meisten Familien besitzen eine Weihnachtskrippe.
Überdimensionale Weihnachtskarten, denen gegenüber sich die deutschen recht bescheiden ausnehmen, werden en masse versendet.

Es scheint, als ließen sich die Briten immer mehr von den deutschen Gepflogenheiten inspirieren. Während vor Zeiten bei ihnen
Weihnachten ein ausgelassenes geselliges Beisammensein war, gestalten sie heute die Festtage mehr oder minder besinnlich. Weih-

nachtsmärkte nach deutschem Vorbild erleben einen wahren Boom, der Stollen gesellt sich zum Plumpudding, und die Briten sind beeindruckt von der »großartigen Tradition der Weihnachtsdekoration« in Deutschland. Sie schwärmen davon, wie »schlicht« Weihnachten bei uns sei, und dass trotz des großen kommerziellen Drucks die »Reinheit und Magie von Weihnachten« bewahrt wurde.

Ähnlich den Sternsingern in Deutschland (> 4.2) ziehen bereits in der Vorweihnachtszeit Weihnachtsliedersinger durch die Städte und Dörfer. Die »wassailers« geheißenen carol singers erbitten und bekommen kleine Aufmerksamkeiten, gewöhnlich für Kinder aus minderbegütertem Hause.

Das überaus üppige Festmahl, bei dem neben dem erwähnten Plumpudding der typisch britische Turkey »Gregor« (ein mit Brot, Hackgemisch, sauren Äpfeln und Pflaumen gefüllter Truthahn) auf den Tisch kommt, erstreckt sich über Stunden. Auf die Geschenke müssen die Kinder allerdings bis zum nächsten Morgen warten.

Am **Christmas Eve** (Heiligabend) hängen sie übergroße Strümpfe auf. Zu Mitternacht vom 24. zum 25. Dezember nehmen die Erwachsenen am mitternächtlichen Gottesdienst in der Kirche teil.

Wenn alles schläft, steigt der Weihnachtsmann (Father Christmas) durch den Schornstein in das Haus, füllt die Strümpfe der Kinder (und auch vorher ausgelegte Kissenbezüge) mit Geschenken und lässt stattliche Gaben unter dem Baum zur Eröffnung des **Christmas Day** (1. Weihnachtstag) zurück. Die britischen Kinder glauben, dass Freunde und Verwandte die Präsente an den Weihnachtsmann schicken, damit er sie auf seinen Zauberschlitten lädt und unerkannt versteckt. Sie hinterlassen ihm ein Glas Sherry oder Brandy und eine warme, mit Trockenobst und Nüssen gefüllte (süße) Pastete in der Nähe des Kamins. Das weihnachtliche Abendessen wird oft als kaltwarmes Büfett angerichtet.

Abb. 118:
Eine kleine
Gruppe
englischer
carol singers

Am **Boxing Day** (2. Weihnachtstag, »Geschenktag«) bedenken die Familien in Großbritannien, Kanada, Neuseeland und Australien ihre Milchmänner oder Briefträger mit kleinen Päckchen (»Christmas Box«) als Dankeschön für ihre Arbeit im vergangenen Jahr und vor allem während der Weihnachtstage.

Ähnlich den englischen Gepflogenheiten, findet **Xmas**, wie die **Amerikaner** Weihnachten (Christmas) salopp abkürzen, am 25. Dezember statt. Santa Claus, der amerikanische Weihnachtsmann, kommt in den frühen Morgenstunden durch den Kamin und bringt Geschenke. Die Kinder nehmen an, dass er eher aus dem Eis, nämlich vom Nordpol, als vom Himmel kommt. Er ist immer mit dem Schlitten unterwegs und verteilt den ganzen Dezember über Geschenke. Einmalig sind die gigantischen Xmas-Paraden in den Städten.

Auf **Hawaii**, einem Gliedstaat der USA, kommt der Weihnachtsmann im Kanu zu den Kindern – und inzwischen oft im Hubschrauber.

Während der Weihnachtszeit sind in den *maltesischen* Kirchen wunderschöne Krippen aufgestellt, und auch in den Privathäusern der Insel werden Krippenfiguren gezeigt.

Zumindest in *Nord-* und *Westfrankreich* kommt der Nikolaus am Weihnachtsmorgen. Genauso wie Father Christmas in England und Santa Claus in den USA liefert er im westeuropäischen Staat die Geschenke durch den Kamin in daran hängende Strümpfe oder aufgestellte frisch geputzte Schuhe. Zusehends wird er jedoch von seinem Konkurrenten, dem **Weihnachtsmann**, entthront. An der Mitternachtsmesse nimmt die gesamte Familie teil. Während in diesen Stunden niemand im Hause ist, kommt der Weihnachtsmann (Père Noël) und sucht das Wohnzimmer mit der Krippe. Dort schiebt er in jedes Paar Strümpfe oder Schuhe seine Geschenke. Diese werden bei französischen Protestanten ohnehin vom Weihnachtsmann gebracht, bei konservativeren Katholiken vom Christkind (le petit Jésus).

»Le Reveillon«, der Weihnachtsschmaus, ist der Höhepunkt des französischen Festes.

Zum Weihnachtsmenü gehört unbedingt das traditionelle Parade-Dessert »Bûche de Noël«, eine Schokoladen-Biskuitrolle. Sie ist eine Art Schokoladenkuchen in Form eines Holzscheites, der auf den früheren Brauch zurückgeht, am 24. Dezember einen Kloben in das Kaminfeuer zu legen.

Am 24. Dezember ziehen in *Griechenland* Kinder mit Trommeln und Glocken durch die Straßen, singen die **Kalanda** (Lobgesänge, die Glück bringen sollen) und erhalten dafür kleine Geschenke. Zwölf Nächte lang werden Weihnachtsfeuer zum Schutz vor Kobolden, den »Kalikanzari«, entzündet. In der Nacht zum 1. Januar legt der heilige Vassilius, der besonders freundlich und gütig zu den Armen war, die Geschenke für die Kinder vor ihr Bett. Für die Familie gibt es an diesem Tag einen Kuchen aus Hefeteig (»Vassilopita«) mit eingebackener Goldmünze. Dem Finder soll ein glückliches Jahr beschert sein. Höhepunkt des Weihnachtsfestes ist Epiphanias am 6. Januar (> 4.2).

In *Grönland* lebt der **Weihnachtsmann** in einer Höhle unter dem Eis, so glauben die Kinder. Er verteilt nicht nur Geschenke, er bekommt auch welche: Kinder schicken an die Post von Nuuk Briefe (> 12.5) und legen Schnuller bei. Damit wollen sie ihm beweisen, dass sie keine Kleinkinder mehr sind.

»O presepio mio«: In der *italienischen* Weihnacht steht nicht der Weihnachtsbaum im Mittelpunkt, sondern die prächtig geschmückte Krippe. Alle Nachbarn wetteifern um die schönste Presepio.

Beeindruckende Darstellungen der Heiligen Familie findet man in der Weihnachtszeit insbesondere in verschiedenen Orten Apuliens, dem »Stiefelabsatz« des Landes. Eine der größten lebenden Krippen kann seit 1986 in der kleinen Gemeinde Crispiano im Norden der Region bewundert werden. Vor der Kulisse der Grotten von Vallone werden hier mit 145 menschengroßen Figuren und bis zu 200 Komparsen in historischen Kostümen Szenen der Weihnachtsgeschichte nachgestellt. Indes haben in Lecce, Apuliens südlichster Provinzmetropole, Krippenfiguren aus Pappmaschee Berühmtheit erlangt. Die »Carapesta«-Figuren wurden ursprünglich für Kirchen und Bruderschaften hergestellt, um die Heiligen während der Prozessionen leichter transportieren zu können. Inzwischen hat sich aus der Not ein kunstvolles Handwerk entwickelt. Die Statuen werden nicht nur in den über 30 Kirchen des Gebietes, sondern auch in den Heiligenschreinen am Straßenrand stolz präsentiert. Gleichfalls wird der Wallfahrtsort San Giovanni Rotondo im Norden Apuliens in der Weihnachtszeit vom Krippenfieber ergriffen. An fünf Tagen im Dezember schmücken lebensgroße Krippen alle Plätze der Altstadt des Ortes, in dem der 2002 heiliggesprochene Padre Pio verehrt wird.

Am Heiligabend findet eine Art Familienlotterie statt. Jeder zieht aus einem Säckchen die Nummer seines Geschenks. **San Nicola** kommt am 6. Dezember und legt Geschenke für die Kinder vor die Schlafzimmertür. Nicola ist jedoch nicht, wie bei uns, als leitender Geistlicher mit den Zeichen der bischöflichen Würde ausgestattet, sondern erscheint ohne Bischofsmütze und Bischofsstab.

Sieben Tage nach Nikolaus, am 13. Dezember, wird **Santa Lucia** gefeiert. Der Tag wurde bis zur Einführung des gregorianischen Kalenders als der kürzeste des Jahres und somit als Zeitpunkt der Wintersonnenwende begangen, und Lucia sollte nach christlicher Anschauung Licht in die längste Nacht des Jahres bringen.

Lucia (die »Leuchtende«, abgeleitet von lat. *lux* = Licht) lebte vor mehr als 1.700 Jahren im sizilianischen Syrakus. 281 geboren, wurde sie als Christin verfolgt und von ihrem Verlobten denunziert. Sie wurde in ein Bordell gesteckt und sollte nach der Legende um 304 unter dem römischen Kaiser Diokletian (um 240–316) von Ochsen zu Tode geschleift werden. Doch die Rinder rührten sich nicht von der Stelle, sodass man Lucia, die alle Martern überstand, schließlich ein Schwert durch die Kehle stieß und sie den Märtyrertod erlitt. In einer dortigen Katakombe (unterirdische Gänge und Hallen mit Begräbnisnischen), die größte liegt unter der Kirche Santa Lucia, wurde ihre Grabstätte entdeckt.

Die Legende weiß zu berichten, dass Lucia ihren Glaubensgenossen Lebensmittel in die Verstecke brachte. Damit sie beide Hände zum Tragen der Speisen frei hatte, setzte sie sich einen Lichterkranz auf das Haupt, damit sie in der Dunkelheit den Weg fand. Die »Lichterkönigin« vererbte ihr Vermögen den Armen. Noch heute wird dieses Geschehnis mit einer Mahlzeit für die Armen gefeiert: »Torrone die poveri« ist eine feste Masse aus in Zucker gekochten Kichererbsen. Früher war es Brauch, am Vorabend des 13. Dezember eine Tasse Milch und trockenes Brot für den Esel der Lichterkönigin vor die Tür zu stellen. Besonders in Nordostitalien bringt Santa Lucia mit ihrem Grautier am 13. Dezember kleine Geschenke.

Am 24. Dezember wird ein großes Festessen mit viel Fisch und Gemüse oder Truthahn veranstaltet. Zum Nachtisch gibt es meist eine Spezialität, die wir Deutschen insofern ganz gut kennen, als wir sie hierzulande in der Adventszeit vom Italiener um die Ecke geschenkt bekommen: **Panettone** ist ein Weihnachtskuchen, eine Art süßes Weihnachtsbrot mit Eiern, Butter, Zucker und Sultaninen.

Am frühen Morgen des 25. Dezember kommt »Il Bambinello Gesú«, das Christkind, und legt kleine Geschenke vor die Schlafzimmertür der Kinder oder unter den Tannenbaum. Doch der eigentliche Geschenktag für die etwas größeren Weihnachtsgeschenke ist der Dreikönigstag.

Den Weihnachtsmann gibt es hier nicht. In den meisten Regionen Italiens fliegt am 6. Januar die gute alte unansehnliche **Hexe Befana** auf einem Besen mit Präsenten von Haus zu Haus. Nach der Überlieferung folgte Befana verspätet den drei Weisen nach Bethlehem, fand aber weder den Weg noch die Heilige Familie. Seither zieht sie durch den Himmel und um die Welt und kommt eben am Dreikönigstag an den Häusern vorbei, in denen Kinder wohnen, und bringt den braven »Bambini« Gaben, den bösen ein Stückchen Kohle.

Weil es Segen verbreite, soll das Scheit von einer Esche die zwölf Tage zwischen Weihnachten und Epiphanias im Kamin flammen. Die ganze Familie findet sich um den Holzklotz zusammen. Bevor er verbrannt wird, stehen die Kinder mit verbundenen Augen davor und sagen ein Gedicht auf. Wenn ihnen die Binde abgenommen wird, liegt ein Geschenk vor ihren Füßen.

Abb. 119: La Befana, die Hexe des italienischen Volksglaubens

Da es in *Japan* nur etwa 1,5 Prozent Christen gibt, wird das Weihnachtsfest auch nur von einem verschwindend geringen Teil der Bevölkerung entsprechend seiner Bedeutung begangen. Denn die alteinheimische Religion des Landes der aufgehenden Sonne und des Lächelns ist der **Shintoismus** (Weg der Götter), in dessen Mittelpunkt die Verehrung von Naturgottheiten und -geistern sowie Toten (Ahnen und verdienstvollen Persönlichkeiten, besonders des Kaisers [Tennō]) steht. Hauptgottheiten sind die Sonnengöttin Amaterasu und die mit dem Kaiserhaus verbundenen »Himmelsgötter«.

Vorherrschend ist jedoch die nach ihrem Stifter Buddha benannte Weltreligion, der **Buddhismus**, der Mitte des 6. Jahrhunderts nach Japan kam. Er hat mit anderen indischen Erlösungsreligionen den Glauben an die Wiedergeburt und Tatvergeltung (»Karman«) gemeinsam. Erlösung (»Nirvana«) bedeutet das Herauslösen der individuellen Seele aus dem Kreislauf der Wiedergeburten.

Die Rezeption des Christentums führt zurück in das Jahr 1549, das damals aus geistigen, wirtschaftlichen und technologischen Interessen willkommen geheißen wurde. Etwa 50 Jahre später verboten und verbannt, öffnete sich das Land dem Christentum erst wieder im Ergebnis politischer Reformen in der zweiten Hälfte des 19. Jahrhunderts. So nimmt es nicht wunder, dass fast alle Japaner das **Weihnachtsfest** als eine ganz »normale« Zeit verstehen und leben. Oft wird in den christlichen japanischen Familien das Fest im Freundeskreis oder zu Hause mit einer Weihnachtstorte gefeiert. Für die Kinder ist es mit Santa Claus und Geschenken verbunden. In der Frühe des 25. Dezembers finden sie eine Socke mit Gaben neben ihrem Bett, am Tage wird gern gebastelt. Für die sonstige Jugend ist das Weihnachtsfest ein Happening, bei dem viele nur mitmachen, um nicht abseits zu stehen.

Von »stiller Nacht« ist weit und breit nichts zu spüren: Sonnenschein statt (bei uns zumindest ersehnten) Schneetreiben, Ti Punch Blanc statt Glühwein, Übermut statt des Duftes frisch gebackener Plätzchen in der Wohnstube. Weihnachten in der *Karibik* ist anders. Hier ist am 25. Dezember Bescherung. Die Festtage werden sowohl im Familienkreis als auch als **Kostüm-** und **Straßenfestival** erlebt.

Auf den Bahamas bereiten sich die Einwohner auf die größte Party des Jahres vor und lassen den farbenprächtigen **Junkanoo-Karneval** aufleben.

Die Sternsinger der Dominikanischen Republik ziehen von Haus zu Haus und tragen besinnliche traditionelle Weihnachtslieder vor.

Auf Puerto Rico schließen sich in den Nächten der Adventszeit Freunde und Familien zu kleinen Gruppen zusammen und suchen mitten in der Nacht Bekannte auf. Vor deren Haus wird ordentlich Musik und Radau gemacht, bis ein Opfer schlaftrunken vor der Tür steht und einen Drink spendiert. Wer nun schon einmal wach ist und seinen Beitrag entrichtet hat, darf sich der Gruppe anschließen und weitere Nachbarn aus dem Schlaf singen.

Auf Trinidad und Tobago beginnen die Vorbereitungen für das **Parang-Festival**, eine traditionelle Weihnachtsmusik, die afrikanische und europäische Einflüsse vereint.

Auch auf den zum Teil christlichen *Philippinen* im Malaiischen Archipel geht es Weihnachten weniger still zu als in Deutschland, zwar ebenso herzlich, jedoch weitaus ausgelassener: Man tanzt und lacht, isst zusammen und amüsiert sich am Krachen der Knallkörper. Geschenke zum Fest gibt es nicht.

Wenn die *Polen* eine Feier zelebrieren, steht immer ein farbiges Feuerwerk an: Auf die bunte Prozession folgen Festschmaus, Tanz und Musik. Weihnachten ist da nicht ausgenommen.

In unserem östlichen Nachbarland ist das Fest der Friedlichkeit genauso wie in Deutschland ein **Familienfest**. Am Heiligabend (»Bożego Narodzenia« = »Gottes Geburt«) beginnt mit dem Einbruch der Dunkelheit und dem Aufleuchten des ersten Sterns gegen 17.00 Uhr das **Festmahl**. Vor dem Essen teilt man mit seinen Nächsten Liebe und Güte symbolisierende **Oblaten** (> 12.12).

Das Teilen der geweihten papierschmalen »Abendmahlsbrote« war und ist ein besonders feierlicher Moment. Reihum bricht jeder der Anwesenden von den Oblaten der anderen kleine Stückchen ab. Dabei wünscht man sich gegenseitig ein frohes Fest, verzeiht einander alle Kränkungen und Verfehlungen und besiegelt die Versöhnung mit einem Kuss. Das sind immer auch Augenblicke der Besinnung: Man erinnert sich seiner Kindheit und Jugendzeit. Es sind zugleich Augenblicke, die erhellt werden von der Hoffnung auf das große Glück. Mit einem Anflug von Trauer gedenkt man auch all jener, die nicht mehr sind. Für sie, die »Abwesenden«, wird mitgedeckt, und von jedem Gericht erhalten sie etwas auf einen Teller, auch ein Stückchen Oblate. Früher waren die Oblaten in Polen mehrfarbig und reich verziert. Heute werden ebenfalls verzierte, aber weiße gebacken. Ihnen folgt eine Suppe (oft Rote-Bete-Suppe mit Bohnen oder Steinpilzsuppe), ein Fischgericht (z. B. in Teig gebratener Karpfen), Piroggen sowie eine besonders delikate Sorte von Bigos.

> **Piroggen** sind Teigtaschen mit verschiedenen Füllungen. Zur Hack-fleisch-, Sauerkraut- und Pilzeinlage gehört zudem ausgelassener Speck.
> **Bigos** ist ein mehrfach aufgewärmtes Eintopfgericht aus gedämp-tem Sauerkraut, Weißkohl, verschiedenen Fleisch- und Wurstsorten, Zwiebeln und Pilzen, die mit Pflaumen und Äpfeln verfeinert sind.

Trotz dieser Fülle und Pracht ist es ein Fasttag, daher ist Fleisch im Festtagsbigos verpönt. Das Festmahl beschließen Süßigkeiten: Trink-kompott aus getrocknetem Obst, Mohn mit Honig, Rosinen oder Feigen, zuletzt Pfefferkuchen, Honigkuchen und eine Mohnrolle.

Der wohl schönste altpolnische Heiligabendbrauch war und ist, ein Gedeck für den »einsamen, heimatlosen Wanderer« zu reservieren, der unverhofft um Einlass bitten könnte. Damit bekundet die Fami-lie, dass sich ein Not leidender Fremder jederzeit hinzugesellen darf. Denn niemand soll sich an diesem Abend verlassen und bekümmert fühlen.

Um Mitternacht geht man zur **Hirtenmesse**, der »Pasterka«, in die Kirche.

Die oft sehr alten Weihnachtslieder gehören zu den Kleinodien des **polnischen Volks-** und **Kirchenliedes**.

> Viele **Melodien** tragen den Rhythmus von Mazurka (figurenreicher Nationaltanz im Dreivierteltakt), Oberek (schneller Drehtanz im Dreiertakt), Krakowiak (variantenreicher, langsam beginnender und immer schneller werdender Nationaltanz im Zweivierteltakt) und Po-lonaise (festlicher Schreittanz im Dreivierteltakt). Die Texte sind oft humoristisch, satirisch oder sogar gesellschaftskritisch.
> Für viele Polen, die fern der Heimat leben, sind die **Weihnachtslie-der** der Inbegriff alles Polnischen. Der größte polnische Komponist und Pianist des 19. Jahrhunderts, Fryderyk (Frédéric) Chopin (1810–1849), hat den tragischen Akzenten seines Scherzo h-Moll die zarte Wiegenmelodie des bekannten polnischen Krippenliedes »Lulajże Jezuniu (‚Schlafe, Jesuskind«) eingefügt, was die Polen als Ausdruck seiner großen Sehnsucht nach Polen ansehen.

Viele der polnischen Weihnachtsbräuche haben ihren Ursprung im **slawischen Brauchtum**. In den Karpaten wird das Kommen des Erlösers mit Alpenhörnern angekündigt. Auf den schneebedeckten Almen blasen Männer in zwei Meter lange Instrumente, auf dass der Wind die Töne bis in das letzte Bergdorf trage.

In Krakau/Kraków bereitet man sich derweil auf den großen **Krippenwettbewerb** vor. Alljährlich findet in der Vorweihnachtszeit auf dem dortigen Hauptmarkt ein Ausscheid für die schönsten Krippen statt, die dann private oder staatliche Volkskunstsammlungen bereichern. Zwei Wochen vor dem ersten Höhepunkt des Kirchenjahres, vom 3. bis zum 10. Dezember, werden Krippen aus Pappmaschee und Glanzpapier aufgestellt. Die Krakauer Weihnachtskrippen sind oft Meisterwerke der Volkskunst. Ähnlich den Carapestafiguren im apulischen Lecce (s.o.) sind sie mit Glitter und Glamour inszenierte Architekturräume, die aus »Tausendundeiner Nacht« stammen könnten, von denen der schönste prämiert wird.

Auch die Sitte, Weihnachtskrippen in den Kirchen aufzubauen, ist sehr alt. Erwähnenswert ist die mechanisierte und laufend durch neue Details ergänzte Krippe in der Kapuzinerkirche in Warschau/Warszawa, die nicht nur von den Hauptstädtern in Scharen besucht wird.

Auf dem Lande stellt man häufig ungedroschene Korngarben in die vier Ecken des Zimmers, in dem am Heiligabend das Festmahl stattfindet, oder in die Ecke nach Osten hin. Hie und da gibt man nach dem Festessen den Haustieren Oblatenstückchen, damit sie gesund bleiben und sich gut vermehren. Früher glaubte man, dass die Tiere um Mitternacht mit menschlicher Stimme sprächen, es jedoch kein Glück bringe, wenn man diesen Gesprächen lausche. In Gegenden, die besonders von Wölfen heimgesucht wurden, trug man am Heiligabend Reste des Festmahls vor das Dorf und lud die Wölfe zum Schmaus ein. Wurden sie derart bewirtet, fügten sie dem Bauern keinen Schaden zu. Eine auf dem Lande durchaus noch verbreitete Sitte gebietet, am Heiligabend Heu unter das Tischtuch des festlich gedeckten Tisches zu legen. Die jungen Leute lasen während des Mahls aus dem Heu ihre Zukunft ab. War der unter dem Tischtuch hervorgezogenen Heuhalm grün, bedeutete das Glück in der Liebe und baldige Hochzeit. Ein grauer Stängel verhieß Pech, Misslingen und sogar den Altjungfernstand. In manchen Familien liegt unter dem Tisch ein kleiner Ballen Stroh, aus dem sich jeder der Anwesenden ebenfalls

Abb. 120:
Weihnacht-
liche
Stimmung am
Warschauer
Schloss

einen Halm zieht. Wer den längsten hat, der wird auch am längsten
leben. Diese Weissagungen werden natürlich nicht allzu ernst genommen, machen dafür aber umso mehr Spaß.

An erster Stelle des polnischen **Weihnachtsgebäcks** stehen Honigkuchen und Mohnrollen. Das große Festmahl am Heiligabend war und

ist gelegentlich noch ein Fastenmahl. Alle Gerichte wurden mit Öl oder Butter zubereitet. Fleisch und Speck waren grundsätzlich verboten. Das Essen bestand beim wohlhabenden Adel, beim Bürgertum und in den reichen Klöstern aus **zwölf Gängen** – so viele Apostel, so viele Gerichte. Noch heute gehören zur polnischen Weihnachtstafel zwölf verschiedene Gerichte. Auf die mannigfaltigste Weise zubereiteter Fisch dominierte. Der berühmte Karpfen auf polnische Art, Hecht und Hering durften auf keinen Fall fehlen. Manchmal gab es so viele Fischgerichte, dass die herkömmliche Zahl Zwölf nicht ausreichte. Aber auch hier wusste man Rat: Alle Fischgerichte wurden als ein einziger Gang angesehen. Das Heiligabendmahl wurde mit einer für dieses Festessen typischen Suppe eröffnet – dem Barschtsch mit Teigtaschen, den »Öhrchen«, der Pilzsuppe und – seltener – der Mandelsuppe. Am beliebtesten war die Rote-Rüben-Suppe, die klassische Suppe der altpolnischen Küche.

Außer Fischgerichten wurden gereicht: Erbsen mit Kohl, Gerichte aus getrockneten Pilzen, polnischer Gemüsesalat, Kompotte aus Dörrobst (v.a. aus getrockneten Pflaumen), in den östlichen Gebieten Polens Kutia, eine Süßspeise aus Weizen, Mandeln, Nüssen und Rosinen, sowie ein Festgebäck. Auf alkoholische Getränke trafen die Fastenvorschriften nicht zu; es wurde jedoch am Heiligabend bedeutend weniger getrunken als etwa zu Ostern. Auf diese Art hielten sich die Polen zu früheren Zeiten streng an das Fasten und waren ein leuchtendes Vorbild.

Heute gehören solche riesigen Festmahle am Heiligabend weitgehend der Vergangenheit an. Die Polen haben wohl in diesen Tagen nicht mehr den Appetit ihrer Vorfahren, dessen Befriedigung manchmal ein halbes Vermögen verschlang.

Dennoch wird der Heiligabend erhaben gefeiert. Diesem Fest haftet nicht nur die Poesie der Tradition an, es strahlt auch Geborgenheit in der Familie aus. Die Zeremonie der Festbräuche besitzt für die Polen Zauberkraft, sie weckt Erinnerungen und beschwört Zukunftsträume.

Wegen des julianischen Kalenders fällt Weihnachten in *Russland* auf den 7. Januar und wird also nach Silvester gefeiert. Die Gaben bringt **Väterchen Frost** den Kindern am 31. Dezember oder 1. Januar. »Ded Moroz«, wie der Alte im Russischen heißt, ist eine mythische, zugleich sehr volkstümliche Gestalt, die die Naturgewalten Frost, Schnee und

Wind verkörpert. Er wird von seiner mit der Frühlingsgöttin Vesna-Krasna gezeugten bildhübschen Tochter (oder Enkelin), dem Schneeflöckchen »Snegurotschka«, begleitet. Ein derartiges Geleit ist einmalig, denn kein anderer Weihnachtsmann der Welt hat eine solche Schönheit an seiner Seite, die nicht etwa ein kleines Mädchen ist, sondern eine attraktive junge Frau, die das zu Eis gewordene Wasser symbolisiert.

In einer schicken Pferdetroika angekommen, werden beide winterlichen Geschöpfe mit Musik und Gebackenem empfangen. Jedes Herz auf dem Kuchen steht für einen Wunsch, der in Erfüllung gehen soll. Das frostige Väterchen tritt in vielen Sagen, Märchen und Redensarten auf. Zu Neujahr, in Russland am 11. Januar, endet die Weihnachtszeit.

Abb. 121: Ded Moroz, das russische Väterchen Frost

Auch in den anderen *slawischen* und *baltischen Ländern* (Bulga-
rien, Tschechien, ehemaliges Jugoslawien, Estland) gehen die Weihnachtsbräuche auf vorchristliche Riten zurück. Obendrein wurde
neues Brauchtum aus dem westlichen Mitteleuropa übernommen,
hauptsächlich aus Deutschland und Österreich.

Um einen Eindruck vom Reichtum der Traditionen in diesen Ländern zu bekommen, habe ich vordem einen genaueren Blick auf charakteristische Bräuche des überwiegend katholischen Polen geworfen
(s.o.).

Bekannte Bräuche des **Julfestes** (> 12.2) in *Skandinavien* (Dänemark, Finnland, Island, Norwegen und Schweden) sind der Julklapp
und der Julbock (s.u.), die vereinzelt auch im deutschen Norden vor-
kommen.

Der **Julklapp** ist ein umständlich und witzig verpacktes kleines Geschenk, das am Julfest mit dem Ruf »Julklapp!« von unbekannten und
unerkannt bleibenden Gebern in die Stube geworfen wird. Den alten
Ernte- und Mittwinterbräuchen entstammen das Backen von Julbrot,
das Brauen von Julbier und das Verstreuen von Julstroh in der Julstube.
Das Julfest endet am 13. Januar mit einem zünftigen Gelage.

Wie in Deutschland, ist auch in **Dänemark** am 24. Dezember Bescherung. Hier kommt der Julemand mit seinen helfenden Geistern,
den Julenissern, denen gegen den Hunger Haferbrei und Milch be-
reitgestellt wird. Für die Festtagsdekoration ist die Kramerhusse cha-
rakteristisch, eine mit süßen Leckereien gefüllte kleine Zuckertüte.
Meistens ist sie – wie auch die sonstige Ausschmückung – in den
Nationalfarben Rot und Weiß gehalten.

Typisch für **Finnland** sind der nordische Stroh- und Holzschmuck,
Grütze und Pfefferkuchen als beliebtes Gericht und eine zottige Zie-
ge, die die Geschenke bringt. Besonderer Wertschätzung erfreut sich
ebenso das gemeinschaftliche Saunabad am 24. Dezember und »gebackener Schwede«, das Festtagsgericht aus Schweinefleisch.

In **Island** veranstaltet man in der Vorweihnachtszeit Festessen, für die
manche Bauern traditionell ein »Weihnachtsschaf« schlachten. Außerdem haben sich unserem »Kassler« ähnlich zubereiteter Schweine-
rücken, wilde Alpenschneehühner und Gammelrochen (ein Fischge-

richt aus einer vor Island vorkommenden Rochenart) erhalten. Eine Eigenheit Islands ist die Tradition der Weihnachtsmänner, deren es dreizehn gibt und die reinweg nichts gemein haben mit dem europäischen Weihnachtsmann oder dem amerikanischen Santa Claus. Als verschmitzte Burschen, die ständig Schabernack im Sinn haben, kommen sie mit ihrer Mutter (einer Hexe) und ihren liederlichen Gefährten zu den Menschen.

Das Weihnachtsfest in **Norwegen** beginnt mit dem Vorlesen aus dem Weihnachtsevangelium, wozu sich die ganze Familie vor dem warmen Kamin versammelt. Anschließend steht das große Weihnachtsessen an, bei dem es noch viele traditionelle Speisen gibt, z.B. Reisbrei oder frischen Dorsch. Dem folgt die Bescherung der Kinder mit einem Rundgang um den Tannenbaum. Hierzu fassen sich alle an die Hände, tanzen in einem Kreis um den Baum und singen dabei Weihnachtslieder.

Der Julbock ist eine besonders in **Schweden** beheimatete Weihnachtsfigur in Maskengestalt, die sich auch als strohgefertigte Kleinausgabe auf den Weihnachtstischen findet. Denn die Bevölkerung zwischen Finnland, Norwegen und der Ostsee kommt gänzlich ohne den alten Mann im roten Mantel und mit weißem Rauschebart aus. Der Julbock erinnert an die Opfertiere, die zu Ehren Wotans (**> 12.4**) oder Thors (**> 8.1**) geschlachtet wurden, und hat in den Alpenländern im »Klapperbock« eine Entsprechung. Dieser ist ein von einem verkleideten jungen Burschen dargestelltes Schreckgespenst mit Bockskopf und Widderhörnern, das mit einem Hebel sein Bocksmaul klappern lassen kann.

Sankt Nikolaus wird nirgendwo mehr in Skandinavien gefeiert – seine Bräuche sind im evangelisch-lutherischen Schweden auf den **Luciatag** (schwed. *Luciadagen*) übergegangen.

Die schwedische Ausprägung des italienischen Lucia-Festes (s.o.) lässt sich frühestens für das Mittelalter nachweisen. Aus dieser Zeit gibt es Berichte über Feierlichkeiten, mit denen die Landbevölkerung das Ende der vorweihnachtlichen landwirtschaftlichen Arbeiten und den Beginn des Weihnachtsfastens begann. Zu einem landesweiten Brauch entwickelte sich das Lucia-Fest dagegen erst am Ende des 19. Jahrhunderts. Seitdem besitzt es hier einen eigenen Zuschnitt, und der 13. Dezember, der Tag der heiligen Lucia, ist einer der wichtigsten Weihnachtstage. Im Dezember ist es nur wenige Stunden hell, sodass die Menschen das Licht mehr zu schätzen wissen. Lucia, die Lichterkönigin, kündigt mit den langen Winternächten die Rückkehr der Sonne an.

In Schweden stellt die älteste Tochter des Hauses die Heilige dar, die **Luciabraut**. Sie trägt ein Luciakleid (meistens ein bis zu den Füßen reichendes weißes Hemd oder ein Nachthemd mit einer roten Schärpe um die Taille) und eine Lichterkrone (einen im Haar befestigten Holzreif mit umwundenem Mispel-[Rosengewächs] oder Preiselbeerkraut und sieben brennenden Kerzen). Solcherweise geht sie von Zimmer zu Zimmer und »weckt« die Eltern und Geschwister auf. Alle warten schon auf ihr Kommen, denn Lucia bringt die ersten Kostproben der Weihnachtsplätzchen mit. Mehr noch: Ihr Licht erhellt den Morgen des neuen Tages, die brennenden Kerzen sind Vorboten des Weihnachtslichtes.

Ferner führt sie einen traditionellen Festumzug mit Kerzen und Laternen an und verteilt kleine Präsente für einen guten Zweck. Mit ihren Begleitern, Mädchen und Jungen in langen weißen Gewändern mit tütenförmigen Hüten aus Papier auf dem Kopf, besucht Lucia im Laufe des Tages Krankenhäuser, Kinder- und Altersheime und Gefängnisse. Die Lucia-Schar singt Lieder zum Advent und zum Fest der Lucia.

Auch manche deutschen Pfarrgemeinden feiern die heilige Lucia mit einem Gottesdienst, so in der protestantischen Kreuzkirche in München oder in einigen Erfurter Kirchen. Nach schwedischem Vorbild zieht sie im weißen Gewand, umgürtet mit einer weißen Schärpe, gekrönt mit einer Lichterkrone und begleitet von ihren Gefährtinnen in die dunkle Kirche ein und verkündet die nahe Geburt Christi.

Zu Weihnachten ist dann der Jultomte an der Reihe – ähnlich dem Julemand in Dänemark. Auf schwedischen Höfen, so glaubte man früher, lebten verschiedene Geister, »Tomte« genannt. Der Jultomte ist quasi der gute Weihnachtsgeist in der Gestalt eines Wichtels, der die Geschenke bringt. Man stellt ihm vor Heiligabend eine Schüssel mit »Julgröt«, einer Hafergrütze mit Mandeln, vor die Haustür. Damit kann er sich stärken, wenn er mit seinem Schlitten vom Nordpol angereist kommt, um die Gaben zu verteilen.

Die Weihnachtszeit in *Spanien* und *Portugal* ist äußerst besonnen und ruhig. Die Fenster werden mit brennenden Kerzen geschmückt, die dem Jesuskind den Weg in das Haus zeigen sollen. Erst am 6. Januar stellen die Kinder ihre Schuhe mit Stroh auf den Balkon, da-

Abb. 122:
Luciabraut
am Haus-
eingang

mit sich die Kamele der Heiligen Drei Könige daran stärken können und dafür Süßigkeiten und Geschenke hinterlassen. Statt des
Weihnachtsbaumes sind auf der Iberischen Halbinsel seit jeher ähnlich dem italienischen Weihnachtsbrauch **Krippenfiguren** aus Holz,
Ton oder Gips sehr bedeutend, die schon während der Adventszeit
daheim, in Kirchen oder auf öffentlichen Plätzen aufgestellt werden.
Die Christmette hat einen hohen Stellenwert. Sie wird dort »Hahnen-

messe« (span. »misa del gallo«, portug. »miss do galo«) genannt – eine Bezeichnung, die von der Legende herrührt, bei der Geburt Jesu habe ein Hahn gekräht.

Der **Weihnachtsumzug** wird mit Gitarrenmusik und alten Nationaltänzen gefeiert. Die Kinder verkleiden sich als Hirten und singen Pastorales (Hirtenlieder). In der Nacht wird ein Feuerwerk veranstaltet. Zum großen Familienessen am Heiligabend (»cena de noche buena«) gibt es Fisch, Truthahn oder Huhn und Gerichte aus Eiern. Als Nachtisch werden Weintrauben, Marzipan oder das im ganzen Land verbreitete »turron« gereicht, eine aus gerösteten Mandeln, Zucker, Honig und Eiern hergestellte Gebäckoblate.

Da die *Türkei* ein islamisches Land ist, in dem nur 150.000 Christen leben (rd. 0,2 Prozent der Gesamtbevölkerung), wird hier im Grunde Weihnachten nicht gefeiert. Trotzdem hat das Fest auch im asiatisch-europäischen Staat einen Namen: **noe**. Und der Weihnachtsmann kommt am 5./6. Dezember in Kale/Myra (> 12.4) vorbei und nimmt an den ökumenischen Gottesdiensten teil. In vielen Kirchen finden Weihnachtsmessen statt.

Bei den muslimischen Familien wird ein anderes, drei Tage dauerndes Fest zelebriert, **Şeker Bayrami** (Bayram). Dieses »Zuckerfest« bildet den Abschluss des Fastenmonats Ramadan, der 29 bis 30 Tage umfasst. Da er sich nach dem Mondkalender richtet, ist das Datum des »Festes des Fastenbrechens«, wie das Zuckerfest auch genannt wird, beweglich. Den muslimischen Gläubigen ist vom Morgengrauen bis zum Sonnenuntergang jeglicher leiblicher Genuss wie Essen, Trinken oder Rauchen untersagt. Abends wird dann den Mundvorräten und Getränken ausgiebig zugesprochen, z. B. den vielen Süßspeisen wie dem ausgesprochen zuckerigen und schweren Baklava-Dessert, an dem man sich gern zusammen mit einem schwarzen Mokka gütlich tut.

In *Ungarn* werden, wie in Tschechien und beim slowakischen Nachbarn, in der Weihnachtszeit in den Dörfern Hirtenspiele aufgeführt. Dieser uralte Brauch hat sich bis heute besonders in jenen Gebieten erhalten, die als Siebenbürgen bis 1920 zum Staat im Südosten Mitteleuropas gehörten. Dort treten als Hirten Männer auf, die Furcht erregende Masken aus Tierhäuten tragen.

Die ungarischen Mädchen formen am ersten Weihnachtsfeiertag Klöße, in die sie Zettel mit Männernamen stecken. Der erste gare

Kloß, der aufsteigt, soll den Namen des künftigen Ehemannes in sich bergen. Viele der ungarischen Bräuche in der Weihnachts- und Neujahrszeit drehen sich wie in anderen Kulturkreisen um die Prophezeiung der Zukunft. Gelingt es einer Maid, in dieser Frist eine Unterhaltung zu belauschen, in der die Aufforderung »Geh weg!« fällt, heiratet sie im darauffolgenden Jahr. Hört sie hingegen »Setz dich!«, muss sie noch ein Jahr warten.

Traditionen beherrschen auch die weihnachtlichen Essgewohnheiten. Man sagt, zu den Festtagen werde das »Tischleindeckdich« Wirklichkeit. Reichhaltig und fürstlich sind von alters her die Gerichte am Weihnachtsabend. Das sichere den Wohlstand im kommenden Jahr. Neben Fisch haben Fleisch und Wurst vom frisch geschlachteten Schwein, gebratene Gans und Truthahn sowie mit Nuss oder Mohn gefüllter Hefekuchen ihren Platz auf der Tafel.

12.15   Wann beginnt eigentlich Weihnachten?

Was man von Weihnachten auch halten, welchen Gepflogenheiten man huldigen und welcher Gläubigkeit man anhängen mag – für die meisten fängt Weihnachten wohl erst dann an und wird erst dann zu einem erhabenen und freudigen Ereignis,

Ein frohes und besinnliches Fest

> »wenn der Schwache dem Starken die Schwäche vergibt,
> wenn der Starke die Kräfte des Schwachen liebt,
> wenn der Habewas mit dem Habenichts teilt,
> wenn der Laute bei dem Stummen verweilt
> und begreift, was der Stumme ihm sagen will,
> wenn das Leise laut wird und das Laute still,
> wenn das Bedeutungsvolle bedeutungslos,
> das scheinbar Unwichtige wichtig und groß,
> wenn mitten im Dunkel ein winziges Licht
> Geborgenheit, helles Leben verspricht,
> und du zögerst nicht, sondern du gehst
> so wie du bist darauf zu, dann,
> ja dann fängt Weihnachten an.«

(Rolf Krenzer, 1936–2007)

Abb. 123: Vergnügliche Silvestergala im »Kaisersaal« Erfurt

13 Die Vertreibung des alten Jahres – Silvester

13.1 Die päpstliche Bezeichnung des letzten Tages im Jahr

Das Jahr klingt aus.

Für die heidnische Geisternacht musste nach kirchlichem Willen ein geeignetes kirchliches Ereignis bzw. ein passender Heiliger gefunden werden. So heißt der 31. Dezember nach dem Papst Silvester I. (von lat. *silva* = Wald, *silvester* = Waldmensch), dessen Namenstag am letzten Tag des Kalenderjahres gefeiert wird. Silvester, geboren im 3. Jahrhundert, amtierte von 314 bis zu seinem Tode (vermutlich am 31. Dezember 335) als Bischof von Rom.

Todes- und Namenstag

Der letzte Tag des Jahres hieß jedoch nicht überall so. Die Hessen und Mecklenburger nannten ihn noch im 19. Jahrhundert **Olljohrsabend**. Der »Altjahresabend« war seinerzeit das bedeutendste Fest des Jahres. Die Kinder erhielten nicht wie heute zu Weihnachten, sondern an diesem Abend oder am Neujahrsmorgen Geschenke. Am Olljohrsabend wurde aber auch auf das vergangene Jahr zurückgeblickt und über Wünsche für das neue gesprochen. So musste alles Geliehene vor Sonnenuntergang zurückgegeben werden. Desgleichen wurden in der Silvesternacht Bäume geschüttelt, damit sie im darauf folgenden Sommer viele Früchte tragen. Schließlich: Eine Schuppe vom Silvesterkarpfen, in der Geldbörse aufbewahrt, sollte das Kleingeld nie ausgehen lassen.

Doch überall sind der Tag und die Nacht mit einer Fülle von Volksbräuchen verbunden, die den Neujahrstag mit einbeziehen. Allen voran galt die Silvesternacht als Zeit der Dämonen und Geister, die hauptsächlich durch Lärm zu vertreiben waren (**> 4.1**).

13.2 Die Hexe auf der Fensterbank

Sehr verbreitet war es, sich in den Zwölf Nächten von Heiligabend bis Dreikönig vor **umherfliegenden Hexen** in Acht zu nehmen.

Im Meininger Oberland waren die Bauern besonders vorsichtig, konnte solch eine fliegende Dame doch das Vieh für das ganze Jahr verderben, was natürlich den Ruin des Hofes bedeutet hätte. Ein umsichtiger Bauer kehrte deshalb die Stallfenster ab, damit sich kein Hexlein auf ihren Simsen niederlassen konnte, um Unheil über das Gehöft zu bringen. Zur Not kamen noch spitze Nadeln in die Schlüssellöcher, weil die unholden Geister nichts so sehr fürchteten wie scharfe Gegenstände. Überhaupt sorgte man sich um das Vieh auf mancherlei Weise. Riss es sich in der Silvesternacht von der Kette los, war eine schlimme Seuche im Stall zu befürchten.

Sonntagskinder hatten den »Werktagsgeborenen« schon immer etwas voraus. Ihnen sollte es gegeben sein, **in die Zukunft zu schauen**, wobei der Ausblick auf das Lebensende immer gegenwärtig war. Wichtig war das natürlich zu Silvester, wenn sie um Mitternacht den Stall aufsuchten. Denn das Vieh wäre der Sprache mächtig, die nur Sonntagskinder verstünden. Ein Mensch, der in der Silvesternacht während des Glockenläutens geboren ist, sollte am Neujahrstag auf den Dächern seines Dorfes sehen können, wer im Jahr sterben wird. Dort stünde nämlich ein Sarg. Ein gewöhnlicher Sterblicher horchte dagegen den Ofenkessel nach seiner Zukunft aus. Bis Schlag zwölf musste er nach altem Brauch sein Ohr daran halten, sonst würde der Teufel ihn nicht ungeschoren davonkommen lassen. Man konnte sich zur Geisterstunde auch an einen Kreuzweg begeben, einen Kreis um sich ziehen und sich hineinstellen. Daraufhin könnte man alles sehen, was in den nächsten zwölf Monaten bevorsteht – eben auch, wer dann sterben würde. Die Todeskandidaten wären ebenfalls zu erkennen, wenn man in der Silvesternacht durch die Fenster einer Kirche blickte. Vor dem Altar zögen sie im Totenreigen vorbei. Manch einer mochte gar aus dem Klappen der Friedhofstür in den Zwölf Nächten ableiten können, ob es im kommenden Jahr viele Hingeschiedene geben würde.

Ein sehr spezielles Ritual hatte man zur Hand, wollte man herausfinden, wer im kleinen Kreis nicht mehr lange auf der Welt sein würde: Man stellte ein Licht in die Stube und versammelte sich darum. Derjenige, der keinen Schatten warf, sei dem Tode geweiht.

Weniger makaber mutet der **Sprung ins Glück** an, der darin besteht, mit dem zwölften Glockenschlag auf einen Stuhl oder Tisch zu steigen und mutig herabzuspringen. Durch die dabei weit geöffneten Fenster und Türen wird das alte Jahr hinaus- und das neue hereingelassen. Besonders gut fängt das neue Jahr an, wenn der Hüpfende von einem lieben Menschen aufgefangen wird.

Mit dem **Zwiebelorakel** will man etwas über das Wetter im neuen Jahr erfahren: Zwölf Zwiebelscheiben, die für die Monate stehen, werden mit Salz bestreut. Der Monat, der das meiste Wasser »schwitzt«, wird besonders regenreich.

Berüchtigt und sogar gefürchtet war in vielen Landstrichen das **Salzorakel**. Am Silvesterabend setzte man dafür drei Häufchen Salz auf den Tisch. War am Neujahrsmorgen das Salz zerlaufen, wurde ein regenreiches Jahr erwartet. Blieben die Häufchen jedoch gleich, stand dem Bauern ein trockenes Jahr bevor.

Besonders gepflegt wurden die Bräuche, mit denen man sich **Vorteile zu verschaffen** suchte. Erhielt das Vieh zu Neujahr Lecken aus Salz, Hafer und Kleie, dann sollte es das ganze Jahr gut fressen. Legte man gar dreierlei Holz in den Stall, sollte das Glück im Umgang mit den Tieren hold bleiben. Die Herren der Schöpfung mussten am 6. Januar die Zwölf Nächte tüchtig begießen, um sich allzeit Stärke zu sichern. Das ließen sie sich begreiflicherweise nicht zweimal sagen.

Wenn heiratsfähige Mädchen im Eichsfeld wissen wollten, ob im nächsten Jahr ein Freier ihren Weg kreuzen würde, so legten sie ihr Haar in eine Schüssel mit Wasser. Kräuselte sich der Schopf, so kam die Hoffende bald unter die Haube.

Andernorts diente das **Pantoffelwerfen** der Ermittlung des Heiratskandidaten (> 12.14). Das entsprechende fränkische **Schlappenwerfen** wurde von heiratslustigen Mädchen in der Andreas- oder Thomasnacht (> 11.2) geübt.

Im Untereichsfeld gab es die **Hühnerbefragung**. Ausgelassen klopfte die Gesellschaft an den Stall. Krähte bei einem Mädchen der Hahn, so bedeutete das Hochzeit im nächsten Jahr. Gackerte die Henne, ließ der Bräutigam noch auf sich warten. Bei den jungen Männern war es umgekehrt (> 12.13).

In der Silvesternacht müssen, wie in der Karwoche, die **Wäscheleinen leer** bleiben. Der Legende nach treiben dann nämlich Wotan (> 12.4) und sein Teufelsheer ihr Unwesen. Sie verbreiten Angst und Schrecken. Wild und ungezügelt reiten sie in das neue Jahr. Wenn

Wotan aber auf seinem Himmelsritt an einer Wäscheleine hängen bliebe, würde er sich sehr erzürnen. Also ist es besser, gar nicht erst zu waschen und kein unnötiges Risiko einzugehen. Wer will sich schon für das neue Jahr einen so mächtigen Feind wie Wotan zulegen?!

Abb. 124: Historischer Silvesterzug in Schiltach (Schwarzwald)

13.3 Bleigießen

Es ist ein uralter Brauch. Schon die alten Griechen haben Blei gegossen. »In der Silvesternacht vergnügten wir uns mit *Bleigießen*. Beim Vater war es ein kleiner Dackel, während ich unterdessen ein kleines Kind zustande brachte.«

Auch ohne eine solche misslungene, komisch wirkende Äußerung kommen am Silvesterabend Hobbywahrsager zusammen und gießen sich eine schöne Zukunft: Man gibt etwas Blei in einen alten Löffel, erhitzt es über einer Kerze und gießt es mit Schwung in ein mit kaltem Wasser gefülltes größeres Behältnis. Darin kühlt das geschmolzene Blei ab und bildet bizarre Formen. Die Freizeithellseher weissagen jetzt der nicht selten angeheiterten Gemeinschaft die Zukunft – ohne dass eine Stilblüte wie oben genannt herauskommen muss. Was wird uns das neue Jahr bringen? Einen Anker, das Symbol für Geborgenheit und Hoffnung, eine Münze, die Reichtum verspricht, oder ein Schiff, das für eine Seereise steht? Und wie groß ist das Gelächter, wenn jemand einen Apfel oder ein Armband in den Bleiklumpen hineindeutet und damit Fruchtbarkeit oder Verlobung prophezeit. Die Symbole regen die Fantasie an und bringen ans Tageslicht, was vielleicht in uns schlummert.

Später galt das **Orakeln** sogar als Hexerei und als ein Pakt mit dem Teufel, wofür man auf dem Scheiterhaufen landen konnte. Ein Ketzer war, wer sich die Kenntnis und Voraussage des Zukünftigen anmaßte. Denn solcherlei Dinge, urteilte auch der scholastische Theologe und Philosoph Thomas von Aquin (1225–1274) 1273, gehörten in Gottes Bereich. Etwa 500 Jahre später sahen die Menschen die Lage schon viel entspannter: Im Klassizismus (antikisierende Stilrichtung, etwa 1770–1830) nutzten sogar brave bürgerliche Mädchen die Gießkunst, um ihre Liebesangelegenheiten zu klären. Erst im vergangenen 20. Jahrhundert verschwanden die Bleigießpraktiken. Der Brauch reduzierte sich auf das Jahresorakel am 31. Dezember. Verloren ging auch die Sitte, mit den Glücksfiguren erst den Weihnachtsbaum zu schmücken, ehe sie in der Silvesternacht eingeschmolzen wurden.

Es gibt über 300 Symbole – vom Aal, der von einem eher triebhaften Typen aus dem Eimer oder der Schüssel gefischt wird, bis zum Zylinder, der sich gern einmal bei eitlen Charakteren aus der Masse formt. Obwohl sich Blei überall auf der Welt bei 327,5 Grad verflüssigt, kommt es darauf an, in welchem Kulturkreis der Wahrsager lebt. Während beispielsweise ein Drache in unseren Längen und Breiten eher als Ungeheuer gilt, bedeutet er in China großes Glück. Somit ist heute das Bleigießen mehr ein vergnüglicher Zeitvertreib zum Jahresausklang denn eine ernst zu nehmende Vorhersage.

13.4 Schaumwein mit viel Kohlensäure und Heringshäckerle

Beim festlichen Silvesteressen darf es an nichts fehlen. Man tut sich an verschiedenen Suppen, an Schweinebraten und Karpfen, in neuerer Zeit auch an Fondue (Käse- oder bei Tisch gegartem Fleischgericht) und Raclette (Käsegericht) ebenso gern gütlich wie an unterschiedlichen Bowlen, Silvesterpunsch, Sekt und Champagner.

Gaumen-freuden zur Jahreswende

Das Glas **Sekt**, mit dem heute in der Silvesternacht gewöhnlich das neue Jahr willkommen geheißen wird, war ursprünglich nicht für den eigenen Verbrauch bestimmt. Die Römer boten es vielmehr Janus (> 3.3) als Trankopfer dar und riefen dabei: »Mein Opfer möge dir nützen«. Unser »Prosit« (lat. = es möge nützen) hat hier seinen Ursprung.

Das erste brauchbare Verfahren zur **Herstellung von Schaumwein** wird dem Benediktinermönch Dom Perignon (1638–1715) zugeschrieben, einem Kellermeister der Abtei Haut-Villers bei Epernay. Ihm gelang es Ende des 17. Jahrhunderts, verschiedene Weine miteinander zu »vermählen« und in ein schäumendes Getränk zu verwandeln. Weil dies in der französischen Champagne geschah und hier auch um 1730 weiterentwickelt wurde, nannte man das neue Erzeugnis »Champagner«.

Doch wie kam das Wort »Sekt« in unseren Sprachgebrauch? Von Vino Seco (in Portugal und Spanien übliche Bezeichnung für herben, trockenen Wein; von lat. *siccus* = trocken, da der Wein ursprünglich aus Trockenbeeren gekeltert wurde) gab es verschiedene Abwandlungen, und bis zur Shakespeare-Zeit hatte sich dies zu »the sack« abgeschliffen. Die Shakespeare-Übersetzer August Wilhelm Schlegel (1767–1845) und Ludwig Tieck (1773–1853) übertrugen dies als »Sekt« ins Deutsche. Der fantasievolle und leidenschaftliche

Abb. 125: Prickelnder Jahresausklang mit »Frau Charlotte von Stein« und »Herrn Johann Wolfgang von Goethe«: Auf ein Neues!

Charakterdarsteller Ludwig Devrient (1784–1832), Stammgast in den bekannten Weinstuben am Berliner Gendarmenmarkt, soll an einem Novemberabend 1825 wie der Falstaff in William Shakespeares (1564–1616) »Heinrich IV.« in das Lokal gerufen haben: »Bring mir Sekt, Schurke! Ist keine Tugend mehr auf Erden?« Daraufhin erhielt er nicht etwa trockenen, sondern schäumenden Wein.

Es ist nicht verwunderlich, dass dieser edle moussierende Tropfen – ob mild oder extra brut, ob Marken- oder Spitzenprodukt – speziell mit dem Silvester-/Neujahrsfest untrennbar verbunden ist. Ganz besonders natürlich, wenn ein neues Jahrtausend begrüßt wird. Zur

Stunde Null beim Jahreswechsel 1999/2000 ließ man weltweit rund 310 Millionen Champagnerkorken knallen. Im Gegensatz dazu wurden im Laufe des Jahres 1900 »nur« knapp 30 Millionen Flaschen Champagner verkauft.

Zu Silvester sind herzhafte Schmausereien äußerst beliebt. Großer Wertschätzung erfreut sich nach wie vor **Erbsen-** und **Linsensuppe**, vereiteln die eiweiß-, kohlenhydrat- und stärkereichen Schmetterlingsblütler doch, dass einem der Blick in die Geldtasche im kommenden Jahr Tränen in die Augen treibt: Die Hülsenfrüchte sorgen für das notwendige Kleingeld.

Zu den Silvesteressen gehört in vielen Familien **Heringshäckerle** (klein geschnittene, mit Äpfeln, Gurken, Tomaten und Zwiebeln gemischte sowie mit Kräuteressig, Senf, Öl oder Majonäse verrührte Salzheringe). Nicht minder stehen **Klöße** in hoher Gunst, weil sie Taler einbringen. Und wer in der Silvesternacht **Sauerkraut** isst, bekommt »langes Stroh«, also einen langen Atem.

Besonders in Niederschlesien aß und isst man meist **Mohnklöße** (Mohnklessla, -kließla, -klissel, poln. = makówki), eine breiartige Masse aus Milch, (ggf. alten) Semmeln, Zwieback, Zucker, Rum, Rosinen, Mandeln und natürlich gemahlenem Mohn. Die Zutaten werden in einem großen Gefäß verrührt, und die gequollene Mohnmischung wird – wie beim Tiramisu – abwechselnd mit den Brötchenscheiben oder -würfeln in einer Schüssel geschichtet. Zu dem sehr kalt zu genießenden Silvestergericht, das obendrein ein geschätztes Weihnachtsdessert ist und das man gleichfalls im benachbarten Südostsachsen kennt, wird Glühwein getrunken.

Als Symbol für Fruchtbarkeit und Überfluss, die einem das neue Jahr bescheren soll, ließ man früher Reste der Silvesterspeisen oft bis zum Neujahrsmorgen auf dem Tisch stehen.

13.5 Glücksbringer

Der Ausdruck »Glück« (mhd. g[e]lücke) als zufälliges, überraschendes Zusammentreffen günstiger Umstände ist erstmals in der frühhöfischen Dichtung (1160) bezeugt und verbreitet sich mit der höfischritterlichen Kultur vom Rhein aus über das gesamte deutsche Sprachgebiet. *Glücksbringer* sind z. B. eine Pflanze oder ein Amulett, die

Schuppen im Geldbeutel und Schwein im Kleeblatt

eine verheißungsvolle Erfüllung bringen und für einen wünschenswerten Zustand starker innerer Befriedigung und Freude stehen (> 4.3). Für das erhoffte Gelingen oder den gewünschten Ablauf haben sich Symbole ausgeprägt, die besonders zur Jahreswende großen Anklang finden.

Glücksschwein, Glücksklee und der schwarze Mann

Am bekanntesten ist wohl das **Glücksschwein**. Bei den Griechen und Römern war das Schwein wegen seines Fleisches sehr beliebt. Neben dem Schaf und dem Stier war es das wichtigste Opfertier. Als Glücksträger geht es auf die Meinung zurück, dass es den Segen in das Haus hineinwühle. Vielfach gehört deshalb Schweinefleisch zum Jahreswechsel auf den Tisch, um das Glück herauszufordern: Schwein gehabt, Glück gehabt. Zu Neujahr schenkt man sich oft kleine Marzipanschweinchen. Doch so mancher traut dem Schwein allein nicht so recht und steckt deshalb dem Spanferkel schnell noch ein vierblättriges Kleeblatt in den Rüssel.

Denn einheimische Kleearten werden oft **Glücksklee** genannt. Nach der Legende nahm Eva nach ihrer Vertreibung aus dem Paradies ein vierblättriges Kleeblatt mit in die unwirtlich erscheinende Welt. Vermutlich stammt aus dieser Überlieferung der Glaube an diese krautige Pflanze. Darunter fällt vor allem der zur Familie der Sauerkleegewächse gehörende essbare echte Klee (Wiesenklee) mit ausnahmsweise vierteiligen Blättern, der verbreitet als Zierpflanze genutzt wird. Diesem sehr geschätzten Glücksbringer wurden und werden ob seiner vier flächigen grünen Organe alle möglichen Bedeutungen zugesprochen: Hoffnung, Vertrauen, Liebe und Glück ebenso wie Ruhm, Reichtum, und Gesundheit. Wer jemandem zu viel Glück im neuen Jahr verhelfen will, der schenke ihm einem alten Brauch zufolge ein Töpfchen mit diesem Klee. Dabei ginge er auf Nummer sicher, wenn er in das Gefäß noch eine kleine Schornsteinfegerfigur steckte und vielleicht noch ein Minihufeisen hinzufügte.

Ein Mann (oder eine Frau) im schwarzen Frack mit einem Zylinder auf dem Kopf: Besser gekleidet als der **Schornsteinfeger** ist wohl kein Handwerker bei der Arbeit. Er kehrt den Ruß aus den Essen. Es staubt ein bisschen, aber danach hat der Ofen wieder Zug, kann er heizen und für warmes Essen sorgen. Wer den Rauchfangkehrer trifft, dem sei das Glück hold, so der Volksglaube. Denn die lebenswichtige Heizquelle in den Haushalten benutzbar zu halten und für Brandschutz zu sorgen, das ist das Glück, das er bringt.

Abb. 126: Glücksbringer in Schwarz: Schornsteinfegerinnen

Mit Glück in der Liebe und im Beruf, das viele aus alter Tradition von dem schwarzen rußigen Mann erhoffen, wenn sie ihn mit dem Finger streifen oder aufs Hochzeitsfoto ziehen, hat das wenig zu tun. Freilich kommen die Schlotkehrer inzwischen mit dem Auto und tragen gern helle T-Shirts. Und das Tänzeln über die Dächer gehört einer Vergangenheit an, als Kohle der meistverwendete Brennstoff war und die Essenkehrer zu 95 % mit dem Reinigen von Schornsteinen, Rauchrohren und Öfen beschäftigt waren. Mit dem Aufkommen von wartungsarmen Öl-, Gas- und Solarheizungen, von Umweltschutz- und Emissionsschutzverordnungen hat sich das Arbeitsgerät der Schornsteinfeger vom Kugelkehrgerät und Stoßbesen zu mikroprozessgesteuerten Mess- und Prüfgeräten und Computern gewandelt. Mehr und mehr ändert sich also nicht nur das Aussehen der schwarzen Männer und Frauen, sondern auch ihr Tätigkeitsfeld: Sie werden verstärkt Energieberater. Trotzdem hält sich der Glaube an den Glücksboten hartnäckig. Angestarrt wird er, wohin er geht und steht in seiner schwarzen Tracht und mit dem Kehrgeschirr über der Schulter, oftmals berührt und ab und an sogar geküsst.

Hufeisen, Glückskäfer und Glückspilz

Als Sinnbild des Glückes und des Wohlergehens gilt das **Hufeisen**. Wer Glück durch ein Hufeisen (ahd. *huofisan*, mhd. *huofisen*) erlangen will, der darf es nicht kaufen, sondern muss es gefunden haben. Da die halbrunde, nach oben geöffnete Form als eine Art Pforte fungiert, durch die das Glück Einlass findet, soll das Hufeisen mit der Öffnung nach oben über der Türschwelle angebracht werden – sonst fiele das Glück heraus.

Der Skarabäus ist ein Käfer, der aus frischem Mist im Nilschlamm pillenähnliche Kugeln knetet, in die er ein Ei legt (deshalb auch »Mistkäfer« oder »Pillendreher«). Im alten Ägypten als Symbol der Schöpferkraft für heilig erklärt, galt er als ein Glück bringendes Zeichen. Folglich wurde »Skarabäus« später die Bezeichnung für plastische Wiedergaben, die als Gemme, Siegelring, Stempel oder Amulett verwendet wurden.

So, wie der Mistkäfer des Mittelmeergebietes in der Antike als Heil und Segen beförderndes Insekt nachgebildet wurde, so hat in unseren Längen und Breiten der weltweit vorkommende halbkugelige Marienkäfer die volkstümliche Bezeichnung **Glückskäfer**. Er erfreut sich bei der Bevölkerung einer Beliebtheit, die in keinem vernünftigen Verhältnis zu seinem unauffälligen Aussehen steht.

> In Deutschland auch bekannt als Adonis- oder **Herrgottskäfer**, Gottes Allmächtige Kuh, Vogel Unserer Lieben Frau und Käfer Unserer Lieben Frau, nennt man ihn in Frankreich Poulette à Dieu (Gottes Hühnchen), im englischen Sprachraum Ladybird, in Italien coccinella, in Schweden Marias Schlüsselmagd und in Spanien mariquita.

Nicht die lebhafte Flecken- und Punktzeichnung besonders des Siebenpunktes mit seinen roten Deckflügeln und meist sieben schwarzen Tupfen ist es, die den Gotteskäfer zum Heilsboten aufrücken ließ. Vielmehr geht die Bezeichnung auf Maria zurück, die nach den von der Religion offiziell geduldeten Glaubenspraktiken Fauna und Flora

beeinflusste. Wegen ihrer Nützlichkeit für die Landwirtschaft dachten
die Bauern, dass die Käfer ein Geschenk der Mutter Gottes seien,
nach der sie sie benannten.

> Die sieben Sprenkel sollen sich auf die von Papst Gregor I. zusammengestellten **sieben Tugenden** der Heiligen Maria beziehen: Gerechtigkeit (iustitia), Tapferkeit (fortitudo), Weisheit (sapientia), Mäßigung (temperantia), Glaube (fides), Liebe (caritas) und Hoffnung (spes).

Pflanzen haben von Maria ebenso ihren Namen (z. B. Mariendistel [deren weiße Flecken auf den Blättern nach einer alten Legende von der Milch der Jungfrau Maria stammen], Marienglöckchen oder Marienwurzel) wie Tiere (z. B. Marienflughund oder Marienvogel [Schwalbe]), so auch der Marienkäfer.

Es gab und gibt wahre Marienkäferkulte. Dem Volksglauben nach gelten die »Motsche- oder Mutschekiebchen« als Symbol für unermüdlichen Fleiß und Nützlichkeit – schließlich sind sie emsige Blattlaus- und Schildlausvertilger: Allein in ihrer Larvenzeit fressen sie je nach Art bis zu 3.000 Pflanzenläuse oder Spinnmilben. Deswegen überrascht es nicht, dass sie den Menschen Erfolg und Reichtümer bescheren sollen. Wird der Glückskäfer von einem Kranken getragen, würde er die Krankheit auffangen und hinwegzaubern. In der Provence (im Südosten Frankreichs am Mittelmeer) steht einem Mann dann die Heirat bevor, wenn ein Käfer auf ihm landet. Sind die Frauen ungeduldig,

Abb. 127:
Marienkäfer:
Siebenpunkt

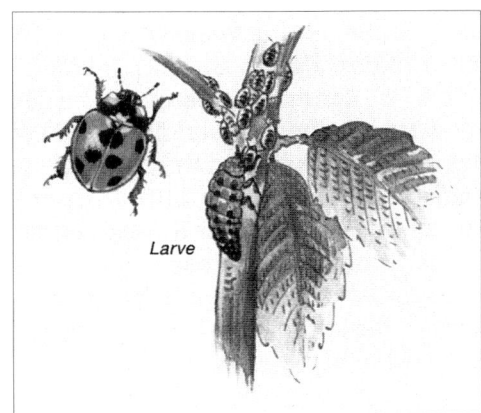

Larve

setzen sie ihn auf den Zeigefinger und zählen die Sekunden bis zum Abflug. Jede Sekunde bedeutet ein Jahr Wartezeit bis zur Hochzeit.

Das Wort **Glückspilz** wurde noch in der zweiten Hälfte des 18. Jahrhunderts im Sinne von »Emporkömmling, Parvenü« gebraucht. Eigentlich bedeutet es »wer wie ein Pilz plötzlich aus dem Nichts aufschießt«. Ab der zweiten Hälfte des 19. Jahrhunderts ist es gleichbedeutend mit Glückskind, also mit einem vom Glück Begünstigten, dem alles gelingt.

Als Glückspilz gilt nur der sehr giftige Fliegenpilz (Narren-schwamm) mit seinem etwa sechs bis 20 cm breiten roten Hut (oft mit weißen Hüllresten). Für ihn soll der germanische Göttervater Wotan (> **12.4**) zuständig sein, der nach einer Sage zur Wintersonnenwende mit seinem Gefolge durch die Wolken reitet. Immer da, wohin der Geifer seines Pferdes fällt, wächst neun Monate später ein Fliegenpilz.

Fischschuppen in der Geldtasche und Hagebutten in der Tüte

Wer Silvester nicht so sehr auf Schweinefleisch steht, versucht es mit Fisch, z. B. Karpfen (> **12.11**). Dabei darf aber nicht vergessen wer-den, eine **Schuppe** in das Portemonnaie zu stecken. Das bringt das nötige Kleingeld.

Und wenn jemandem in der Silvesternacht **Hagebutten** in den Na-cken gesteckt werden, dann ist das nur gut gemeint. Einst zogen in Suhl sogar die Türmer und Nachtwächter durch die Straßen und ver-teilten »Glückstüten« mit Hagebutten. Denn auch sie sollen gegessen Glück und Gesundheit bringen. Viel Glück!

Abb. 128: Postkarte zum Jahres-wechsel, um 1900

Den Feiern zum Jahreswechsel fast aller Kulturen ist eines gemeinsam: das große Feuerwerk. Doch hat jedes Land, jede Nation seine eigene Tradition und zweifelsohne auch zu Silvester eigene Bräuche. Unter ihnen sind viele uns seltsam anmutende Rituale.

Allerlei
Schaber-
nack

In *Argentinien* schneit es am Silvestertag. Aber nicht Schnee fällt vom Himmel, sondern Konfetti. Den ganzen Tag rieseln Papierschnipsel wie Schneeflocken aus den Fenstern der Hochhäuser, was für das kommende Jahr frei machen soll.

In *New York* schwebt Punkt zwölf ein riesiger elektronisch illuminierter Lichterball auf den Times Square nieder.

Damit es in der kalten Nacht des Jahreswechsels trotzdem heiß bleibt, kaufen und tragen *Bolivianer*, *Chilenen*, *andere Lateinamerikaner,* *Italiener* und *Spanier* vornehmlich rote oder gelbe Unterwäsche. Wer in rote Leibbekleidung schlüpft, hofft auf finanziellen Erfolg, wer gelbe vorzieht, begehrt mehr Glück in der Liebe. Doch ist alles erlaubt – von scharfen Strapsen bis zu bordeauxfarbenen Boxershorts –, die natürlich Zufriedenheit bringen sollen.

Abb. 129: Im bolivianischen La Paz wird zu Silvester an vielen Ständen rote und gelbe Unterwäsche feilgeboten

In *Holland* heißt derjenige Silvester, der am 31. Dezember als letzter aus dem Bett findet. Er muss am Abend auf der Feier etwas zum Besten geben.

In *China* begrüßt man das neue Jahr erst im Februar, entsprechend dem traditionellen Mondkalender am Tag des ersten Vollmondes nach dem 21. Januar.

Eine Stunde vor Mitternacht öffnen die Chinesen weit ihre Fenster, um das neue Jahr hereinzulassen. Schon vorher haben sie die bösen Geister mit Bambuszweigen aus dem Haus gekehrt. In einigen Regionen des Landes, *Koreas* und *Vietnams* werfen die ledigen Frauen Mandarinen ins Meer, um im kommenden Jahr einen guten Ehemann und mithin den Partner für das Leben zu finden. Früher vermerkten die Mädchen ihren Namen und ihre Adresse auf der Frucht. So hofften sie, ein Seemann oder Fischer würde die Früchtepost finden und mit der Unverheirateten im Hafen der Ehe landen.

Wer glaubt, dass im *dänischen Lande*, in dem »Milch und Honig fließen« sollen und dessen Landwirtschaft weltberühmt ist, Lukullus zum Jahreswechsel etwas Besonderes parat hat, der irrt. Die Dänen halten sich an ganz einfache Kost. Statt Karpfen essen sie Torsk med sennepsovs (Dorsch mit Senfsoße).

Fast ganz *Großbritannien* verbringt die Silvesternacht im Restaurant. Ein schöner Brauch ist das First footing: Ein dunkelhaariger Mann muss an die Tür klopfen und dem Hausherrn ein Stück Kohle übergeben. In das Haus gebeten, wird er mit Essen und Trinken bedacht, was dem Haus das ganze Jahr über Glück bringen soll.

Gerade die **Schotten** überlassen das Glückbringen lieber anderen Menschen. Kurz nach Mitternacht soll nach altem Brauch ein groß gewachsener junger Mann mit einer Flasche Whiskey, einem Rosinenbrötchen und ebenfalls einem Stück schwarzer Kohle in der Hand vor der Haustür stehen. Wenn er hereingebeten wird, bringt er im kommenden Jahr Glück. In diesem Land der neun Regionen und drei Inselgebiete, in dem Silvester wichtiger ist als Weihnachten, ist »Hogmanay« (Silvester, Feier am Silvesterabend) Tradition: Um 24.00 Uhr fassen sich alle im Raum befindlichen Menschen überkreuz an den Händen und singen »Auld lang syne« (»die gute alte Zeit«). Dieser schottische Brauch wurde von den anderen Teilen Britanniens übernommen. Ausschließlich schottisch geblieben ist jedoch das gemeinsame Essen von »Haggis«, einem mit gehackten Schafsinnereien, Haferflocken und Kräutern gefüllten Schafsmagen.

In **Georgien** reicht jede Hausfrau dem Gast zu Beginn des Mahls zum Jahreswechsel ein Stück Chatschapuri (mit Käse gefüllter und gebackener Teig).

Damit in **Israel** das neue Jahr in jeder Hinsicht süß werden möge, serviert man in jüdischen Familien am Silvesterabend süße Äpfel mit Honig und Honigkuchen. Oft wird auch eine süße Speise aus Möhren gereicht, die auf jiddisch *meren* (= wachsen, zunehmen, mehren) heißt. Sie stehen für den Wunsch, dass Vorzüge und Verdienste im kommenden Jahr Mängel überdecken mögen.

In **Japan** beschäftigt ein Silvesterbrauch seit Jahren die Rettungsdienste. »Mochi« (»Spiegel-Reiskuchen«) ist eine Kloßnudel aus gestampftem Klebreis, deren Verzehr ein langes und glückliches Leben garantieren soll. Doch immer wieder kommt es zu tragischen Zwischenfällen, weil der zähe und trockene Knödel so manchem Glück Suchenden im Halse stecken bleibt oder ihm gar das Leben kostet.

Wenn sich der Uhrzeiger auf Mitternacht bewegt, wird in **Portugal** in fröhlicher Runde in der Silvesternacht ein Schälchen mit Rosinen gereicht. Jeder Gast nimmt sich davon zwölf und verspeist sie andächtig: für jeden Monat des neuen Jahres eine. Die Gäste haben zu dieser Stunde meist schon einen kulinarisch anstrengenden Abend mit dem Nationalgericht Bacalhau (Stockfisch) hinter sich.

Vielfältig sind die Speisen der **Russen** zur Neujahrsfeier. Zu den beliebtesten Vorspeisen zählen Salate aus verschiedenem Gemüse oder Obst, Hering, kalt oder heiß geräucherter Lachs, Fleisch und Fisch in Aspik, Cholodez (Sülze aus Rinderbeinscheiben und Hühnchenfleisch), dargereicht mit herzhaften Soßen, in Smetana (saurer Sahne) gedünsteten Zwiebeln und marinierten Pilzen. Im sibirischen Russland gehören die vor dem Fenster tiefgefrosteten Pelmeni mit ihrer würzigen Fleischfüllung auf den Tisch. Ein besonderer Leckerbissen sind Bliny, hauchdünne Eierkuchen, die mit Smetana oder Warenje (süßer Konfitüre aus Moos- und Vogelbeeren, Rosenblättern oder jungen Nüssen) belegt werden. Es folgt Suppe in kaum überschaubaren Modifikationen. Sie soll den Appetit auf den nächsten Gang anregen, zu dem Stör am Spieß, Rentierrücken mit Preiselbeeren oder gebackener Schweinemagen mit Gehacktem, Zwiebeln, Eiern und Gewürzen gefüllt serviert werden. Zum Tee wird mit einer überaus süßen und cremigen Torte aufgewartet. Und wie an allen russischen Feiertagen mangelt es auch am 31. Dezember nicht an Wodka, Cognac, Krimsekt und Rotwein.

Ausgerechnet in der Silvesternacht erleiden viele **Spanier** einen Brech- oder Würgereiz. Wenn sich kurz vor Mitternacht Tausende auf den Kirch- und Rathausplätzen versammeln, werfen sie sich mit jedem der zwölf letzten Glockenschläge des Jahres jeweils eine Weintraube in den Mund – in Italien sind es gar 365 Linsen. Im Geiste formulieren sie dabei mit jedem Happs einen Wunsch. Punkt Mitternacht, mit dem zwölften Schlag, muss die zwölfte Traube im Hals stecken – aber möglichst nicht stecken bleiben. Wer sich verschluckt oder zu langsam kaut, nimmt auch im neuen Jahr den Mund zu voll und wird

Abb. 130: Silvester an der Budapester Kettenbrücke

zwölf Monate lang Pech haben. Den Schnellschluckern hingegen gehen alle Wünsche in Erfüllung. Dank dieser Tortur bringe das neue Jahr Glück, Gesundheit und großen Geldsegen. »Glückstrauben« werden diese essbaren Heilsbringer sinnigerweise genannt.

In **Ungarn** wird zum Jahreswechsel meist gefülltes Kraut gegessen und dazu Weißwein getrunken. Nach Zwölf werden Linsen angeboten, entweder als Suppe oder als Gemüse. Die Linsensuppe muss mit geräuchertem Eisbein gekocht werden. Es gibt in Ungarn den Aberglauben, dass zu Silvester auf jeden Fall Schweinefleisch verzehrt werden muss. Vom Speiseplan völlig ausgeschlossen ist Geflügel, weil das Vertrauen in Übernatürliches besagt, es kratze das Glück aus dem Haus heraus.

Darauf sollten auch wir es nicht ankommen lassen!

14   Wir brauchen Bräuche!

Ob uns bei dem Gedanken an diese oder jene Festivität sofort das Neujahrskonzert mit beschwingten Melodien aus den glanzvollen Operetten »Der Bettelstudent« des Wieners Carl Millöcker (1842–1899) oder »Zwei Herzen im Dreivierteltakt« des Meisters der Wiener Operette Robert Stolz (1880–1975) durch den Kopf gehen, wir die Besenreiterinnen in der Walpurgisnacht beim Hexenbad im Feuerzuber ihr Unwesen treiben sehen oder überlegen, ob wir schon alle Zutaten für die weihnachtliche Engelsbowle beisammen haben – ein Hintergrundwissen über die Bräuche dürfte uns nicht gerade zum Schaden gereichen.

Die überkommenen Gewohnheiten in ihrer nahezu unüberschaubaren thematischen und formalen Vielfalt sind ausnahmslos Symbole für bestimmte Muster unseres Denkens, Fühlens und Handelns. Sie stehen für Ursprünglichkeit und Unverwechselbarkeit. Dadurch, dass sie Stufen der kulturellen Entwicklung repräsentieren und in den Reichtum unserer Lebensweise eingebunden sind, bauen wir mit ihnen Brücken in die Vergangenheit, die helfen, das Verständnis für Überliefertes zu erhalten und zu vertiefen. Sie laden ein, uns auf jene Werte zu besinnen, die seit Jahrhunderten eine der tragenden Säulen unserer Sozialkultur bilden. Bei allem atemberaubenden Fortschritt von Wissenschaft und Technik, bei allem gebotenen Respekt vor den großen Leistungen der Neuzeit eröffnet das Nachsinnen über die Traditionen des Brauchtums jedem, der sie bewusst erlebt, ganz elementare Erkenntnisse über unsere Gemeinschaftsverbundenheit und also über uns selbst.

Fest eingewurzelt in einem widerspruchsvollen Entwicklungsprozess, sind sie eine Fundgrube für die Aneignung der vorgängig und derzeitig wirkenden Ideen und Werthaltungen. Sie öffnen uns den Blick für die Vor- und Jetztzeit unseres Daseins. In diesem Sinne sind Bräuche an sich weder richtig noch falsch, weder gut noch schlecht. Ihre Ausübung ist eine Übereinkunft, mit der jede historische Gemeinschaft ausgestattet ist und die deshalb keiner Rechtfertigung bedarf, weil sie im Ausdruck zumeist im besten Sinne naiv und im Inhalt unverwechselbar ehrlich Selbstbetätigung und Einfallsreichtum widerspiegelt. Gleichgültig, ob als übermütige Geisterparty, beschwörende Zauberformel oder Gewissensprüfung vor Gott – wohl kaum ein anderes Sozialverhalten gibt die Geisteshaltung von Menschengruppen so offenkundig wieder wie die Bräuche. Eingebettet in konkrete Lebensumstände, geprägt durch landschaftliche, gesellschaftliche und berufliche Eigenheiten, vollzog und vollzieht sich die Entstehung, Auslese, Pflege, Wandlung, Weitergabe und Erneuerung unserer Bräuche.

Wenn es bei uns so Brauch ist, dann ist es üblich, sich mit dem würdigen, heißblütigen oder versonnenen Charakter der zahlreichen Brauchtumsformen vom oft eintönigen Alltagstrott abzusetzen. Als Teil unseres Lebens kann dieser mannigfaltige Vorrat an Lebenserfahrungen gerade den Heranwachsenden bei der Suche nach ihrer Identität und beim Finden ihres Standortes in der heutigen Welt helfen. Ebendaher ist es eine unserer vornehmsten Verpflichtungen, sich ihrer bewusst zu werden und sie am Leben zu erhalten – ohne Drang und Zwang und mit dem Mut zur Variation.

Erinnern wir uns ihrer Herkunft und Überlieferung, begreifen wir ihren Hintersinn, kümmern wir uns um sie in unseren Tagen und bauen wir auf ihre Geltung auch späterhin.

»Angenehm ist am Gegenwärtigen die Tätigkeit,
am Künftigen die Hoffnung
und am Vergangenen die Erinnerung«
(Aristoteles, 384–322 v. Chr.)

Abkürzungen

ägypt. = ägyptisch
ahd. = althochdeutsch (750–1100)
ähnl. = ähnlich
anord. = altnordisch
arab. = arabisch
aram. = aramäisch
-arb. = -arbeit
bair. = bairisch
berlin. = berlinisch
bes. = besonders
bulg. = bulgarisch
bzw. = beziehungsweise
ca. = cirka
dän. = dänisch
dt. = deutsch
ebd. = ebenda
eigentl. = eigentlich
engl. = englisch
finn. = finnisch
fränk. = fränkisch
frz. = französisch
germ. = germanisch
ggf. = gegebenenfalls
got. = gotisch
gr. = griechisch
hebr. = hebräisch
hist. = historisch
ide. = indoeuropäisch
ir. = irisch
iron. = ironisch
ital. = italienisch
Jh. = Jahrhundert
lat. = lateinisch
mhd. = mittelhochdeutsch (1100–1350)
mundartl. = mundartlich
nhd. = neuhochdeutsch

niederl. = niederländisch
nord. = nordisch
odt. = oberdeutsch
österr. = österreichisch
poln. = polnisch
portug. = portugiesisch
rd. = rund
röm. = römisch
russ. = russisch
sämtl. = sämtlich
schwed. = schwedisch
schweizer. = schweizerisch
s.d. = siehe da
semit. = semitisch
skand. = skadinavisch
slaw. = slawisch
s.o. = siehe oben
sog. = sogenannt
sorb. = sorbisch
span. = spanisch
s.u. = siehe unten
svw. = so viel wie
türk. = türkisch
u. = unten
u. a. = und andere, und anderes,
       unter anderem, unter anderen
unbek. = unbekannt
urspr. = ursprünglich
v. = vom, von
v.a. = vor allem
vgl. = vergleiche
wahrsch. = wahrscheinlich
womögl. = womöglich
zw. = zwischen
* = vermutlich, hypothetisch / geboren
> = siehe

Ankerberg, John: Fakten über Halloween. Mehr als nur ein harmloses Vergnügen? Pfäffikon 2006.

Becker-Huberti, Manfred: Feiern – Feste – Jahreszeiten. Lebendige Bräuche im ganzen Jahr. Geschichte und Geschichten, Lieder und Legenden. Freiburg i. Br. u.a. 2001.

Bichler, Albert: Wie's in Bayern der Brauch ist. München 2006.

Bieger, Eckhard: Die Feste im Kirchenjahr. Entstehung, Bedeutung, Brauchtum. Leipzig 2006.

Bieritz, Karl-Heinrich: Das Kirchenjahr. Feste, Gedenk- und Feiertage in Geschichte und Gegenwart. 7., aktualisierte Aufl. München 2005.

Dewald, Markus: Kelten – Kürbis – Kulte. Kleine Kulturgeschichte von Halloween. Stuttgart 2002.

Ernst, Eugen: Weihnachten im Wandel der Zeiten. Ein Handbuch für die Zeit vom 1. Advent bis zum Dreikönigstag. Stuttgart 2007.

Everding, Willi: Von Advent bis Zuckerfest. Feste und Brauchtum im Jahreslauf. Bielefeld 1996.

Fischer, Anke: Feste und Bräuche in Deutschland. Fränkisch-Crumbach 2004.

Frazer, James George: Der goldene Zweig. Das Geheimnis von Glauben und Sitten der Völker. Reinbek bei Hamburg 1994.

Fuchs, Guido: Heiligabend. Riten, Räume, Requisiten. Regensburg 2002.

Garritzmann, Hermann u.a.: Durch das Jahr, durch das Leben. Das christliche Hausbuch für die Familie. München 2006.

Göttert, Karl-Heinz: Alle unsere Feste. Ihre Herkunft und Bedeutung. Stuttgart 2007.

Haebler, Anna: Bleigießen. Gießen, bestimmen und deuten der Bleifiguren. München 2000.

Harst, Sylva: Karneval – von Babel bis Beuel. 5000 Jahre verkehrte Welt. Berlin 2006.

Hartmann, Till; Jansen, Paul: Bleigießen: Eine alte mantische Kunst und ihre Symbole. Geschichte des Bleigießens. Interpretation von über 300 Symbolfiguren von A bis Z. Sachlich und klar verständlich. Hamburg 2008.

Hippe, Wolfgang: Alaaf und Helau. Die Geschichte des Karneval. Essen 2007.

Hofmann-Mähr, Isabella: Alte Bräuche neu gelebt. Wie sie unseren Alltag bereichern. Wien 2006.

Holtei, Christa: Das große Familienbuch der Feste und Bräuche. 2. Aufl. Düsseldorf 2006.

Hörander, Editha (Hrsg.): Halloween in der Steiermark und anderswo. Wien 2005.

Huckschlag, Miriam; Wagner Roland: Schöne Bescherung. Advent und Weihnachten im Wandel der Zeit. Stuttgart 2009.

Jostmann, Renate: Geschichten über Weihnachtsbräuche aus aller Welt. 2. Aufl. Stuttgart 2005.

Klie, Thomas (Hrsg.): Valentin, Halloween & Co. Zivilreligiöse Feste in der Gemeindepraxis.
Leipzig 2006.

Koren, Hanns: Volksbrauch im Kirchenjahr. Ein Handbuch. Innsbruck 1986.

Lindner, Reinhold: Das große erzgebirgische Weihnachtsbuch. 4. Aufl. Chemnitz 2004.

MacCoy, Edain: Ostara. Das Fest der Fruchtbarkeit. Berlin 2007.

Mala, Matthias; Gardein, Uwe: Walpurgisnacht und Zungenreden. Ursprung und Belebung unserer Feste und Bräuche. München 1994.

Matschie, Jürgen; Fascyna, Hanna: Sorbische Bräuche. 3., überarb. Aufl. Bautzen 2006.

Moser, Hans: Volksbräuche im geschichtlichen Wandel. München 1986.

Pöllath, Josef K. (Hrsg.): Feste und Bräuche. Augsburg 2003.

Müller, Jurik: Bauernregeln, Wettersprüche und Lostagsreime. Rostock 2008.

Rattelmüller, Paul Ernst: Bewahrtes Brauchtum. München 1989.

Rendtorff, Renate: Jahreszeitenfest. Lebendiges Feiern im Jahreskreis. Saarbrücken 2005.

Rias-Bucher, Barbara: Feste & Bräuche. Eine Einladung zum Feiern. München 1999.

Schenk, Günter: Christliche Volksfeste in Europa. Innsbruck 2006.

Schönfeldt, Sybil: 2000 Jahre Weihnachten. Freiburg i. Br. u.a. 1998.

Schuberth, Ottmar: Maibäume. Tradition und Brauchtum. Peißenberg 1995.

Timm, Erika unter Mitarb. v. Gustav Adolf Beckmann: Frau Holle, Frau Percht und verwandte Gestalten. Stuttgart 2003.

Vossen, Rüdiger: Weihnachtsbräuche in aller Welt. Weihnachtszeit – Wendezeit. Martini bis Lichtmess. 2., unveränd. Aufl. Hamburg 1986.

Vossen, Rüdiger: Ostereier – Osterbräuche. Vom Symbol des Lebens zum Konsumartikel. 5., verb. und erw. Aufl. Hamburg 1991.

Werner, Paul und Richilde: Weihnachtsbräuche in Bayern. Berchtesgaden 1999.

Wiesigel, Anne und Jochen: Feste und Bräuche in Thüringen. Erfurt 1994.

Wolf, Helga Maria: Das neue Brauchbuch. Alte und junge Rituale für Lebensfreude und Lebenshilfe. Wien 2000.

Woll, Johanna: Feste und Bräuche im Jahreslauf. 3. Aufl. Stuttgart 2001.

Abb. 1:   In: Schillers sämtliche Werke in zwölf Bänden. 5. Bd.: Maria Stuart. Leipzig o.J. (um 1910). S. 20.
Abb. 2:   Foto: Günther Richter.
Abb. 3:   In: Henke, Matthias: Joseph Haydn. München 2009. S. 58.
Abb. 4:   In: Czymmek, Götz (Hrsg.): Landschaft im Licht. 4. Aufl. Köln u. Zürich 1990. S. 251.
Abb. 5:   In: Malerei. Künstler – Werke – Epochen. Renningen 2005. S. 155.
Abb. 6:   In Große Gerald; Schlegel, Siegfried: Oberlausitz in Hügel- und Gefildeland. Bautzen 1992. S. 23.
Abb. 7:   In: Czymmek, s. Abb. 4, S. 273.
Abb. 8:   In: Irmscher, Johannes (Hrsg.): Lexikon der Antike. 3., unveränd. Aufl. Leipzig 1978. Tafel 40.
Abb. 9:   In: Simon, Erika: Die Götter der Römer. München 1990. S. 91.
Abb. 10:   Foto: Günther Richter.
Abb. 11:   In: Seiferth-Wilde, Micaela; Liebich, Angela: Eine kulinarische Entdeckungsreise durch Thüringen und das Eichsfeld. Neustadt a. d. Weinstraße 2004. S. 48.
Abb. 12:   Foto: Günther Richter. Büste im Museum Ephesus.
Abb. 13:   In: Malerei, s. Abb. 5, S. 234.
Abb. 14:   Foto in: www.stockfood.de/Bild-Foto-Hefeteig-Gluecksschwein,-Muenzen-und-Schrift-»Prost-Neujahr«-933057.html.
Abb. 15:   Foto in: www.bocholt.de/.../index.cfm?artikelblockN=4237.
Abb. 16:   Fotomontage: Timo Trautvetter. In: Meininger Museen (Hrsg.): Frau Holle – Mythos, Märchen und Brauch in Thüringen. Meiningen 2010. S. 290.
Abb. 17:   In: Wiesigel, s. Lit., S. 12.
Abb. 18:   In: Herttrich, Ernst: Ludwig van Beethoven. Eine Biographie in Bildern. Bonn o.J., S. 45.
Abb. 19:   In: Carius, Inge: Gebildbrot – Brauchtum im Jahres- und Lebenslauf. Königstein im Taunus 1982. S. 13.
Abb. 20:   In: Malerei, s. Abb. 5, S. 194.
Abb. 21:   In: Terhart, Franjo; Schulze, Janina: Weltreligionen. Bath o.J. S. 13.
Abb. 22:   In: Die Bibel – In 200 Meisterwerken der Malerei. Neu-Isenburg 2006. S. 267.
Abb. 23:   In: Klein, Diethard, H.: Weihnacht in Franken. Bamberg 1992. S. 173.
Abb. 24:   In: Fillipetti, Hervé; Trotereau, Janine: Zauber, Riten und Symbole. Magisches Brauchtum im Volksglauben. 2. Aufl. Freiburg i. Br. 1987. S. 237.
Abb. 25:   In: Matschie/Fascyna, s. Lit., S. 9.
Abb. 26:   In: Die Bibel, s. Abb. 23, S. 263.
Abb. 27:   Foto: Günther Richter.
Abb. 28:   In: Bildatlas: Der Rhein zwischen Köln und Mainz. 3., neu bearb. Aufl. Hamburg 1985. S. 88–89.
Abb. 29:   In: Wiesigel, s. Lit., S. 19.
Abb. 30:   In: Orloff, Alexander: Karneval. Mythos und Kult. Wörgl 1980. Tafel 50.
Abb. 31:   In: Orloff, s. Abb. 32, Tafel 82.
Abb. 32:   In: Wiesigel, s. Lit., S. 32.
Abb. 33:   In: Die Bibel, s. Abb. 23, S. 335.
Abb. 34:   In: Terhart, s. Abb. 22, S. 16.
Abb. 35:   In: Otto-Michałowska, Maria: Gotische Tafelmalerei in Polen. Berlin 1982. Tafel 10.
Abb. 36:   In: Welt und Umwelt der Bibel. 03/2010. S. 2.
Abb. 37:   In: Fillipetti/Trotereau, s. Abb. 25, S. 41.
Abb. 38:   In: Rosenstock, Frauke: Osterschmuck und Osterbräuche. 3. Aufl. Stuttgart 2001. S. 66.

Abb. 39: Foto: Jürgen Matschie.
Abb. 40: In: Koch-Gotha, Fritz; Sixtus, Albert: Die Häschenschule. Leipzig 1924 (ohne Seitenzählung)
Abb. 41: In: Matschie/Fascyna, s. Lit., S. 39.
Abb. 42: In: Schenk, s. Lit., S. 69.
Abb. 43: In: Rosenstock, s. Abb. 40, S. 63.
Abb. 44: Verlag L. Däbritz, München.
Abb. 45: In: Dowley, Tim: Johann Sebastian Bach. München 1992. S. 80.
Abb. 46: In: Schinharl, Cornelia: Tosacana. Bindlach 2002. S. 73.
Abb. 47: Foto in: www.poland.gov.pl/Tradycje,i,swieta,142.html.
Abb. 48: Foto in: www.lublin.scj.pl/cms/mambots/content/multithumb/images/ b.800.600.0.1.s.stories.Galerie.2005.2005-03-26%20swiecenie%20pokarmow.07.jpg.
Abb. 49: In: Karfunkel – Kraut und Hexe. 03/2010. S. 28.
Abb. 50: In: Karfunkel, s. Abb. 52, S. 37.
Abb. 51: In: Karfunkel, s. Abb. 52, S. 37.
Abb. 52: In: Faust. Neu erzählt v. Barbara Kindermann. Mit Bildern v. Klaus Ensikat. Berlin 2002 (ohne Seitenzählung).
Abb. 53: In: Faust, s. Abb. 57 (ohne Seitenzählung).
Abb. 54: In: Matschie/Fascyna, s. Lit., S. 42.
Abb. 55: In: Meinl, Hans; Schweiggert, Alfons: Der Maibaum. Dachau 1991. S. 83.
Abb. 56: In: Becker-Huberti: Feiern – Feste – Jahreszeiten, s. Lit., S. 328.
Abb. 57: Foto in: www.blackstein.de/pflanzenfotos/pfingstrose.html.
Abb. 58: In: Die Bibel, s. Abb. 23, S. 33.
Abb. 59: In: Hirner, René (Hrsg): Picasso zwischen Arena und Arkadien. Köln 2001. S. 74.
Abb. 60: Foto in: www.zurueckzumursprung.at/wissenswertes/lebensmittellexikon/a/.
Abb. 61: Foto in: ww.parafia.brzeszcze.pl/galeria-zdjec/procesja-bozego-ciala.
Abb. 62: In: Terhart, Franjo, s. Abb. 22, S. 61.
Abb. 63: Foto in: www.zak.edu.pl/image/Z2Z4L3phay9wbC9kZWZhdWx0X2FrdH-VhbG5vc2NpLzk2Ni85Ni85Ni85Ni85Ni85Ni8x/1768899917.jpg.
Abb. 64: www.commons.wikimedia.org/wiki/Category:Delphinium?uselang=de. © Ecelan.
Abb. 65: In: Cotterell, Arthur: Die Enzyklopädie der Mythologie. Reichelsheim 2004. S. 190.
Abb. 66: In: Cotterell, Arthus, s. Abb. 70, S. 205.
Abb. 67: In: Das Who is who der Bildmotive. München 2004. S. 35.
Abb. 68: In: Die Bibel, s. Abb. 23, S. 417.
Abb. 69: Foto: Günther Richter.
Abb. 70: In: Matschie/Fascyna, s. Lit. S. 71.
Abb. 71: In: Wiesigel, s. Lit., S. 112.
Abb. 72: In: Woll: Feste und Bräuche im Jahreslauf, s. Lit., S. 87.
Abb. 73: Foto in: www.stadtlohn-estern.de/aktuelles/2009/11/halloween.
Abb. 74: In: Terhart, s. Abb. 22, S. 63.
Abb. 75: In: Erfurt. Die Landeshauptstadt Thüringens. Weimar 2004. S. 242.
Abb. 76: Radierung von Johann Erdmann Hummel aus dem Jahre 1806.
Abb. 77: In: www.uni-mannheim.de. © Michael Gaska.
Abb. 78: Foto in: img.interia.pl/wiadomosci/nimg/d/k/Wszystkych_Swietych_noca_2928956.jpg.
Abb. 79: In: Wolf, Norbert: Caspar David Friedrich. Der Maler der Stille. Köln 2006. S. 82.
Abb. 80: In: Klein, s. Abb. 24, S. 179.
Abb. 81: In: Sanssouci. Schlösser, Gärten, Kunstwerke. Potsdam 1977. Tafel 7.
Abb. 82: In: Neubert, Wolfgang: Gertrud Caspari. 2. Aufl. Rudolstadt 1994. S. 90.
Abb. 83: Foto: Günther Richter.

Abb. 84: Foto: Jenni Davis.
Abb. 85: In: Jantra, Helmut: Das große Handbuch der Zimmerpflanzen. Niedernhausen/ Ts. 1998. S. 161.
Abb. 86: Foto: Dregeno Seiffen eG.
Abb. 87: Foto: Dregeno Seiffen eG.
Abb. 88: In: Lorenz, Christa: Berliner Weihnachtsmarkt. Berlin 1986. S. 105.
Abb. 89: Foto in: www.fotocommunity.de/pc/pc/display/7383365.
Abb. 90: In: Ernst, s. Lit., S. 92.
Abb. 91: Foto: Günther Richter. Statue im Archäologischen Museum Antalya.
Abb. 92: Foto: Günther Richter. Statue im Archäologischen Museum Antalya.
Abb. 93: Foto: Günther Richter. Statue im Archäologischen Museum Antalya.
Abb. 94: In: Die Bibel, s. Abb. 23, S. 257.
Abb. 95: Foto: Berthold Werner, Israel. Wikimedia Commons.
Abb. 96: Foto: Stephan Schmorrde. Bildarchiv des Fotoateliers Schmorrde Herrnhut.
Abb. 97: Foto: Günther Richter. Statue im Garten der Kirche des heiligen Nikolau Demre/Myra.
Abb. 98: In: Matschie/Fascyna, s. Lit., S. 77.
Abb. 99: In: Mythologie. Götter, Helden, Mythen. Bath 2004. S. 126.
Abb. 100: In: www.panoramio.com. © Nygaard Denmark.
Abb. 101: Foto: Günther Richter.
Abb. 102: Foto: Pamela und Philipp Clayton.
Abb. 103: Foto: Konstanze Stieler. Bildarchiv von Maerbel Original Lauscha.
Abb. 104: In: Rumpf, Marianne: Perchten. Populäre Glaubensgestalten zwischen Mythos und Katechese. Würzburg 1991. S. 269.
Abb. 105: In: Rumpf, s. Abb. 110, S. 276.
Abb. 106: Foto in: www.kinder.wetter.com/wetter_tipps.php?&kid=32.
Abb. 107: In: Museum Maranatha (Gartner, Paul): Krippenvisionen. Luttach 2006. S. 26.
Abb. 108: Foto: Günther Richter.
Abb. 109: In: Die Bibel, s. Abb. 23, S. 259.
Abb. 110: Foto: Jens Dörksen.
Abb. 111: Foto: Archiv der Stadtgemeinde Oberndorf.
Abb. 112: Collage: Stefan Moses, Verlag L. Däbritz München.
Abb. 113: Foto: Karin Richter. Arrangement: Bernd Alsgut, Restaurant »Zum Güldenen Rade« Erfurt.
Abb. 114: Foto: Bildarchiv der Stollenbäckerei & Konditorei Marlon Gnauck Ottendorf-Okrilla.
Abb. 115: Foto: s. Abb. 115.
Abb. 116: In: Festtagsküche. Für die schönsten Stunden im Jahr. Köln 1997. S. 56.
Abb. 117: Foto: Wikimedia Commons. Bildarchiv von Niels Lars Chrestensen, Chrestensenhof Erfurt.
Abb. 118: In: The English Christmas. Norwich 2002. S. 10 f.
Abb. 119: Foto in: www.village.fortunecity.com/radclyffe/541/SoulKitchen/Folklore/folklore.html.
Abb. 120: Foto in: www.poland.gov.pl/Tradycje,i,swieta,142.html.
Abb. 121: In: Odoevskij, Vladimir: Moroz Ivanovic. Moskau 1954 (ohne Seitenzählung).
Abb. 122: In: Ernst, s. Lit., S. 28.
Abb. 123: Foto: Bildarchiv des Kultur- und Kongresszentrums »Kaisersaal« Erfurt.
Abb. 124: In: Alte Bräuche – frohe Feste. Ostfildern 1984. S. 72.
Abb. 125: Foto: Weinmanufaktur Erfurt.
Abb. 126: Foto in: www.schornsteinfeger-liv-bayern.de/bilder_by/org/schornsteinfegerin15.
Abb. 127: In: Stephan, Ellen und Burkhard: Wir bestimmen Tiere. 4. Aufl. Berlin 1981. S. 44.
Abb. 128: Altonaer Museum in Hamburg.
Abb. 129: Foto in: www.reisebericht.npage.de/galerie93878.html.
Abb. 130: Foto in: www.aerzteblatt.de/v4/archiv/artikel.asp?src=heft&id=39151.